翻译理论与文学译介研究文丛　总主编　许钧

许渊冲翻译思想研究

祝一舒　著

南京大学出版社

图书在版编目(CIP)数据

许渊冲翻译思想研究 / 祝一舒著. -- 南京：南京大学出版社，2025.8. -- (翻译理论与文学译介研究文丛 / 许钧主编). -- ISBN 978-7-305-29231-6

Ⅰ. H059

中国国家版本馆 CIP 数据核字第 20255EW779 号

出版发行	南京大学出版社
社　　址	南京市汉口路 22 号　　邮　编 210093
丛 书 名	翻译理论与文学译介研究文丛
总 主 编	许　钧

XU YUANCHONG FANYI SIXIANG YANJIU

书　　名	**许渊冲翻译思想研究**
著　者	祝一舒
责任编辑	张　静
照　　排	南京紫藤制版印务中心
印　　刷	南京爱德印刷有限公司
开　　本	787 mm×1092 mm　1/16 开　印张 20.25　字数 260 千
版　　次	2025 年 8 月第 1 版
印　　次	2025 年 8 月第 1 次印刷
ISBN	978-7-305-29231-6
定　　价	95.00 元

网址：http://www.njupco.com
官方微博：http://weibo.com/njupco
官方微信号：njupress
销售咨询热线：025-83594756

＊ 版权所有，侵权必究
＊ 凡购买南大版图书，如有印装质量问题，请与所购图书销售部门联系调换

敢为天下先
创建中国学派的文学翻译理论

许渊冲
2016年8月3日

目录

001　绪论
012　第一节　有关许渊冲翻译研究的基本状况
026　第二节　研究思路、方法与内容

031　**第一章　许渊冲翻译思想的形成与发展**
033　第一节　丰富的翻译实践与自觉的翻译行为
037　第二节　翻译动机与文本选择
047　第三节　经验的总结与理论的探索
072　第四节　实践与理论的互动
087　第五节　许渊冲翻译思想探源

095　**第二章　许渊冲翻译语言观**
098　第一节　语言观与翻译观
111　第二节　语言关系与"发挥译语优势"
125　第三节　从文字翻译到文学翻译

139　**第三章　许渊冲翻译文化观**
143　第一节　翻译,"应该是两种文化的统一"
154　第二节　文化自觉与使命的担当

169　**第四章　许渊冲翻译美学观**
173　第一节　翻译的科学与艺术之辨
185　第二节　文学翻译的艺术重在求美
204　第三节　美之创造之路与"化"之法
216　第四节　"从心所欲,不逾矩"

221　**第五章　许渊冲翻译思想特质及其译学贡献**
224　第一节　许渊冲翻译思想的"中国"之根
238　第二节　许渊冲翻译思想的前瞻性
252　第三节　许渊冲的译学贡献

269　**结语**

286　**主要参考文献**

313　**后记**

绪 论

中国翻译历史悠久,历史上出现了东汉至唐宋时期的佛经翻译、明末清初的科技翻译、"五四"前后的西学翻译与文学翻译,以及新时代中国文化外译等翻译高潮,涌现出一批批优秀的翻译家。他们为中外文化的交流做出了杰出的贡献。近年来,译学界越来越重视翻译史的研究。就总体而论,翻译史的研究主要包括对翻译现象、翻译家与翻译作品等三个方面的研究。有学者指出:"在翻译研究史上相当长的时期,无论是在中国还是在西方,翻译研究的重点一般都集中于对翻译的性质、翻译的标准和翻译的技巧,即'怎么译'方面的探讨,而对翻译的主体——翻译家本身,则缺乏系统的、有深度的研究。过去已有的翻译家研究一般也多集中在对其翻译活动和翻译观的介绍上,对其文化思想、审美意识、人格修养及其所译对译入语文化的意义(包括为什么译、译什么和译品的社会文化意义)等方面,大多语焉不详。"① 在这三个方面的研究中,翻译家研究具有独特的价值。考察与探寻翻译家在不同的历史阶段与文化语境中的翻译活动与理论探索,有助于我们全面认识翻译活动,理解翻译的内涵和作用,正确评价翻译家的历史贡献以及传承翻译家的译事经验。就我国名家翻译研究的情况,袁锦翔在《名家翻译研究与赏析》一书中有过较为系统的梳理,他在自

---

① 穆雷、诗怡:《翻译主体的"发现"与研究:兼评中国翻译家研究》,《中国翻译》,2003年第1期,第12页。

序中指出:"一部中国翻译史,不用说,首先是著名翻译家重大业绩的记录。"①在追溯我国名家翻译研究的历史时,袁锦翔较为具体地勾勒了我国翻译历史各阶段重要译家的研究状况。

首先,"南朝梁僧祐的《出三藏集记》是现存佛经最早目录,其中《述列传》即译经人的传记,立传三十二人,是最早的译家传。此传既是翻译史,又是名家翻译的研究心得……梁慧皎的《高僧传》(519)载僧人二百五十七人,附见二百余人,其中许多人是译经家。该传对译经家的分析颇为精辟……"②

其次,"《续高僧传》(645—665)的作者是唐代的道宣。道宣在书中立传四百九十二人,附见二百十五人……清代阮元等编有《畴人传》,立传四百人,为上自上古下至清末的数学家、天文家,还附录西人五十二人,其中不少是科技翻译家。此书是研究明末清初至晚清之间科技译家的有用资料……"③

最后,"清末民初研究名家翻译者以梁启超用力最著。梁氏在《翻译文学与佛典》与《中国近三百年学术史》里曾逐一评论著名译家的翻译及其文体。……'五四'以后,我国译界曾出现讨论翻译的高潮,有一些文章专论名家的翻译。……1949年全国解放初期,人们开始从新的观点去考察一些名译家的活动或其译作。……1976年粉碎'四人帮'后,我国的翻译事业进入了蓬勃发展的新时期,名家翻译研究的成

---

① 袁锦翔:《名家翻译研究与赏析》,武汉:湖北教育出版社,1990年,"自序"第1页。
② 袁锦翔:《名家翻译研究与赏析》,武汉:湖北教育出版社,1990年,"自序"第2—3页。
③ 袁锦翔:《名家翻译研究与赏析》,武汉:湖北教育出版社,1990年,"自序"第3—4页。

果不断涌现。钱钟书重新发表的《林纾的翻译》一文,旁征博引,立论严谨,为名家翻译研究树立了样板。马祖毅陆续发表了介绍玄奘、徐光启、严复、林纾、鸠摩罗什等古、近代译家的短文和《中国翻译简史('五四'运动以前部分)》(1984)一书,可称为新时期名家翻译研究的先行者。近几年里,历代名家所写的一些翻译论文相继汇编成书……与此同时,国内一些与翻译有关的刊物如《翻译通讯》(今《中国翻译》)、《外语教学与研究》、《外国语》(上海外国语大学学报)、《现代外语》等发表了不少关于知名译家、翻译理论家的文章,及时反映了当今名家翻译研究的成果和学术动态。这些文章不但论述了前辈译家如严复、林纾、伍光建、鲁迅、郭沫若、茅盾、郑振铎、曹靖华等对译事的贡献,而且还介绍了现、当代名家如巴金、张仲实、傅雷、朱生豪、杨宪益、张谷若、冯至、季羡林、戈宝权、叶君健、卞之琳、汝龙、查良铮、王佐良、满涛、草婴等的译作"[①]。

袁锦翔对中国名家翻译研究的历时性梳理使我们对名家翻译研究的发展脉络有了较为清晰的了解,我们可以清楚地看到,我国对名家翻译的研究始终处于不断拓展之中,从古代、近代、现代一直到当代,研究的广度不断拓宽。随着翻译家研究的不断升温,值得注意的是,译者的地位也逐渐从长久以来的"隐形"走向"显形",随着近二十年来"中国文化'走出去'"的呼声不断增高,翻译对于促进我国文化繁荣和社会进步的作用日益凸显,译者的地位得到了显著的提高,对译者的关注也是前所未有的。2012年,中国作家莫言获得了诺贝尔文学奖,其作品主要翻译者陈安娜和葛浩文功不可没。这一盛事更是使得

---

① 袁锦翔:《名家翻译研究与赏析》,武汉:湖北教育出版社,1990年,"自序"第4—6页。

人们对译者在翻译活动中所起的重要作用给予了极大的关注与重视。在全球化加速发展的今天,中国文学走向世界的步伐也加快了很多,中国文化"走出去"是历史发展的必然趋势,翻译作为跨文化交流的媒介则发挥了前所未有的重要作用。在这样的背景下,对中国翻译家为译学理论的发展以及为推动中国文化"走出去"所做出的贡献进行系统性的研究就显得尤为重要,而对翻译家的翻译经验进行及时的总结和对其翻译思想进行深入的挖掘,也有助于加深我们对翻译的理解,在新时期为翻译定位。就笔者所掌握的情况看,在新的历史时期,由上海外语教育出版社于2017年推出的《中国翻译家研究》,可以说是翻译家研究的重大突破,具有代表性。该书共三卷,分历代卷、民国卷和当代卷,由方梦之与庄智象主编。该书遴选中国历史上具有代表性的近百名翻译家,对他们的翻译活动、翻译实践和翻译贡献进行了深入的研究,于2021年获得第五届中国出版政府奖图书奖提名奖。此外,浙江大学中华译学馆于2019年开始推出了《中华翻译家代表性译文库》,"入选对象系为中外文化交流做出了杰出贡献的翻译家,每位翻译家独立成卷。每卷的内容主要分三大部分:一为学术性导言,梳理翻译家的翻译历程,聚焦其翻译思想、译事特点与翻译贡献,并扼要说明译文遴选的原则;二为代表性译文选编,篇幅较长的摘选其中的部分译文;三为翻译家的译事年表"[①]。该文库有着明确的追求:"展现中华翻译家的经典译文,塑造中华翻译家的精神形象,深化翻译之本质的认识。"[②]该文库计划出版80卷,截至2025年3月已经出版33

---

① 见朱尚刚:《中华翻译家代表性译文库:朱生豪卷》,杭州:浙江大学出版社,2019年,"总序"第3页。

② 见朱尚刚:《中华翻译家代表性译文库:朱生豪卷》,杭州:浙江大学出版社,2019年,"总序"第3页。

卷,其中《许渊冲卷》受许渊冲先生生前所重托,由我本人选编,于2024年由浙江大学出版社正式推出。近年来,《中国翻译》还推出了"译家研究"栏目,在中外文化交流、文明互鉴的视域下考察翻译家的翻译活动及其贡献,不断拓展翻译家研究的广度和深度,取得了显著的成就。

许渊冲是中国当代最著名的翻译家之一,在当今译坛可谓独树一帜。许渊冲热爱翻译事业,投身于法汉、英汉翻译实践。如果从1957年由外文出版社出版的许渊冲与人合译的秦兆阳的《农村散记》的法译本算起,许渊冲的中国文学对外译介之路先后走过了半个多世纪的历程。他的英法文学汉译活动则历史更久,到2021年,许渊冲的翻译之路历经近八十个春夏秋冬。他一生都在翻译的第一线辛勤耕耘,具有强烈的文化翻译使命与责任感。他将目光一方面投向西方的文学经典,翻译了罗曼·罗兰的《约翰·克里斯托夫》、普鲁斯特的《追忆似水年华》(卷三)、司汤达的《红与黑》等西方经典名著;另一方面投向中国传统的文化经典,用英法两种语言翻译出版了数十部中国文学经典作品,几乎涵盖了整个中国古典文学,比如《诗经》《论语》《楚辞》《中国古诗词三百首》《唐宋词一百首》《西厢记》《牡丹亭》《桃花扇》等中国古代文化经典,可谓中西互通。

许渊冲的文学翻译实践并不是孤立的实践,而是与理论相结合的实践。许渊冲"在海外声誉极高,曾有一个美国杂志排出了世界100个革命家,他作为'翻译方面的革命家'排在第92名"[①]。把许渊冲称为"翻译方面的革命家"是很恰当的。在长期的翻译实践中,他敢为天

---

① 田泳:《许渊冲:左右开弓的翻译家,仅他一人》,《深圳商报》,2013年8月26日第C04版,http://szsb.sznews.com/html/2013-08/26/content_2600507.htm,2015年10月5日读取。

下先,从中国传统文化出发,提出了独树一帜的翻译理论,如他在自己的第一部翻译理论著作《翻译的艺术》中提出的"三美论""三势论""三化论""三之论","超导论""克隆论",以及进而提出的"优势竞赛论"和"再创论"等独特的翻译观。其理论对于当时仍处于讨论翻译应该遵循"直译"还是"意译"的翻译界来说无疑是一种超前和创新。其翻译思想在译学界引起了极大的反响和热烈的讨论,有共识、有疑问,也有争议,但不可否认的是许渊冲的翻译理论思想具有深刻的内涵与价值,推动了译学理论的发展。

翻译是一项跨文化的交流活动,译者所承担的历史使命就是促进世界文化的发展。许渊冲正是基于这样的历史担当,在跨文化交流的高度,以充分的文化自觉,以不懈的努力,通过自己富于创造性的翻译,为中西文化交流,尤其是优秀的中华文化走向世界,做出了实实在在的贡献。他对中国文化的对外译介所做出的贡献得到了译界的广泛认可。顾毓琇曾赞誉许译:"历代诗、词、曲译成英文,且能押韵自然,功力过人!"①学者张西平曾以《许渊冲:中国古代文化翻译的探索者》为题,对许渊冲教授在中国典籍翻译理论上的贡献做了探讨。他指出:"在二十世纪下半叶的中国典籍翻译的历史上,如果我们选择人物的话,中国的许渊冲先生,无疑是一个绕不过的丰碑,无论是将其放在国际汉学的范围内,还是放在中国近百年的中译外的历史上来看,许渊冲都是一个典范,他不仅仅给我们提供了丰硕的翻译作品,也写了大量的关于翻译理论的文字,这些都是我们研究二十世纪中国古代

---

① 卓晗:《两位大师的诗缘:许渊冲谈顾毓琇》,《中国艺术报》,2014 年 9 月 12 日第 12 版,http://www.chinawriter.com.cn/wxpl/2014/2014-09-12/217898.html,2025 年 4 月 8 日读取。

文化经典在域外传播的宝贵财富。"①2010年,中国翻译协会将"翻译文化终身成就奖"颁发给了许渊冲,表彰其为社会、为文化与文明的传播与交融所做的重要贡献。

　　许渊冲的诸多译作由国内外很多著名出版社出版。1994年,企鹅出版公司出版了许渊冲的《中国不朽诗三百首》。2013年,海豚出版社出版了《许渊冲文集》全27卷。这套书意义深远,全面展现了许渊冲翻译之路的心血和结晶。许渊冲在谈到27卷《许渊冲文集》时曾说:"集子就是把几十年工作的精华都集中起来。我的翻译也有很一般的,也有糟粕的。精华也是受前人的启发。精华留给后来者,我也是中华文化的一环,把美一代代地传递下去——这是我的中国梦。"②海豚出版社社长俞晓群在接受《深圳商报》记者电话采访时说:"这次许渊冲文集的出版是国家出版基金项目,首次印刷仅二三千册……'许先生中译外文非常厉害,我们和他之间也合作过一些小项目。他是一个独树一帜的翻译家,他在翻译上打破了很多框框,不是生硬的"信达雅"。虽然国内对他的翻译有些争议,但国外特别认可许先生的翻译。英国牛津是非常挑剔的出版社,但听说我们在做许先生译的《诗经》的《诗三百》,立刻就把许先生的译本拿去了。'"③2016年4月,海豚出版

---

①　张西平:《许渊冲:中国古代文化翻译的探索者》,《中华读书报》,2014年6月25日第19版,http://epaper.gmw.cn/zhdsb/html/2014-06/25/nw.D110000zhdsb_20140625_2-19.htm,2015年10月5日读取。

②　田泳:《92岁高龄的翻译大家许渊冲:有一百句值得后世记住的句子就够了》,《深圳商报》,2013年8月26日,http://www.tsinghua.org.cn/info/1014/11097.htm,2015年10月5日读取。

③　田泳:《许渊冲:左右开弓的翻译家,仅他一人》,《深圳商报》,2013年8月26日第C04版,http://szsb.sznews.com/html/2013-08/26/content_2600507.htm,2015年10月5日读取。

社又出版了许渊冲翻译的《莎士比亚悲剧六种》,包含了《安东尼与克柳芭》《罗密欧与朱丽叶》《哈梦莱》《奥瑟罗》《李尔王》和《马克白》。2016年,适逢汤显祖和莎士比亚逝世400周年,4月12日,在第45届伦敦书展上,中国国际出版集团与海豚出版社共同推出了中英双语版的《牡丹亭》和《莎士比亚悲剧六种》,来纪念这两位伟大的剧作家,并希望借此推动中英文化的交流,促进海外读者更加了解中国传统文化。

许渊冲所译的中国经典文化名著在国际译界也得到了极大的赞誉。"瑞典诺贝尔文学奖评委华克维斯特院士称他的翻译是'伟大的中国传统文学的样本'。许渊冲也被认为是'全世界范围内,有史以来将中国古典诗词翻译成英法韵文的唯一专家'。对于这个称号,担任许渊冲多部译作责编工作的五洲传播出版社编辑、中国古典文学博士王峰认为,这并不夸张,'将中国古典诗词翻译成英法韵文,做这种工作的译者,除了许先生还有其他人。但是,将这个工作做成如此系统、有如此大的规模,成果取得世界公认的,而且几乎一辈子从事这个事业的,许先生肯定是唯一的'。"①2014年,许渊冲获得国际翻译家联盟授予的"北极光"杰出文学翻译奖,成为首位获此殊荣的亚洲翻译家。然而许渊冲对于翻译还有着更高的追求和热情,他不止步于此,直到2021年6月17日,在他生命的最后日子里,还在每天翻译。对这样一位以翻译为人生最大乐事并一生致力于翻译的翻译家进行整体性研究,探求其为中国译学理论的发展所做出的贡献,具有多重意义。

首先,许渊冲具有丰富的翻译实践,他基于掌握英法双语的语言优势和对中国古典文化的深入了解,打破了中国文学的翻译一直由外

---

① 张杰:《许老说:翻译是艺术,不是科学》,《华西都市报》,2014年8月25日a16版,https://history.thecover.cn/shtml/hxdsb/20140825/235573.shtml,2025年4月8日读取。

国译者主导的局面,身体力行地将中国古代诗、词、曲和戏剧译成英语和法语并传播至域外,得到了国际译界的赞誉,这对译学界从事翻译的工作者来说具有极大的激励和示范意义。许渊冲也是国内媒体与文化界最为关注的翻译家之一,包括新华社、《人民日报》在内的许多主流媒体,都有对他的报道,报道的焦点主要集中在他的翻译思想与文化贡献上。因此,在中国译学界越来越重视中国文学对外译介与传播的研究趋势中,尤其是在"中国文化'走出去'"的现实语境下,对这样一位具有代表性的翻译家进行专门研究具有现实的意义。

其次,本书试图深入研究许渊冲的翻译语言观、翻译文化观以及翻译美学观,探讨语言、文化及艺术创造这三个方面的有机构成和内在联系,进而从整体上把握和理解许渊冲独特的翻译思想和翻译理论,及其思想对中国译学理论的贡献、对中国学派翻译理论体系建立的指导作用,具有重要的译学建设的理论价值。

最后,对于翻译,许渊冲始终具有高度的文化自觉性和强烈的译者责任感。他是当代中国从事翻译时间极长的翻译家,直到生命的最后一刻,一直笔耕不辍,生命不息,翻译不止。许渊冲作为从事汉英、汉法互译的翻译家,被誉为"诗译英法唯一人",译入与译出兼而有之,是中外文化双向交流的先锋与忠实的践行者。他一直坚持"实践是检验真理的唯一标准"的基本翻译思想,是对翻译不断思考、全面思考的翻译研究者。他对翻译的思考和探索源于其丰富的翻译实践,并用理论反过来再指导实践,同时用翻译实践来检验理论,是实践与理论互动的典范。他也是敢于突破传统,不断提出新见,且勇于挑战,追寻并探索真理的理论家。他提出的一系列对于翻译的思考,有很大的阐释和探讨空间。他与国内许多著名译家进行过公开论争,对国外的权威学者奈达提出过批评,敢于提出西方译论的不足与缺陷,弘扬中国学派的思想与追求。同时,他也是国内最先提出中国文化走向世界的必要性和可能性的翻译家之一,他对中国文化的认识是自觉的,并坚信21世纪是中国的世纪,中国文化对世界文化的影响将越来越大。因此,对许渊冲这样一位具有高度文化自觉性的翻译家的翻译理论思想进行整体性研究,将有助于深化我们对翻译本质和价值的认识与理解,在新时期为翻译定位。

第一节　有关许渊冲翻译研究的基本状况

　　通过各种检索渠道,全面检视国内外研究领域对许渊冲的研究,可以发现,在国外研究领域,还没有对许渊冲的翻译理论与思想进行过专门深入的研究,只有少数西方学者对许渊冲诗词译作的散论性评价。国内研究领域,自改革开放以后,对中国翻译家的研究逐渐深入。1984年,罗新璋编的《翻译论集》收集编纂了从古至今的中国翻译家的翻译言论204篇。罗新璋在该论集中曾总结我国自成体系的翻译理论逐渐建立的最重要原因:"我国的译论,原作为古典文论和传统美学的一股支流,慢慢由合而分,逐渐游离独立,正在形成一门新兴的学科——翻译学。而事实上,一千多年来,经过无数知名和不知名的翻译家、理论家的努力,已经形成我国独具特色的翻译理论体系。……识见超卓的前辈翻译家,已为我们建立我国的翻译理论体系奠定最初的基石。"[①]该论集在当代部分收录了两篇许渊冲的译论文章,一篇为

---

① 罗新璋、陈应年:《翻译论集》(修订本),北京:商务印书馆,2009年,第19—20页。

《翻译中的几对矛盾》,另一篇为《译诗研究》。这两篇文章包含许渊冲对于翻译的理解以及对于诗歌翻译方法的经验总结,在其翻译理论思想中占有非常重要的部分。1989年,由巴金等著、王寿兰编的《当代文学翻译百家谈》收录了我国百余位当代著名翻译家撰写的文章和自传。该书旨在将"从事多年实践,积累了丰富经验的翻译家,把他们的心得和体会写出来,与别人交流,供初学者做借鉴,把这些各有千秋,常有独到之见的经验之谈收集一起,编成百家之言的集子,供诸同好,遗之后世"①。该书收录了许渊冲的《译文能否胜过原文?》和《许渊冲小传》两篇文章。在第一篇文章中,许渊冲提出了"翻译是两种文化的竞赛"之说。1994年,由杨自俭、刘学云合编的《翻译新论(1983—1992)》出版。该书是"关于翻译研究的论文集,内收1983—1992年十年间在《翻译通讯》《中国翻译》《外国语》《外语教学与研究》和《现代外语》等重要学术刊物上发表的论文48篇和专著节选6篇"②。其中收录了许渊冲的《文学翻译:1+1=3》这篇文章,许渊冲在文中提出:"文学翻译是艺术……文学翻译不单是译词,还要译意;不单是译意,还要译味。"③1999年,由郭著章等编著的《翻译名家研究》出版。该书集中研究了16位在翻译业绩方面有特殊贡献的中国当代著名翻译家,"他们是鲁迅、周作人、胡适、郭沫若、林语堂、徐志摩、茅盾、梁实秋、钱歌川、张谷若、巴金、傅雷、萧乾、戈宝权、王佐良和许渊冲"④。该书介绍

---

① 巴金等:《当代文学翻译百家谈》,王寿兰编,北京:北京大学出版社,1989年,"序言"第1页。
② 杨自俭、刘学云:《翻译新论(1983—1992)》,武汉:湖北教育出版社,1994年,"内容简介"。
③ 许渊冲:《文学翻译:1+1=3》,见杨自俭、刘学云:《翻译新论(1983—1992)》,武汉:湖北教育出版社,1994年,第77页。
④ 郭著章等:《翻译名家研究》,武汉:湖北教育出版社,1999年,"序言"第3页。

了许渊冲的翻译生涯,对许渊冲翻译的古典诗歌进行了撷英赏析并列出了许渊冲著译表。

关于翻译家研究,国内学术界有过较为深入的探讨。在20世纪90年代初,袁锦翔所著的《名家翻译研究与赏析》一书出版,所收录的是"名家的翻译理论或译作(主要是英译汉或汉译英),其中包括近、现、当代中外名译家三十余人的译品或其片段"①。在该书所收录的35篇文章中,"约三分之一是研究文章,其余是赏析文章。但研究与赏析结合得比较紧密,研究中有赏析,赏析中有研究"②。该书旨在"把名家的翻译论述、传译经验或妙译技巧条理化、系统化,使读者学有楷模,译有榜样,并相应地提高翻译审美意识与鉴别能力"③。袁锦翔在自序中统计了《翻译通讯》(今《中国翻译》)在1980至1988年间关于名家翻译研究类文章的发表情况,据其统计为153篇。他总结出:"当前我国的名家翻译研究的面比以前广了,涉及古代、近代、现代、当代的译家以及外国的汉学家与翻译理论家;以前的不少研究空白已被填补。但同时我们也看到了美中不足之处。首先是研究的广度与深度仍然不够理想。就广度来说,1988年出版的《中国翻译家辞典》(北京,中国对外翻译出版公司)所收译家达千人以上,但迄今已详细介绍给公众的为数甚少,恐只占此数的十分之一弱,'未开垦的处女地'还有一大片。谈到深度,许多文章只属于'初探'性质。像上述钱钟书的《林纾的翻译》那样研究得很深、学术性很强的专论还是难得一见。"④此外,袁锦翔还提出了关于进一步开展名家翻译研究的三个重要方

---

① 袁锦翔:《名家翻译研究与赏析》,武汉:湖北教育出版社,1990年,"内容简介"。
② 袁锦翔:《名家翻译研究与赏析》,武汉:湖北教育出版社,1990年,"内容简介"。
③ 袁锦翔:《名家翻译研究与赏析》,武汉:湖北教育出版社,1990年,"内容简介"。
④ 袁锦翔:《名家翻译研究与赏析》,武汉:湖北教育出版社,1990年,"自序"第7页。

面:"一是要扩大研究对象的面。总的说来,大凡与我国翻译有关的著名译家,都应在研究介绍之列……二是要开展与名家翻译有关的多方面研究。需要探明知名译家在译坛辛勤耕耘的实践活动与译作情况,实事求是地总结出一些经验来。……名家的翻译理论或评论,仍应是研究的一个重点。需要把名家所发表的散见各处的翻译见解条理化、系统化,找出其特点、渊源、发展与影响,指出其在我国翻译理论宝库或翻译史中的地位、作用或意义,必要时可与其他名家的翻译观进行比较。……三是要加强有关名家翻译研究的学术交流活动。"[1]袁锦翔对于名家翻译研究的思考值得引起译学界的重视。许钧就曾在《翻译思考录》中说过:"我总觉得,对历史上众译家,包括一些哲学家、作家对翻译的思考,若能进行一番梳理,一番比较与研究,恐怕对我们以后的翻译实践会大有裨益。"[2]可见,国内译学界对于翻译家研究的呼声越来越高,许渊冲作为中外文化经典的摆渡人,对这样一位翻译家的研究更应该引起我们的重视。事实上,自20世纪80年代末以来,国内译学界对许渊冲已经进行了多方面的研究。从研究数量上来看,根据中国知网统计,在"篇关摘"下检索"许渊冲",从1982年6月至2025年4月,相关的学术研究文献约有1850篇,其中对许渊冲进行专门性研究的博士论文总计4篇。如果对这些研究成果进行分类,可以发现目前的研究主要集中在以下几个方面。

第一类是赏评性文章。该类文章主要以许渊冲译著中最为称道的中国古诗词及戏曲英译为主要研究对象(法译本研究极少),探讨许渊冲的美学追求,其中以评价许渊冲的"三美论"为主。如胡德清的《细刻

---

[1] 袁锦翔:《名家翻译研究与赏析》,武汉:湖北教育出版社,1990年,"自序"第8页。
[2] 许钧:《翻译思考录》,武汉:湖北教育出版社,2006年,"前言"第2页。

精雕　丝缕毕现:评许渊冲教授新译〈毛泽东诗词选〉的修辞美》,该文章通过分析许渊冲的"三美"在毛诗英译本中的体现,指出:"许渊冲教授所译毛泽东诗词相当隽永地保持了原作语言艺术的风采和修辞上的风格,这是其长期倡导翻译诗'三美'原则的最好实践,对于我们从事翻译工作的后辈人来说,是能从中获得很大启发和收益的。"①顾正阳在《品味"三美"》一文中,就我国一些著名译家在译诗中对诗词"意美""音美""形美"的展现进行了分析,他指出:"做到'三美'是困难的,但不是办不到的,它是理想而不是梦想。"②党争胜有两篇文章,分别为《"三美"之典范　译苑之奇葩:许渊冲〈西厢记·哭宴〉英译赏评》和《"三化"并举译"长恨","三美"齐备诗如"歌":许渊冲英译〈长恨歌〉赏评》。在第一篇文章中,党争胜对许渊冲翻译的中国古典戏剧经典作品《西厢记》英译本进行了评价,他认为:"许渊冲先生对此剧的翻译可谓传神之作。译作不仅'三美'俱备,并且在符合原文深层意义的基础上,大胆又不失精确地进行了第二次创作,使译作同样音韵优美,语言雅致,丝毫不逊于汉语原作。"③在文中,党争胜主要对《西厢记·哭宴》一折从音乐调整、形式构建、意境营造、词汇筛选、修辞对应等多种角度进行了赏评,他认为许渊冲的译文"在保证语言华丽优美的基础上,运用诸多翻译策略,将原作的细节描写复现得细致入微,氛围和意境渲染得恰到好处,充分体现了他一直主张的'三美'标准,同时在多个

---

① 胡德清:《细刻精雕　丝缕毕现:评许渊冲教授新译〈毛泽东诗词选〉的修辞美》,《中国翻译》,1999年第6期,第33页。
② 顾正阳:《品味"三美"》,《上海科技翻译》,1999年第2期,第44页。
③ 党争胜:《"三美"之典范　译苑之奇葩:许渊冲〈西厢记·哭宴〉英译赏评》,《外语教学》,2007年第1期,第91—92页。

地方闪耀着'竞赛以创优'的大师智慧,值得我们好好学习和研究"①。借此文,他希冀能够引起翻译人士对经典译作的学习和探讨。党争胜的第二篇文章则从词汇、句子、音韵和修辞四个层面对许渊冲翻译的《长恨歌》英译本进行了评析,他认为许渊冲的译本"在保留原作艺术魅力的基础上成功克服了两种语言和文化的障碍,再创了一曲令人荡气回肠的英文版长恨歌"②。该文旨在探讨许渊冲的译诗原则对于诗歌翻译实践的指导意义。还有徐日宣和潘智丹的《从许渊冲法译唐诗看译诗理论中"音美"的传达》一文,该文章"以许渊冲法译唐诗为例,尝试分析其'三美'思想中的'音美'的真实内涵,并以此为基础深入探讨了汉诗外译中'音美'的传达问题,具体分为三个方面:第一,译诗时是否应该传达'音美'特征;第二,'音美'特征能否传达;第三,'音美'特征如何传达"③。这篇文章是为数不多的从许渊冲唐诗的法文译本来分析"音美"原则的文章。此外还有黄潇颖的《含英咀华,"译"彩纷呈:简论〈琵琶行〉英译本中的音乐美学意蕴》,该文旨在"通过对许渊冲和杨宪益、戴乃迭的英译本进行比较,讨论两种译本所呈现的音乐世界"④,并评价许渊冲的译文在音韵美的表现上更为忠实。

第二类是对许渊冲译本的研究以及与其他译本的比较研究,此类研究以硕士论文居多,主要有华中师范大学杨洋的《许渊冲与庞德中

---

① 党争胜:《"三美"之典范 译苑之奇葩:许渊冲〈西厢记·哭宴〉英译赏评》,《外语教学》,2007年第1期,第94页。
② 党争胜:《"三化"并举译"长恨","三美"齐备侍如"歌":许渊冲英译〈长恨歌〉赏评》,《外语教学》,2008年第1期,第87页。
③ 徐日宣、潘智丹:《从许渊冲法译唐诗看译诗理论中"音美"的传达》,《外语与外语教学》,2011年第1期,第57页。
④ 黄潇颖:《含英咀华,"译"彩纷呈:简论〈琵琶行〉英译本中的音乐美学意蕴》,《大舞台》,2012年第1期,第294页。

诗英译思想与成就比较研究》、北京外国语大学林月悦的《译者主体性视域下的许渊冲及宇文所安唐诗英译对比研究》、中南大学钱进的《许渊冲与宇文所安唐诗英译文比较研究》、西安外国语大学宋筱晶的《程抱一与许渊冲唐诗法译比较分析》、北京外国语大学王悦的《从翻译美学角度对比〈西厢记〉两个英译本》、北京外国语大学田浩的《以翻译美学为指导比较〈包法利夫人〉李健吾译本和许渊冲译本中四字格的应用》、南京大学曾然的《许渊冲〈高老头〉译本研究》等。

  第三类是关于许渊冲翻译理论思想的论战性文章,涉及"竞赛论""忠实论""归化与异化之争"等,学界有争论,有赞同,有批判。主要文章有张智中的《"优势竞赛论"本质透析》①、郑贤贵和潘演强的《论"优势竞赛论"》②、胡德香的《也谈"竞赛论"和"忠实论"》③、丛滋杭的《怎一个"异化"了得》④等。此外,针对杜甫《登高》一诗的英译问题,《中国翻译》在2012年第2期上刊登了章学清与许渊冲就此问题以书信形式展开的两次论争:《我同许渊冲在译杜问题上的两次论战》⑤。在关于许渊冲翻译理论的众多论战中,许渊冲与译界的翻译家们针对《红与黑》的汉译大讨论值得我们特别关注。如罗新璋在《"译"者"溢"也?》一文中针对施康强评论《红与黑》译本时主张把法文"alors c'était ma passion"译为"那时候,这便是我生死相许的激情",指出该译文"搭配不当,画蛇添足,施君难逃'译者溢也'之讥矣!"⑥而施康强也在《红

---

① 张智中:《"优势竞赛论"本质透析》,《外语教学》,2004年第6期。
② 郑贤贵、潘演强:《论"优势竞赛论"》,《上海翻译》,2005年第4期。
③ 胡德香:《也谈"竞赛论"和"忠实论"》,《外语教学》,2001年第5期。
④ 丛滋杭:《怎一个"异化"了得》,《上海翻译》,2005年第S1期。
⑤ 章学清:《我同许渊冲在译杜问题上的两次论战》,《中国翻译》,2012年第2期。
⑥ 罗新璋:《"译"者"溢"也?》,《读书》,1995年第4期,第9页。

烧头尾》①一文中评价分析了《红与黑》中个别段落和词句在各家译本中的翻译方法,对许渊冲的有些评论提出了批评。还有许钧的《"化"与"讹":读许渊冲译〈红与黑〉有感》②,在文中,他谈到在读许渊冲译文时有置身"化境"之感,并举证说明其真切感受,提出"'化'无定法贵在悟"和"深浅无常度为本"两个观点。此后,关于《红与黑》汉译问题还有后续讨论。2010年赵稀方在《东方翻译》上发表《〈红与黑〉事件回顾:中国当代翻译文学史话之二》③;2011年许钧在《外语教学理论与实践》上发表《理论意识与理论建设:〈红与黑〉汉译讨论的意义》④;同年同刊上,谢天振发表了《对〈红与黑〉汉译大讨论的反思》⑤,王东风发表了《"〈红与黑〉事件"的历史定位:读赵稀方"〈红与黑〉事件回顾——中国当代翻译文学史话之二"有感》⑥,邹东来与朱春雨也发表了《从〈红与黑〉汉译讨论到村上春树的林译之争:两场翻译评论事件的实质》⑦。2012年,许渊冲就《红与黑》汉译问题也给予了回应,他在《外语教学理论与实践》上发表了《也议〈红与黑〉汉译大讨论》⑧一文,提出对此问题的不同看法。许渊冲通过引出丰富的实例提出"再创派的翻

---

① 施康强:《红烧头尾》,《读书》,1995年第1期。
② 许钧:《"化"与"讹":读许渊冲译〈红与黑〉有感》,《外语与外语教学》,1996年第3期。
③ 赵稀方:《〈红与黑〉事件回顾:中国当代翻译文学史话之二》,《东方翻译》,2010年第5期。
④ 许钧:《理论意识与理论建设:〈红与黑〉汉译讨论的意义》,《外语教学理论与实践》,2011年第2期。
⑤ 谢天振:《对〈红与黑〉汉译大讨论的反思》,《外语教学理论与实践》,2011年第2期。
⑥ 王东风:《"〈红与黑〉事件"的历史定位:读赵稀方"〈红与黑〉事件回顾——中国当代翻译文学史话之二"有感》,《外语教学理论与实践》,2011年第2期。
⑦ 邹东来、朱春雨:《从〈红与黑〉汉译讨论到村上春树的林译之争:两场翻译评论事件的实质》,《外语教学理论与实践》,2011年第2期。
⑧ 许渊冲:《也议〈红与黑〉汉译大讨论》,《外语教学理论与实践》,2012年第2期。

译效果超越了等值派,并论证了中国的翻译研究水平并不比西方译论落后,甚至更为先进"①。除了《红与黑》汉译大讨论外,许渊冲在中国译界还引发了诸多论争,比如张智中在《许渊冲与翻译艺术》一书中最后章节里所探讨的"诗体译诗与散体译诗之争"以及"'优势竞赛论'之争"②。关于选择诗体译诗还是散体译诗,则有许渊冲与吕叔湘和王佐良的论争。"优势竞赛论"这一由许渊冲率先提出的论点引起了译界的广泛争论,赞赏者与反对者之争此起彼伏,至今,围绕此论点的论争仍然余波未息。相关期刊文章有:许渊冲的《再谈〈竞赛论〉和〈优势论〉:兼评〈忠实是译者的天职〉》③、尹伯安的《"文化竞赛论"之管窥》④、张俊杰的《"优势竞赛论":一个博弈论的观点》⑤、张智中的《"优势竞赛论"本质透析》⑥等。此外,就翻译问题,还有一些许渊冲与其他翻译家的论争,如许渊冲的《谈重译:兼评许钧》⑦和《关于翻译学的论战》⑧。许渊冲发表在《中国翻译》2000年第3期上的《新世纪的新译论》⑨一文也引起了译界的质疑和争论,如宋学智的《忠实是译者的天职:兼评"新世纪的新译论"》⑩。江枫在《"新世纪的新译论"点评》⑪一

---

① 许渊冲:《也议〈红与黑〉汉译大讨论》,《外语教学理论与实践》,2012年第2期,第67页。
② 张智中:《许渊冲与翻译艺术》,武汉:湖北教育出版社,2006年。
③ 许渊冲:《再谈〈竞赛论〉和〈优势论〉:兼评〈忠实是译者的天职〉》,《中国翻译》,2001年第1期。
④ 尹伯安:《"文化竞赛论"之管窥》,《四川外语学院学报》,2001年第4期。
⑤ 张俊杰:《"优势竞赛论":一个博弈论的观点》,《河南社会科学》,2013年第10期。
⑥ 张智中:《"优势竞赛论"本质透析》,《外语教学》,2004年第6期。
⑦ 许渊冲:《谈重译:兼评许钧》,《外语与外语教学》,1996年第6期。
⑧ 许渊冲:《关于翻译学的论战》,《外语与外语教学》,2001年第11期。
⑨ 许渊冲:《新世纪的新译论》,《中国翻译》,2000年第3期。
⑩ 宋学智:《忠实是译者的天职:兼评"新世纪的新译论"》,《中国翻译》,2000年第6期。
⑪ 江枫:《"新世纪的新译论"点评》,《中国翻译》,2001年第3期。

文中对许渊冲的一些翻译观点也进行了言辞激烈的批判。

第四类是从不同角度、不同层面或运用不同理论对许渊冲的翻译理论进行的研究。

首先,从美学角度来研究许渊冲的翻译理论。从目前所搜集到的专题资料来看,主要有两篇博士论文:王厚平的《美学视角下的文学翻译艺术研究:许渊冲的翻译理论与实践》[1]和朱明海的《许渊冲翻译研究:翻译审美批评视角》[2],后者更为确切地说是从审美批评角度展开研究的。《美学视角下的文学翻译艺术研究:许渊冲的翻译理论与实践》以许渊冲的翻译艺术为主要研究对象。艺术,即美学研究所要考察的重点内容。作者以美学视角为切入点,从一般美学、文艺美学及文学美学三个维度,并辅之以西方阐释学、文化翻译、译者主体性等理论去考察许渊冲的翻译理论与实践,探讨其理论与实践在美学意义上的合理性和归依性,得出了"许渊冲的文学翻译理论是在吸纳了中国传统美学,尤其是文艺美学,适度借鉴了国外美学合理要素的基础上与经由他扬弃和发展的中国传统译论和创造性翻译思维相结合的产物"[3]这一结论。《许渊冲翻译研究:翻译审美批评视角》则从翻译审美批评角度出发,从许渊冲翻译实践与文化翻译的关系切入翻译审美批评,对有关许渊冲翻译理论与翻译审美批评的理论问题进行探讨,提出"1.许译实践如何处理文化翻译?……2.许氏译论阐述的"三美"是否可以作为翻译审美批评标准?……3.翻译审美批评有何模式?如何在翻译审美批评实践中应用许氏译论?4.从翻译审美批评角度,对

---

[1] 王厚平:《美学视角下的文学翻译艺术研究:许渊冲的翻译理论与实践》,上海外国语大学,2010年。

[2] 朱明海:《许渊冲翻译研究:翻译审美批评视角》,上海外国语大学,2008年。

[3] 王厚平:《美学视角下的文学翻译艺术研究:许渊冲的翻译理论与实践》,上海外国语大学,2010年,摘要第ⅲ页。

许译《论语》和《西厢记》的总体情况如何评价?"①等问题。文章指出,许渊冲对于中国文学经典留白手法的处理有不当,但这也是其审美价值的重要组成部分②,同时得出"许氏译论阐发的'三美'可以作为翻译审美批评标准"③这一结论。朱明海在该文中首次提出了"翻译审美批评模式"(作者又称"许渊冲模式"),同时以中英互译文本作为分析案例,提出在翻译审美批评实践中对许渊冲模式的运用方法,这一模式为翻译批评研究提供了实践的可行性和可操作性。④ 以上两篇博士论文从美学或审美批评的视角对许渊冲的翻译思想做了较为系统的分析。

除了这两篇博士论文,从美学角度探讨许渊冲的翻译理论的相关期刊文章主要还有以下这些。吕俊在《谈诗词翻译中的意美原则》一文中指出:"1979~1983 的四年间,许渊冲教授分别在《意美、音美、形美》(《外语教学与研究》1979 年 2 期)、《'三美'和'三似'的幅度》(《外国语》1982 年 4 期)和《再谈意美、音美、形美》(《翻译通讯》1983 年 3 期)三篇文章中系统地阐述了他的译诗主张,首次提出了诗词翻译的原则。这对诗歌的翻译实践具有十分重要的意义。"⑤吕俊在肯定了许渊冲"三美"原则对诗歌翻译的重要性的基础上,就"三美"中的"意美"

---

① 朱明海:《许渊冲翻译研究:翻译审美批评视角》,上海外国语大学,2008 年,摘要第 ii 页。
② 参见朱明海:《许渊冲翻译研究:翻译审美批评视角》,上海外国语大学,2008 年,摘要第 ii 页。
③ 朱明海:《许渊冲翻译研究:翻译审美批评视角》,上海外国语大学,2008 年,第 113 页。
④ 参见朱明海:《许渊冲翻译研究:翻译审美批评视角》,上海外国语大学,2008 年,摘要第 iii 页。
⑤ 吕俊:《谈诗词翻译中的意美原则》,《外国语》(上海外国语大学学报),1995 年第 5 期,第 43 页。

原则的内涵进行了深入探讨。曾祥宏在《"三美对等"视角下的古诗翻译:以许渊冲的古诗英译为例》一文中"试将'三美论'和'功能对等'理论相结合,衍生出'三美对等'这一视角,并以许渊冲的一些经典古诗英译作品为例,阐释这一视角在古诗英译实践中所体现的意义与价值"①。此外还有以美学角度为切入点,以文本分析为主要研究方法来研究许渊冲具体翻译实践的硕士论文:华中师范大学邓蔚的《论许渊冲的翻译三美理论:以〈西厢记〉许译本为例》、上海外国语大学王一帆的《李白诗歌英译美学探索:从许渊冲的"三美"原则谈起》、上海外国语大学韩昆的《论许渊冲的翻译美学思想:以〈诗经〉英译为例》、广西师范大学刘金梅的《翻译美学视域中许渊冲的中国古典诗词英译研究》等。

其次,从语言角度,对许渊冲进行研究最具代表性的专著是张智中的《许渊冲与翻译艺术》,该书是在其同名博士学位论文基础上修订而成的。该书主要从语言层面系统考察了许渊冲的文学翻译理论,基于对许渊冲英译诗词所使用的词汇、句法、篇章、音韵及意境等方面的分析,集中主要篇章研究许渊冲的古诗英译技巧、语言风格、诗词改译以及小说翻译等方面,辅以大量例证,并且探讨了许渊冲在中国译界引发的两次论争,即诗体译诗与散体译诗之争和"优势竞赛论"之争,可谓是一部从语言学角度研究许渊冲的文学翻译思想的代表性著作,具有理论价值和启示作用。除专著外,张智中还发表了关于许渊冲诗词英译的改译和语言风格方面的文章,共有 5 篇:《诗不厌改,贵乎精

---

① 曾祥宏:《"三美对等"视角下的古诗翻译:以许渊冲的古诗英译为例》,《江西社会科学》,2012 年第 11 期,第 246 页。

也:许渊冲先生诗词改译研究》①《左右逢源,炉火纯青:许渊冲先生古诗英译关键技法初探》②《冲淡典雅,轻灵洒脱:许渊冲先生中国古典诗词英译的语言风格例说》③《如诗入诗,自成一家:许渊冲先生古典诗词英译的语言风格》④《陶冶性灵存底物　新诗改罢自长吟:论许渊冲先生中国古典诗词英译的改译》⑤。这些文章主要从词汇、短语、句法以及许渊冲诗词英译的策略和方法等方面对许渊冲诗词英译的语言风格与特征进行较为深入的研究,凸显许渊冲诗词翻译的个性化风格,给中国古诗词英译研究带来了借鉴与启示。另外还有郑海凌的两篇关于翻译语言的韵味及翻译对"度"的把握的文章:《"和谐"与"度"》⑥和《韵味的流失与弥补》⑦。这两篇文章通过不同译本的对比与分析,表达了对许渊冲译本在翻译方法处理方面的赞许。此外,还有从语言角度研究许渊冲翻译方法的硕士论文,主要有:山西师范大学李夏洁的《〈诗经〉爱情诗的格式塔意象重构:以许渊冲译本为例》、北京外国语大学罗忻晨的《论许渊冲〈唐诗三百首〉中叠字的翻译方法》等。

除以上两种研究较多的视角,还有一些从不同角度或运用不同理

---

① 张智中:《诗不厌改,贵乎精也:许渊冲先生诗词改译研究》,《中国矿业大学学报》(社会科学版),2005年第1期。

② 张智中:《左右逢源,炉火纯青:许渊冲先生古诗英译关键技法初探》,《太原理工大学学报》(社会科学版),2005年第1期。

③ 张智中:《冲淡典雅,轻灵洒脱:许渊冲先生中国古典诗词英译的语言风格例说》,《湖南工程学院学报》(社会科学版),2005年第2期。

④ 张智中:《如诗入诗,自成一家:许渊冲先生古典诗词英译的语言风格》,《安徽理工大学学报》(社会科学版),2005年第2期。

⑤ 张智中:《陶冶性灵存底物　新诗改罢自长吟:论许渊冲先生中国古典诗词英译的改译》,《外语教学》,2005年第4期。

⑥ 郑海凌:《"和谐"与"度"》,《外国文学动态》,2002年第5期。

⑦ 郑海凌:《韵味的流失与弥补》,《外国文学动态》,2002年第6期。

论方法来研究许渊冲的翻译理论的文献,其中值得特别指出的是运用实证研究法,将读者调查引入对许渊冲翻译理论思想的个案研究的专著,即马红军出版的博士学位论文《从文学翻译到翻译文学:许渊冲的译学理论与实践》①。该书最大的创新之处在于从读者出发,对以英语为母语的西方读者采用问卷调查的形式,以期得到西方英语读者对许渊冲的中诗英译作品的客观评价。作者所采用的问卷调查方法独特新颖,虽然学界认为其调查的可靠性仍有待检验,但至少开了用数据说话的先河。除此之外,值得一提的还有从翻译规范角度研究许渊冲翻译思想的博士论文:陈奇敏的《许渊冲唐诗英译研究:以图里的翻译规范理论为观照》②。该文章是对许渊冲英译《唐诗三百首》的描写性个案研究,作者以图里的翻译规范理论为指导,遵循其对翻译规范的分类,分别考察了许译唐诗所遵循的初始规范、预备规范和操作规范,并考察了规范的成因和运作效果,力求公正客观地评价许渊冲及其译诗。该文章角度新颖,开拓了古诗英译领域的研究新视角,其对翻译规范理论的实际应用具有理论和实践意义。

以上通过对前人关于许渊冲翻译实践与理论的研究资料的梳理,可以发现目前的研究对许渊冲丰富的翻译实践已有较为详细的梳理,但对许渊冲的翻译实践与翻译理论之间的关系仍然缺乏系统性的研究,对许渊冲翻译思想的内部构成与核心价值也缺乏深入性的挖掘。即便在研究许渊冲的专门性论文中可以找到如《许渊冲的翻译理论与实践研究》《翻译家许渊冲研究》《许渊冲翻译思想研究》等有整体性追

---

① 马红军:《从文学翻译到翻译文学:许渊冲的译学理论与实践》,上海:上海译文出版社,2006年。
② 陈奇敏:《许渊冲唐诗英译研究:以图里的翻译规范理论为观照》,上海外国语大学,2012年。

求的硕士论文,这些研究都有一定价值,但研究的系统性与深度有待进一步拓展。

第二节 研究思路、方法与内容

基于国内研究领域对许渊冲翻译思想研究的不足之处,笔者意在对许渊冲的翻译思想进行整体性的专门研究。研究围绕以下问题展开:

许渊冲为什么对翻译有着不懈的追求?他的翻译实践有什么样的特点?他对翻译有哪些思考?他是如何形成自己的翻译思想的?他的翻译思想是不是一种整体性思想?他的翻译思想包含哪些部分?这些部分是如何相互联系的?其思想受到哪些方面的影响,有怎样的价值?具有怎样的特质?许渊冲的翻译思想与实践之间有什么样的关系?许渊冲的翻译理论在译学界有共识,有疑问,也有争论,而为何他始终坚持自己的翻译观?他的翻译理论对译学界产生何种影响并做出哪些贡献?在"中国文化'走出去'"成为我国文化建设的重要战略的今天,在中国文化对外译介遭遇了诸多问题与困惑的历史语境下,许渊冲的翻译理论对当下又有何意义?

上述问题环环相扣,构成了一个完整的问题系。因此,本研究就这些问题形成研究思路,以问题为导向,针对上述问题打开研究脉络,从涉及翻译尤其是文学翻译本质的三个大的方面入手,就许渊冲的翻译语言观、翻译文化观与翻译美学观进行深度分析,逐步对许渊冲翻译思想进行全面而深入的研究。

在研究方法上,本研究将在翻译文化论、翻译美学和接受美学等理论的指导下展开。具体的方法有三:一是系统研究方法。系统研究方法的整体性原则就是从整体上探索系统内部诸要素之间、整体与部分之间、系统与环境之间的辩证"关系",以求得对系统的整体理解。该方法有助于从整体上把握许渊冲的翻译思想。二是整体性的历史考察与分析。该方法有助于揭示许渊冲翻译思想的形成与发展过程。三是理论探讨与个案分析有机结合的研究方法。该方法有助于探讨许渊冲的翻译实践与理论思考之间的关系。

围绕对许渊冲翻译思想的研究,本书由绪论、正文与结语三个部分构成,正文部分分为五章。

绪论部分首先说明本研究的选题动机,着重指出翻译家研究的重要性。考察与探寻翻译家在不同历史阶段与文化语境中的翻译活动与理论探索,有助于我们全面认识翻译活动,理解翻译的内涵和作用,客观而全面地评价翻译家的历史贡献。基于这一认识,本研究确定以中国当代最著名的翻译家之一许渊冲的翻译实践与理论探索为研究对象。笔者从现实意义、理论价值与深化对翻译的认识三个方面来探讨该选题的意义与价值。接着,通过对国内外有关许渊冲翻译实践与理论的研究现状的梳理,对现有研究进行分析和分类,指出现阶段对许渊冲翻译研究的不足之处,突出本研究的创新点。在此基础上提出如何努力克服在研究中可能遇到的困难,以期能够客观而全面地把握许渊冲翻译思想的深刻内涵,揭示其翻译思想的核心价值与贡献。

第一章至第五章进入对许渊冲翻译思想的具体研究。第一章主要探讨许渊冲翻译思想的形成与发展。许渊冲从事翻译实践长达近八十年,他凭着对翻译的无限热爱与不懈追求始终在翻译的第一线辛勤耕耘。本章通过对许渊冲翻译实践的梳理,探讨其翻译的动机与文本的选择,及翻译经验的总结与理论的探索,进而分析其翻译实践的特点及由实践而得出的翻译观点,从而试图去揭示许渊冲翻译实践与理论的深层互动。

第二章着重考察许渊冲的翻译语言观。本章从语言观与翻译观、语言关系与差异、文字与文学的内在关系入手,梳理许渊冲的翻译观中与语言转换相关的论述,分析其关于语言之于文学创造的重要性的观点,深入挖掘其"发挥译语优势"论的观点的深刻内涵与理论价值,力图探索许渊冲所强调的要超越文字翻译走向文学翻译的立论基础。

第三章主要考察许渊冲的翻译文化观。本章从对许渊冲所提出的翻译是"两种文化的统一"这一观点的阐释出发,探讨许渊冲如何在翻译转换活动中处理语言与文化的关系,如何在翻译实践中处理语言与文化在转换过程中产生的矛盾,如何在实践中始终保有清醒的文化意识。此外,本章还探讨了许渊冲的翻译文化观的思想基础与内涵,试图探讨他在翻译中所体现的文化意识、文化自信与文化立场。

第四章重点考察许渊冲的翻译美学观。一方面,本章对翻译界在很长时间里一直争论不休的关于翻译是科学还是艺术这一问题展开探讨,并基于对许渊冲所进行的翻译实践主要集中于文学翻译的认识,就许渊冲对文学翻译本质的认识进行剖析,试图揭示其"翻译是艺术"与"翻译等于创作"之观产生的实践背景、理论基础和具有的深刻内涵。另一方面,本章力图揭示许渊冲提出的"三美""三化"和"三之"理论的深刻内涵与核心价值,从而探讨许渊冲在文学翻译活动中所奉行的"从心所欲,不逾矩"原则和转化之道对创造美和发挥译者在文学翻译中的主观能动性的积极意义。

在对许渊冲的翻译语言观、翻译文化观与翻译美学观这三个许渊冲翻译思想的重要方面的分析与研究的基础上,第五章重点考察了许渊冲翻译思想的特质及其译学贡献,试图探讨许渊冲在对翻译进行思考时是从哪些具体问题入手的,以及在翻译实践中又是通过何种理论途径进行探索的。本章接着就许渊冲翻译思想的核心内容之间的关系、许渊冲翻译研究的特点、许渊冲的翻译思考对译学探索的贡献及影响做了进一步的探讨。

本书的结语部分总结了许渊冲翻译思想研究的主要路径、考察重点与重要观点,通过考察许渊冲数十年的翻译实践与理论探索之路,试图揭示其实践的价值、精神的内涵、思想的前瞻性与独特性及其对我国翻译学与相关学科的理论建设所做出的重大贡献和带来的深刻启迪。

在前文中,笔者已经指出,通过梳理国内外许渊冲翻译研究的状况,可以发现这些研究主要集中于对许渊冲的译本的研究或用某一理论、从某一角度去考察其翻译的实践与理论,缺乏对许渊冲翻译思想的整体性研究和对其翻译思想核心价值的深入性挖掘。因此,本研究在以往研究的基础上有所拓展,主要体现在四个方面:一是对许渊冲的翻译思想进行系统的研究,追踪其翻译思想轨迹、揭示其翻译思考的独特性、发掘其翻译思想的内在价值;二是结合许渊冲丰富的翻译实践和富有挑战性的理论思考,对许渊冲的翻译思想的有机构成及其内在联系进行探讨,揭示许渊冲翻译思想的复杂性与内在逻辑性,把握其翻译思想的深刻内涵;三是在"中国文化'走出去'"的背景下,揭示许渊冲的翻译实践与翻译理论对中外文学译介的理论价值与现实指导意义;四是结合翻译学发展的历史与现状,把握许渊冲翻译思想的核心价值,揭示其思想特质及其对译学理论的贡献。

许渊冲的翻译观点是从他具体的翻译实践中总结并提炼出来的,既具有很强的针对性,同时也具有系统性。他对文学翻译的本质、翻译的目的、影响翻译活动的要素、翻译的矛盾、翻译的方法、翻译的接受与读者的期待等方面,都有思考。若要厘清其中的关系,把握其思想发展的脉络,从整体上归纳许渊冲翻译思想的内在发展逻辑,则需要大量的分析,而如何客观把握其翻译思想的价值是一个难点;许渊冲译著种类涉及中国古典诗歌、词曲、戏剧和外国经典文学作品,体裁与内容非常丰富,同时有英法两个语种的译著,在文本分析方面的工作量较大,但本研究并不以文本分析为主,而是要以揭示许渊冲的翻译思想的独特性以及发掘其翻译思想内在价值为主要任务,尽可能使研究客观并呈现出探索的特点,要做到这一点也是一个困难的方面,是为第二个难点。

针对以上难点,笔者尽可能多而全地搜集与许渊冲相关的资料,充分利用资料对其翻译思想进行脉络分析,把握住许渊冲翻译实践与翻译理论之间的互动关系,分析许渊冲翻译思想各部分之间的内在联系,重点考察许渊冲的翻译语言观、翻译文化观与翻译美学观,探讨这三个方面的联系与内涵,以更全面地了解其翻译思想的变化,以期客观而全面地把握许渊冲翻译思想的深刻内涵、价值与贡献。

第一章 许渊冲翻译思想的形成与发展

在绪论中,笔者就本研究的动机、价值、研究思路及研究的主要框架和内容做了简要的论述。要理解、把握、探寻许渊冲的翻译思想,就不能不对许渊冲的翻译活动有历史性的了解和整体的观照。在本章中,笔者拟在历史与文化的语境中去考察如下问题:许渊冲翻译了什么?是什么原因促使他做了这样的选择?许渊冲的翻译实践有哪些特点?他的翻译在历史中呈现了何种意义?他结合对翻译实践的思考提出了哪些重要观点?其翻译思想和观点源自何处?本章将结合许渊冲的翻译实践,围绕这些问题展开研究,以历史动态发展的眼光去观照许渊冲的翻译之路,抓住与同时代其他翻译家相比许渊冲不同的翻译选择,挖掘其弥足珍贵的意义,客观地评价许渊冲对中国翻译事业的贡献,进而对许渊冲翻译思想的理论之源、其翻译实践与翻译思想的互动及其思想的主要内核进行动态的跟踪和理性的分析。

第一节　丰富的翻译实践与自觉的翻译行为

许渊冲从20世纪40年代起开始从事翻译实践活动,前后近八十年。他总结自己早期的翻译之路为:"五十年代翻英法;八十年代译唐宋。"[1]

---

[1] 许渊冲:《追忆逝水年华》,北京:生活·读书·新知三联书店,1996年,第221页。

但在前四十年里,其翻译之路走得十分曲折。最初可以说是每年一部译作:1956年上海新文艺出版社出版了许渊冲翻译的德莱顿的诗剧《一切为了爱情》,许渊冲曾说:"这本译著是我国出版的第一本、直到目前为止,还是唯一的一本德莱顿的名著"①;1957年外文出版社出版了许渊冲与人合译的秦兆阳《农村散记》的法译本;1958年人民文学出版社出版了许渊冲译的法国罗曼·罗兰的小说《哥拉·布勒尼翁》,该译本"得到罗曼·罗兰夫人的好评"②。这三年许渊冲的翻译实践可以说较为顺利,然而他的第四部译著直到1978年才问世。这期间中断了二十年,主要是因为1966年"文化大革命"爆发,许渊冲的这几部译著均受到批判。他译的德莱顿《一切为了爱情》被批判是"宣扬爱情至上主义",罗曼·罗兰是"鼓吹个人奋斗精神","都是资产阶级思想"③。在此期间,许渊冲无书可译,当时唯一可以接触到的作品是《毛泽东诗词》。由于许渊冲当时并不满意于已有的《毛泽东诗词》的英、法译本将其译成分行散文,因此他偷偷把《毛泽东诗词》译成英、法韵文。在挨"批斗"的时候,他偷背《毛泽东诗词》,并思考如何译成英文,甚至他一译诗,"就把热、累、批、斗全都忘到九霄云外去了"④。在许渊冲以为"找到了一个消磨批斗时光的绝妙方法"的时候,他翻译《毛泽东诗词》的消息被"造反派"得知,批评他"是在歪曲毛泽东思想,是在逃避阶级斗争"⑤。即便如此,许渊冲仍坐在夫人照君给他准备的游泳圈上将全部的毛泽东诗词,包括当时传抄的作品译成了英、法韵文。直到1976

---

① 许渊冲:《追忆逝水年华》,北京:生活·读书·新知三联书店,1996年,第221页。
② 许渊冲:《追忆逝水年华》,北京:生活·读书·新知三联书店,1996年,第221页。
③ 许渊冲:《追忆逝水年华》,北京:生活·读书·新知三联书店,1996年,第223页。
④ 许渊冲:《追忆逝水年华》,北京:生活·读书·新知三联书店,1996年,第224页。
⑤ 许渊冲:《追忆逝水年华》,北京:生活·读书·新知三联书店,1996年,第224页。

年,许渊冲才得到解放。1978年,洛阳外国语学院油印出版了许渊冲的《毛泽东诗词四十二首》英、法译本。许渊冲将他的译本邮寄给朱光潜先生,朱光潜回信评价说:"尊译《毛主席诗词》久已读过,后来陆续收到《毛主席诗词》译文不下四五种,较之尊译均有逊色。"①该译本当时还得到美国密歇根大学中国文化研究所所长费尔沃克教授(即费维恺)的赞誉,评价译稿是"绝妙好译"②。1980年,许渊冲应香港商务印书馆邀约翻译《苏东坡诗词选》,钱钟书赞誉其苏诗英译是"壮举盛事"③。

在这几部译作出版后,许渊冲对于翻译仍然有更高的目标:"那时小平号召:到本世纪末,国民生产总值要翻两番。我已经出版了一本英译中,一本法译中,这次又出版了一本中译英,一本中译法,一共是四本。翻一番是八本,翻两番是十六本,加上已出的四本,到本世纪末,我打算出二十本书,这样才能挽回中断二十年的损失。"④20世纪80年代,许渊冲一共出版了十本唐宋诗词的英、法译本,几乎是一年一本。由此可见他对于翻译的执着与坚持。他计划"翻两番"的翻译目标也得以超前完成,"九十年代,我出版了四本世界文学名著;八十年代,也出版了四本;加上五十年代两本,一共是十本世界名著;再加上十本中国古典文学名著的英、法译本,正好是二十部。这就是说,还不到本世纪末,我已经提前完成了翻两番的目标"⑤。"对于难于登天的中国古典诗词翻译,许渊冲中译英的《楚辞》被美国学者誉为'英美文

---

① 许渊冲:《诗书人生》,天津:百花文艺出版社,2003年,第185页。
② 许渊冲:《追忆逝水年华》,北京:生活·读书·新知三联书店,1996年,第225页。
③ 许渊冲:《追忆逝水年华》,北京:生活·读书·新知三联书店,1996年,第226页。
④ 许渊冲:《追忆逝水年华》,北京:生活·读书·新知三联书店,1996年,第225页。
⑤ 许渊冲:《追忆逝水年华》,北京:生活·读书·新知三联书店,1996年,第239—240页。

学领域的一座高峰',《西厢记》被英国智慧女神出版社评价为可以和莎士比亚的《罗密欧与朱丽叶》媲美,他上百本的中英法互译更是创造了译坛前所未有的奇迹。"①2014年8月2日,"在德国柏林举办的第二十届世界翻译大会会员代表大会上,许渊冲教授荣获国际译联2014年'北极光'杰出文学翻译奖,成为这一奖项自1999年设立以来,第一位获此殊荣的亚洲翻译家"②。同年8月22日在北京举行的颁奖仪式上,许渊冲表达了对于翻译还有着更高的追求,他说:"我现在两个月能翻译一本,计划五年内完成莎翁全集。"③当时93岁高龄的许渊冲仍不辍笔耕,对于翻译永葆热忱,具有高度的文化自觉。在获得"北极光"杰出文学翻译奖那一年,他饱含深情地说:"从事汉语、英语和法语文学翻译对我而言一直是种享受。93岁的我还在做翻译,我就是喜欢它。"④

---

① 田泳:《许渊冲:左右开弓的翻译家,仅他一人》,《深圳商报》,2013年8月26日第C04版,http://szsb.sznews.com/html/2013-08/26/content_2600507.htm,2015年10月5日读取。

② 辛闻:《许渊冲荣获国际译联2014年"北极光"杰出文学翻译奖》,中国网,2014年8月22日,http://news.china.com.cn/2014-08/22/content_33310803.htm,2015年10月5日读取。

③ 璩静、王小鹏:《93岁北大教授许渊冲获颁国际文学翻译最高奖项》,《深圳特区报》,2014年8月23日第A11版,http://sztqb.sznews.com/html/2014-08/23/content_2982192.htm,2015年10月5日读取。

④ 《93岁许渊冲获"北极光"翻译奖 感言翻译是享受》,《京华时报》,2014年8月4日第28版,http://epaper.jinghua.cn/html/2014-08/04/content_110428.htm,2015年10月5日读取。

第二节　翻译动机与文本选择

"任何一种翻译活动,都受到一定的动机所驱动,都为着一定的目的去进行。"①在不同的时代和社会背景中,翻译家对于翻译都有着不同的理解和认识,对从事翻译工作也有着不同的动机。"而'求真'与'求美',构成了翻译动机的基本之源。"②许钧在《翻译论》中就曾举例说明翻译家的翻译动机对文本和翻译策略的选择具有直接的决定作用。"19世纪末梁启超把翻译当作强国之道,目的在于推行维新变法,改造旧中国。然而维新救国并未实现,因此,梁转而对小说'支配人道'之力抱有幻想,希冀借小说来改良社会与政治、实现社会革命的目的,在此时期出现了文学翻译的高潮。梁启超的翻译动机无疑是出自强大的救国动机。巴金明确翻译之目的在于向一切腐朽、落后的东西进攻,跟封建迷信、专制压迫战斗,是为了战胜黑暗,求得光明。翻译家草婴的翻译动机是为了参加反法西斯斗争,通过翻译让读者了解反法西斯斗争的真实情况,增加中国人民对抗日战争胜利的信心,并通过介绍好的文学作品丰富精神食粮。"③由此可以看出,在不同的历史时期,针对不同的历史环境,翻译家的翻译动机是与历史环境息息相关的。"在历史动荡或社会大变革时期,翻译家往往出于政治的动机,把翻译当作实现其政治理想或抱负的手段,因此,他们在选择翻译的

---

① 许钧:《翻译论》(修订本),南京:译林出版社,2014年,第158页。
② 许钧:《翻译论》(修订本),南京:译林出版社,2014年,第158页。
③ 许钧:《翻译论》(修订本),南京:译林出版社,2014年,第158—159页。

作品时,特别注重其思想性,如梁启超、胡适、鲁迅、巴金等人的选择,都充分地证明了这一点。而在社会环境稳定的时期,翻译家则把更多的目光投向作品的文化内涵、审美价值和艺术性。"①

对于翻译家许渊冲来说,不论是社会稳定时期还是大革命动荡时期,他投身于翻译事业如他所言都是一种享受,一种热爱。在中央电视台《大家》栏目之《翻译大师许渊冲》的采访中,许渊冲就曾述说过他对翻译的这种热爱。主持人认为许渊冲并不像是八十多岁的老人,而许渊冲回答说:"我是不知老之已至。不知道自己已经老了。为什么呢?因为你接触的都不是老人的诗歌。你的这个诗词都是奋发有为、年轻有为的诗歌。所以,这样看起来,写出来的东西、翻译的东西都是可以感染自己的思想的。你自己沉浸在其中就自得其乐,就不会感觉到年龄过去了。……我现在能够翻译、能够跟人类的优秀精华接触、来往,这是多大的一种乐趣呢!"②凭着对翻译的热爱,许渊冲一生始终在翻译的第一线辛勤地耕耘,翻译的动机十分明确,就是要把中国先进的文化思想传播到国外去,具有强烈的文化翻译使命与责任感。他在采访中曾说:"一个人应该 give 多,take 少,最多相等。"③对此,他还曾提出:"我们的祖先用他们的智慧,创造了这么多美丽的财富,美化了我们的生活,增加了我们的乐趣。但乐趣如果有人分享,就会成倍增长。因此,让我们把这份宝贵的精神遗产,译成富有'三美'的绝妙好词,和全世界共享中国文化的阳光雨露吧!"④许渊冲认为好的文化

---

① 许钧:《翻译论》(修订本),南京:译林出版社,2014 年,第 159 页。
② 《翻译大师许渊冲》,http://v.youku.com/v_show/id_XNjAyNzY0ODQ=.html,2015 年 10 月 5 日读取。
③ 《翻译大师许渊冲》,http://v.youku.com/v_show/id_XNjAyNzY0ODQ=.html,2015 年 10 月 5 日读取。
④ 许渊冲:《译笔生花》,郑州:文心出版社,2005 年,第 204 页。

不能够一国独享,应与全世界人民共享。这是给予而不是夺取,文化最重要的是 give,不是 take。不仅文化上如此,对于译者的责任,许渊冲也有深刻的认识。在许渊冲看来,"中国文学翻译工作者对世界文化应尽的责任,就是把一部分外国文化的血液,灌输到中国文化中来,同时把一部分中国文化的血液,灌输到世界文化中去,使世界文化愈来愈丰富,愈来愈光辉灿烂"①。明确的翻译动机和翻译目的直接影响译者对翻译作品的选择。许渊冲将目光一方面投向西方的文学经典,翻译了德莱顿的《一切为了爱情》、罗曼·罗兰的《约翰·克里斯托夫》、普鲁斯特的《追忆似水年华》、司汤达的《红与黑》、福楼拜的《包法利夫人》等西方经典名著;另一方面投向中国传统的文化经典,用英法两种语言翻译出版了数十本中国文学和中华诗词作品,比如《中国古诗词三百首》《唐宋词一百首》《西厢记》《楚辞》等中国古代文化经典。他所选择翻译的文学体裁多样,不仅涉及中外小说、戏剧、戏曲,还有古典诗歌和词曲,可谓中西互通,"为中国文化登上世界文坛的宝座开辟道路"②。

  许渊冲对于翻译之乐从何而来?首先要谈到许渊冲是如何对外文产生兴趣的。这还需从其"十有五而志于学"谈起。他看孔子一生的心路历程反观自身。孔子在《论语·为政》中曾说:"吾十有五而志于学,三十而立,四十而不惑,五十而知天命,六十而耳顺,七十而从心所欲,不逾矩。"③许渊冲在决定学习外文的时候,正值十五岁。他回顾说:"那年我在江西省立南昌第二中学高中二年级,英文老师要求我们

---

① 许渊冲:《翻译的艺术》,北京:中国对外翻译出版公司,1984 年,"前言"第 iii 页。
② 许渊冲:《追忆逝水年华》,北京:生活·读书·新知三联书店,1996 年,第 245 页。
③ 《论语:汉英对照》,许渊冲译,北京:海豚出版社,2013 年,第 194 页。

背诵三十篇短文章,其中有英国莎士比亚的《恺撒大将》选段、美国欧文《见闻录》的序言。背熟之后,我对英美的文史风光有了兴趣,就开始考虑升学读外文了。但是如果要说立志,恐怕还没有达到那个高度,只是喜欢而已。"①而许渊冲对文学翻译最初产生兴趣是由于读了1935年《东方杂志》上刊登的赛珍珠写的关于中国农村的小说《大地》。当时许渊冲对于翻译的印象是:"翻译和创作几乎没有什么分别。"②1938年,许渊冲高中毕业考入国立西南联合大学外文系。西南联大是在抗日战争时期,由北大、清华、南开在昆明联合组成的大学。西南联大在各个领域均可谓是大师云集,名师荟萃。理学院有赵忠尧、吴有训、周培源、王竹溪、陈省身等人;文学院有冯友兰、陈寅恪、朱自清、沈从文、闻一多、吴宓、钱钟书等人。在这些文理大师的引导下,西南联大也培养了很多人才,有杨振宁、李政道、邓稼先、朱光亚、黄昆、王浩、曹乐安、何广慈、吴仲华、王希季、陈同章、屠守锷、端木正、汪曾祺、穆旦等人。能够亲身听教于这些一流的名家大师,许渊冲得到了许多的启迪与巨大的收获。许多名师的授课均给许渊冲留下了深刻的印象。许渊冲在1940年8月15日的下午,听潘光旦先生讲"儒家思想与青年生活",其中谈到关于"人之礼"的理解,即"人对人以外的本体应该研究,但不应该废寝忘食,不应该役于物;人对情欲应该克己复礼,发乎情而止乎礼,礼就是分寸"③。由此,他回想起自己于1939年4月28日译的第一首新诗。当时他读到了林徽因在1934年11月19日徐志摩逝世三周年时路过徐志摩的故乡硖石时写下的《别丢掉》一诗,而许

---

① 《〈论语〉译话:从心所欲,不逾矩》,《中华读书报》,2009年9月16日第19版,转引自 http://sino.newdu.com/m/view.php?aid=228346,2016年1月12日读取。
② 许渊冲:《诗书人生》,天津:百花文艺出版社,2003年,第349页。
③ 许渊冲:《追忆逝水年华》,北京:生活·读书·新知三联书店,1996年,第37页。

渊冲那时的心境和读此诗的所感皆与林徽因不同:"林徽因写的是硖石的山泉、松林、明月、灯火、山谷,我想到的却是远在千里之外的故乡山水;林徽因写的是诗人的热情、真心,梦似的形象,空谷的回音,我想到的却是日本侵略军占领故乡以后,与当年的同窗好友生离死别之情。"①于是,他把此诗翻译成英文,后来刊登在《文学翻译报》上。许渊冲在20岁时给中国空军美国志愿援华航空队做了一年的英文翻译员。他在22岁时将英国诗人德莱顿的诗剧《一切为了爱情》译成中文,燃起了对翻译的兴趣。这部诗剧的翻译背景是,许渊冲在为中国空军美国志愿援华航空队担任了一年翻译员后,于1942年秋天回到了西南联大读四年级,他选修了"西洋戏剧"课程,选读了德莱顿的《一切为了爱情》。在这之前,许渊冲在西南联大一年级时还修过南开大学教授皮名举(当时任职于西南联大)的"西洋通史"课程。许渊冲评价皮名举:"皮先生讲课生动有趣,令人再听不厌。他说不学本国史不知道中国的伟大,不学西洋史又不知道中国的落后。"②在许渊冲看来,"中国应该取西方之长,补自己之短,同时发扬自己的优势,这样才能对世界文化作出新的贡献"③。他说:"皮先生在讲古代史时,把埃及女王克柳芭叫作'骷髅疤',说她的鼻子假如高了一点,罗马大将安东尼就不会为了爱她而失掉江山,西洋史也就要改写。由此可见,两千年来,中国一直主张以理化情,把动物提高为人;西方却是放纵情欲,把人降低到动物的水平。"④许渊冲从中总结出了中西文化的一大差别,因此将埃及女王的故事(即《一切为了爱情》)译成了中文。这可算是

---

① 许渊冲:《诗书人生》,天津:百花文艺出版社,2003年,第350页。
② 许渊冲:《追忆逝水年华》,北京:生活·读书·新知三联书店,1996年,第40页。
③ 许渊冲:《追忆逝水年华》,北京:生活·读书·新知三联书店,1996年,第41页。
④ 许渊冲:《追忆逝水年华》,北京:生活·读书·新知三联书店,1996年,第41页。

许渊冲"优势论"的雏形。许渊冲在中学时曾读过林语堂的《大荒集》，从而得知使林语堂最得益的书是《牛津英文字典》，因而在西南联大图书馆时便想借《简明牛津词典》一书来读，可图书管理员给他拿了一本英法对照版的词典。许渊冲看英法两文大同小异，就生起了要学法文的念头，从那时起便"种下了后来把中国诗词译成英、法韵文的根苗"①。在学习法文之后，许渊冲翻译的第一部法国小说便是巴尔扎克的《人生的开始》，其翻译动机是在西南联大外文系图书馆中产生的："外文系图书馆给我印象最深的一套书是法国康拉德版的《巴尔扎克全集》。那时我已经读过穆木天翻译的《欧也妮·葛朗台》，觉得描写生动，但是译文生硬，每句都有几十个字甚至一百多字，读起来很吃力，减少了看小说的乐趣；当时我就暗下决心，要恢复巴尔扎克的本来面目。"②到了三十岁，全国已经解放，许渊冲从欧洲游学回国，由教育部分配到北京外国语学院任教。在许渊冲看来，三十岁开始其一生的外语教育事业，可以算是三十而立业。

许渊冲自检四十岁之时是否算是孔子所说的"四十而不惑"。他回顾如下：一惑是选择教学还是翻译的问题，结果许渊冲选择了双管齐下，主业教学，业余翻译。二惑是做英文工作还是法文工作的问题，解决办法是服从工作需要。援助越南抗法战争时搞法文，越战胜利之后又搞英文，两全其美。就这样他成为国内外第一个能进行中英、中法互译的人才。三惑是1958年公布了"高等教育六十条"，规定外语一级教授必须精通两种外语。但评审结果许渊冲只评了五级，而评上一级的教授没有出版过一部两种外文互译的作品。许渊冲的解决方

---

① 许渊冲：《诗书人生》，天津：百花文艺出版社，2003年，第210页。
② 许渊冲：《诗书人生》，天津：百花文艺出版社，2003年，第214页。

法是比上不足,比下有余,知足常乐。① 至于"五十而知天命",许渊冲在此时正赶上 1966 年爆发的"文化大革命"。许渊冲把"天命"理解为"不可抗拒的客观规律或暴力"②,所以他只好"苟全性命于乱世,才能保全文化,流传后代了"③。然而即便是受到批判,挨过皮肉之苦,许渊冲仍在"文革"期间坚持翻译,以翻译之乐忘却肌肤之痛,将《毛泽东诗词》译成英法韵文。在本章第一节中笔者已经谈到许渊冲在受批判期间,无书可译,因不满意当时已有译本对《毛泽东诗词》的诗体译诗的方法,所以他坚持用韵体译诗的方法翻译了毛泽东诗词。许渊冲将"六十而耳顺"理解为:"分辨是非,接受正确的意见,指出批评的错误,这样才能互相提高,共同进步。"④而此时他对翻译的理解是,翻译更应重视深层内容,为了深层内容可以改变表层结构,如此,方能提高翻译水平。⑤ 此理解更多的是为了"求美"的翻译理念。最后"七十而从心所欲,不逾矩"被许渊冲认为是人生的最高境界。"'从心所欲',是进入了自由王国,可以充分发挥主观能动性和创造力。'不逾矩'是停留在必然王国,还受到客观条件的限制,只敢人云亦云,不求有功,但求无过。回想自己七十年的翻译史,如能进入自由王国传情达意,就会

---

① 参见《〈论语〉译话:从心所欲,不逾矩》,《中华读书报》,2009 年 9 月 16 日第 19 版,转引自 http://sino.newdu.com/m/view.php? aid=228346,2016 年 1 月 12 日读取。
② 《〈论语〉译话:从心所欲,不逾矩》,《中华读书报》,2009 年 9 月 16 日第 19 版,转引自 http://sino.newdu.com/m/view.php? aid=228346,2016 年 1 月 12 日读取。
③ 《〈论语〉译话:从心所欲,不逾矩》,《中华读书报》,2009 年 9 月 16 日第 19 版,转引自 http://sino.newdu.com/m/view.php? aid=228346,2016 年 1 月 12 日读取。
④ 《〈论语〉译话:从心所欲,不逾矩》,《中华读书报》,2009 年 9 月 16 日第 19 版,转引自 http://sino.newdu.com/m/view.php? aid=228346,2016 年 1 月 12 日读取。
⑤ 参见《〈论语〉译话:从心所欲,不逾矩》,《中华读书报》,2009 年 9 月 16 日第 19 版,转引自 http://sino.newdu.com/m/view.php? aid=228346,2016 年 1 月 12 日读取。

感到'不亦乐乎'。而一般还是在必然王国对付表层结构,'词达而已'。"①对于翻译,许渊冲充分发挥主观能动性,从"知之、好之"达到"乐之"的翻译境界,并将这"三之"论之说应用到他的翻译理论中去。正如他所说:"孔子是'圣之时者也',结合时代,'回过头来学习孔子的智慧',我认为应该把'礼治'发展为'天下为公,人尽其才'的'理治'(即社会主义)。其实,我国提出的和平共处五项原则,就是'已所不欲,勿施于人'发展到今天的国际政治原则。而'知之、好之、乐之'三之论和'从心所欲,不逾矩'的艺术,正是将孔子的'礼乐'应用于文学翻译的理论。"②

从许渊冲所选择翻译的中外经典著作来看,除了对翻译本身的热爱之情,许渊冲考虑得更多的是促进中外文化交流。他也曾不止一次在很多经典译序中提到他的期望,那就是希冀中国文化走向世界,以达到丰富世界文化的目的,这便是许渊冲作为翻译家的远大抱负。许渊冲在翻译《诗经》时就曾考虑:"《诗经》是我国古代的教科书,对建立及维护我国几千年的传统文化,起了非常重大的作用。概括起来,儒家治国之道就是'礼乐'二字。'礼'模仿自然外在秩序,'乐'模仿自然内在的和谐;'礼'可以养性,'乐'可以怡情;'礼'是'义'的外化,'乐'是'仁'的外化。做人要重'仁义',治国要重'礼乐',这就是中国文化几千年不衰的原因。世界各国,希腊罗马有古无今,英美法德俄有今无古,印度埃及都曾遭受亡国之痛,只有中国屹立世界东方,几千年如一日,对世界文明作出了独一无二的贡献。因此,把中国文化瑰宝《诗

---

① 《〈论语〉译话:从心所欲,不逾矩》,《中华读书报》,2009 年 9 月 16 日第 19 版,转引自 http://sino.newdu.com/m/view.php? aid=228346,2016 年 1 月 12 日读取。

② 许渊冲:《任尔东西南北风:许渊冲中外经典译著前言后语集锦》,北京:清华大学出版社,2014 年,第 50 页。

经》译成具有意美、音美和形美的韵文,对东西文化的交流,对21世纪世界文化的建立,一定会有不可低估的意义。"①1988年,75位荣获诺贝尔奖的科学家在巴黎聚会时曾发表声明,大意为:"人类如果要过和平幸福的生活,应该回到2500年前的孔子那里去寻找智慧。"②在许渊冲看来,孔子的智慧可以概括为"己所不欲,勿施于人"。孔子的智慧"有利于建立世界和平的新秩序"③。许渊冲对于《论语》的评价是从两个方面说明的:一方面,"《论语》在塑造、构成中华民族文化心理结构方面,成了整个社会言行、公私生活、思想意识的指引规范,渗透在政教体制、社会习俗、心理习惯、人的思想行为、言语活动之中"④;另一方面,许渊冲认为孔子的思想也有局限性,需要与时代同步,与时俱进,需要学习西方的英雄主义精神和科学求实的作风。他总结《论语》的现世作用为:"只有半部《论语》可以治国,其他半部已经过时,应向西方取长补短,使《论语》现代化。东西结合,才可以使'智者不惑,仁者不忧,勇者不惧'。如果每个国家都能'己所不欲,勿施于人',和平共处,共同发展,那么,21世纪的人类就可以过上幸福的和平生活。"⑤因此,翻译《论语》不仅要向西方传递孔子的仁义和礼乐思想,更要传达孔子关于和平生活与治世的智慧。许渊冲对于和平的向往还体现在

---

① 许渊冲:《任尔东西南北风:许渊冲中外经典译著前言后语集锦》,北京:清华大学出版社,2014年,第11页。

② 许渊冲:《任尔东西南北风:许渊冲中外经典译著前言后语集锦》,北京:清华大学出版社,2014年,第12页。

③ 许渊冲:《任尔东西南北风:许渊冲中外经典译著前言后语集锦》,北京:清华大学出版社,2014年,第16页。

④ 许渊冲:《任尔东西南北风:许渊冲中外经典译著前言后语集锦》,北京:清华大学出版社,2014年,第12页。

⑤ 许渊冲:《任尔东西南北风:许渊冲中外经典译著前言后语集锦》,北京:清华大学出版社,2014年,第16页。

他选择翻译老子的《道德经》，老子提倡"无为""不争""寡欲"和"知足"，主张"以柔克刚"的军事思想，许渊冲根据老子的"道非常道"即"天道有常，不为尧存，不为桀亡。自然规律不会因为人的好坏而改变"①的解释，"把老子的《道德经》重新译成现代读者更容易理解的英文"②。出版《老子》的新译本，许渊冲更是为了"让古老的中国传统文化焕发出新的光辉，对爱好和平的人类作出新的贡献"③的愿景。对于唐诗的翻译，许渊冲也是抱有相同的看法，在许渊冲看来，唐代是中国古代"礼乐"治国的盛世，做人重"仁义"、治国重"礼乐"才是中华文明屹立于世界文明的原因。唐诗是中华文明的瑰宝，诺贝尔文学奖评委会前主席埃斯普马克也曾说："世界上哪些作品能与中国的唐诗和《红楼梦》相比的呢？"④许渊冲翻译《唐诗三百首》也是希望"孔子的智慧、唐诗的智慧，能丰富21世纪的全球文化，使全世界都能享受和平、繁荣、幸福的生活"⑤。

在上文中已经提到许钧在《翻译论》中曾说："在历史动荡或社会大变革时期，翻译家往往出于政治的动机，把翻译当作实现其政治理想或抱负的手段。"⑥对于许渊冲来说，不论是翻译《诗经》《道德经》还

---

① 许渊冲:《任尔东西南北风:许渊冲中外经典译著前言后语集锦》，北京:清华大学出版社，2014年，第17页。
② 许渊冲:《任尔东西南北风:许渊冲中外经典译著前言后语集锦》，北京:清华大学出版社，2014年，第17—18页。
③ 许渊冲:《任尔东西南北风:许渊冲中外经典译著前言后语集锦》，北京:清华大学出版社，2014年，第20页。
④ 许渊冲:《任尔东西南北风:许渊冲中外经典译著前言后语集锦》，北京:清华大学出版社，2014年，第42页。
⑤ 许渊冲:《任尔东西南北风:许渊冲中外经典译著前言后语集锦》，北京:清华大学出版社，2014年，第50页。
⑥ 许钧著:《翻译论》(修订本)，南京:译林出版社，2014年，第159页。

是《唐诗三百首》,都是处在一个相对和平的大环境之中,在经济全球化的浪潮之中,在这样的历史条件下,许渊冲始终不变的翻译动机,是内心对中华民族文化的热爱和责任,是以翻译为沟通渠道,欲实现世界和平、文化多元的远大抱负。正如他所说:"21世纪是全球化的世纪。21世纪的新人不但应该了解全球的文化,而且应该使本国文化走向世界,成为全球文化的一部分,使世界文化更加灿烂辉煌。"①

第三节　经验的总结与理论的探索

许渊冲在《诗书人生》中《叶公超和赵萝蕤》一文中,曾引用《歌德谈话录》:"一般说来,我们身上有什么真正的好东西呢?无非是一种要把外界资源吸收进来,为自己的高尚目的服务的能力和志愿……我只不过有一种能力和志愿,去看去听,去区分和选择,用自己的心智灌注生命于所见所闻,然后以适当的技巧把它再现出来。"②这段话恰恰是对许渊冲不断实践与探索翻译理论的真实写照。许渊冲在近八十年的翻译实践中,始终以发扬中国文化为目的,翻译了许多中国古代传统经典,通过自己对翻译的理解,对翻译方法的选择,以"求美"为最高追求,不断献出有质有量的译文。他不但非常重视翻译的质量,而且十分重视翻译经验的总结。从最初对"翻译与创作无异"的印象到形成独树一帜的一套系统的翻译理论,无不得益于许渊冲对翻译实践

---

① 许渊冲:《任尔东西南北风:许渊冲中外经典译著前言后语集锦》,北京:清华大学出版社,2014年,第41页。

② 许渊冲:《诗书人生》,天津:百花文艺出版社,2003年,第20页。

的长期积累、对翻译经验的及时总结和对翻译理论的不断探索。

许渊冲的翻译主张比较集中地反映在《翻译的艺术》《文学翻译谈》《文学与翻译》和《译笔生花》等著作中。在许渊冲的诸多著作中,对译文的对比分析是最常出现的。许渊冲通过对一个字、一个词抑或一句话的翻译风格、方法的对比分析,提出独到的见解,并形成有力的结论。许渊冲所选择翻译的文学经典体裁主要包括诗词、小说和戏剧等。针对不同的文学体裁,许渊冲所总结的翻译方法也有所不同,对于每种体裁翻译方法的经验总结尤为值得翻译学者们学习。

在诗词翻译中,许渊冲始终奉行"意美、音美、形美"的"三美"论。在他看来,"三美"之间的关系并非并列关系,其中,"意美"位居第一位,"音美"次之,"形美"为第三。译诗最好做到"三美"俱备,但不能兼顾的时候,可不传达原诗的"形美",但要尽可能在传达"意美"的前提下传达原诗的"音美"。① 其"三美"论最初来源于鲁迅的《汉文学史纲要》。"鲁迅在《汉文学史纲要》的《自文字至文章》中说:'诵习一字,当识形音义三:口诵耳闻其音,目察其形,心通其义,三识并用,一字之功乃全。其在文章,……遂具三美:意美以感心,一也;音美以感耳,二也;形美以感目,三也。'我把鲁迅的'三美'说应用到诗词翻译上,就把'意译'明确为'传达原诗的意美、音美和形美'。"②在许渊冲看来,译诗要传达原诗的音美和形美,但并非只要传达了音美和形美就是好的译文,同时也不能够忽视意美。"传达了原诗意美,而没有传达音美和形美的翻译,虽然不是译得好的诗,还不失为译得好的散文;如果只有音美和形美而没有意美,那就根本算不上是好翻译了。不过'三美'的重

---

① 参见许渊冲:《翻译的艺术》,北京:中国对外翻译出版公司,1984年,第60页。
② 许渊冲:《追忆逝水年华》,北京:生活·读书·新知三联书店,1996年,第62页。

要性,并不是鼎足三分的。在我看来,音美和形美是必需条件,而意美却既是必需条件,又是充分条件。这就是说,译诗不传达原诗的音美(包括押韵)和形美,那是不能超越前人的;但只传达原诗的音美和形美,也不能算是青胜于蓝。只有在传达音美和形美的条件下,译诗的意美也能胜过原诗,才可以说是超越前人。"①因此,许渊冲总结译诗的规律为:"译诗时'求真'是必需条件,'求美'是充分条件;译得不真没有达到低标准,真而不美没有达到高标准;应该在不失真的条件下,尽力求美。"②

  许渊冲的"三美"论在译界得到很多认可。1976年,许渊冲在听说当时国内新出版了《毛泽东诗词》的英译本后,因是钱钟书先生定稿,所以许渊冲便将自己的译文附信一封一并邮寄给了钱钟书先生。钱钟书先生读后,高度肯定了许渊冲的译本,并且对其《毛泽东诗词》的韵体译法评价道:"你戴着音韵和节奏的镣铐跳舞,跳得灵活自如,令人惊奇。"③许渊冲得到极大鼓励。钱先生还说:"但有色玻璃的翻译会得罪'译',无色玻璃的翻译又会得罪'诗'。两害相权择其轻,只好得罪'诗'而不得罪'译'了。"④对此问题,许渊冲认为:"'在译诗的问题上,诗是本体,译是方法;诗要求美,译要求真;如果把美的诗译得不美,那不可能算是存真;只有在不失真的条件下,尽可能传达原诗的美,才是译诗应该采用的原则。'(见《钱钟书研究》第二辑294页)如果用孔子的话来说,就是'从心所欲不逾矩',从心所欲求'美',但不逾越

---

① 许渊冲:《翻译的艺术》,北京:中国对外翻译出版公司,1984年,第120页。
② 许渊冲:《追忆逝水年华》,北京:生活·读书·新知三联书店,1996年,第227页。
③ 许渊冲:《追忆逝水年华》,北京:生活·读书·新知三联书店,1996年,第54页。
④ 许渊冲:《追忆逝水年华》,北京:生活·读书·新知三联书店,1996年,第54页。

'真'的范围。"①许渊冲又将译稿寄给美学大师朱光潜教授,朱光潜对许渊冲翻译的《毛泽东诗词》评价也极高,在给他的回信中说道:"尊译《毛主席诗词》久已读过,后来陆续收到《毛主席诗词》译文不下四五种,较之尊译均有逊色,问题大半出在对原文的理解和对外文的掌握,最差的还是官方译本。来示所标出的意美音美和形美确实是作诗和译诗所应遵循的。以外语译中诗最难掌握的似仍在音。如原诗用格律,译文之用格律当然较妥,但音亦不仅在格律,而且意形音三者不可偏废,还要能成融贯的统一体,严氏信达雅的标准仍较周全,三者都要涉及意形音。"②许渊冲读后备受鼓舞,肯定了自己"以诗译诗"的信心,他说:"朱先生的信给了我很大的鼓舞:首先,在理论方面,他支持我提出的'三美'译论,甚至认为作诗也该遵循'三美'原则,其次,在实践方面,他认为我的毛诗译文胜过其他译文,尤其是远胜官方的译本,这使我坚定了译诗的信心。最后,他指出了译诗的方向:'三美'要和'信达雅'结合。这就是说,译诗不但在内容上,而且在形式上,甚至在音韵上,都要能使读者知之(信),好之(达),甚至乐之(雅)。但我认为雅已过时,所以提出了'信达优论'。"③后来,许渊冲因不能跟国外直接联系,所以委托林宗基的芬兰夫人将他的《毛泽东诗词》译稿寄给了美国密歇根大学中国文化研究所,所长费尔沃克教授(即费维恺)评价其译稿是"绝妙好译"④。1981年,香港商务印书馆出版了许渊冲的《动地诗:中国现代革命家诗词选》英译本。"《北京大学研究生学刊》八六年第一期评论说:'译笔之美,使同类译家汗颜';'在意美、音美的传达

---

① 许渊冲:《追忆逝水年华》,北京:生活·读书·新知三联书店,1996年,第54页。
② 许渊冲:《诗书人生》,天津:百花文艺出版社,2003年,第185页。
③ 许渊冲:《诗书人生》,天津:百花文艺出版社,2003年,第185—186页。
④ 许渊冲:《追忆逝水年华》,北京:生活·读书·新知三联书店,1996年,第225页。

上,已入化境,译文堪与原作媲美';'汉诗词的英译能到此境界者,古今中外,实不多见。'"①1982 年,香港商务印书馆又出版了许渊冲英译的《苏东坡诗词新译》。在翻译过程中,许渊冲曾写信向钱钟书先生请教,钱钟书先生在回信中评价说:"苏诗英译,壮举盛事,不胜忻佩。"②

许渊冲的"三美"理论在得到认可的同时也备受争议,反对的声音也很多。刘英凯在 1982 年就曾在《外语学刊》发表《"形美"、"音美"杂议:与许渊冲教授商榷》(以下简称《杂议》)一文以示反对。这篇文章主要针对许渊冲提出的"形美""音美"说进行评论,主要内容是批评许渊冲为追求原诗的形式和音韵而走上极端,导致"因韵害义",甚至"自由创作",使译诗"风格与原文背道而驰",其"形美""音美"说,往往拘泥于"形似",有损"神似",是弊多利少的,故不宜提倡。③ 对此,许渊冲发表了一篇题为《再谈"意美、音美、形美"》的文章做出回应。首先,许渊冲明确在翻译问题上百家争鸣是件好事,因为真理越辩越明。但是,许渊冲也提出,百家争鸣的前提应该是建立在实事求是的基础上的,需全面了解要批评的一方的全部观点再行批评之事。其次,许渊冲就刘英凯在其文章中所提出的几点疑问表示不能接受。许渊冲就刘英凯所提出的四点批评进行了反驳,总结如下。

第一点,刘英凯提出,许渊冲所翻译的李清照《声声慢》这首词中有好几行都是四个字,译文也有不少四字一行的,被许渊冲称为"形美"。同时指出许渊冲称赞伦敦版英译本把《沁园春·长沙》中的"指点江山,激扬文字"译成了两行是传达了一些原文的节奏和"形美",进

---

① 许渊冲:《追忆逝水年华》,北京:生活·读书·新知三联书店,1996 年,第 226 页。
② 许渊冲:《诗书人生》,天津:百花文艺出版社,2003 年,第 117 页。
③ 参见刘英凯:《"形美"、"音美"杂议:与许渊冲教授商榷》,《外语学刊》,1982 年第 3 期。

而指出许渊冲批评了同一译本把"粪土当年万户侯"一行分译成两行,有损原文的形美,使读者无法体会长短句之妙。因此判断许渊冲"追求的是译诗应与原诗行内字数相等,每首句数也须相等。可是这种拘泥于表层结构逐字逐句'对号入座'的主张是既无必要,又往往是行不通的"①。对此,许渊冲认为虽然《声声慢》词中有好几句是四字,译文也是四字一行,但对于同一首词中最著名的十四个迭字,他并未译得"形似"。可见,并非将"与原诗行内字数相等",即"形似"放置于最重要的位置。许渊冲还强调,"只有在传达原文'意美'和'音美'的前提下,我才尽可能传达原文的'形美',原文四字,我才译成四字;而十四个迭字译得'形似',并不能传达原文的'意美'和'音美',我就不要求'形似'了"②。在此问题上,刘英凯又说"追求译文与原文字数相等大多行不通。许先生自己的译文大多没能做到"③,并举许渊冲翻译苏轼的《渔父》词为一例证。许渊冲反驳道:"这不正说明我在实践中并不像《杂议》所说的那样追求'对号入座'吗?"④因此,许渊冲对《杂议》提出的这种追求"对号入座"式的"形似"的译文表示否定,"是强加在我身上的观点,恕我不能接受"⑤。正是由于许渊冲是基于使译文能够传达原文的"意美"和"音美"的原则的,因此他对于译文的处理有时使用"形似"原则,有时则放弃"形似",也就如刘英凯所说的"译文大多没能做到"形似。这样一来,刘英凯在此问题上的前后之说相互矛盾就一

---

① 刘英凯:《"形美"、"音美"杂议:与许渊冲教授商榷》,《外语学刊》,1982年第3期,第59页。
② 许渊冲:《再谈"意美、音美、形美"》,《外语学刊》,1983年第4期,第68页。
③ 刘英凯:《"形美"、"音美"杂议:与许渊冲教授商榷》,《外语学刊》,1982年第3期,第60页。
④ 许渊冲:《再谈"意美、音美、形美"》,《外语学刊》,1983年第4期,第68页。
⑤ 许渊冲:《再谈"意美、音美、形美"》,《外语学刊》,1983年第4期,第68页。

目了然了。

第二点,就"形美"问题,刘英凯还提出:"许先生这种追求译诗与原诗字比句次的'形美'主张在实践上行不通,在理论上容易给翻译界带来思想混乱,对提高汉诗英译的质量有害无益。"①对此,许渊冲认为这个罪名太大,道理跟上一个问题是一样的,他都是在追求"意美"和"音美"的前提下,尽可能传达"形美"。而且追求"三美"的主张,在许渊冲看来并不是行不通的。许渊冲认为无论是翻译波斯学者的《鲁拜集》的菲茨杰拉德还是翻译了我国唐诗的翟理思(Giles),他们在译文传达原文的"意美"方面都有所不足,也正是出于这个原因,他才提出了"三美"的译法。对于"混乱"这一罪名,许渊冲认为提倡"三美"论的主张在国内外都得到了很多好评,如朱光潜就说过:"意美、音美和形美,确实是作诗和译诗所应遵循的。"②美国诗人兼翻译家保罗·安格尔和夫人聂华苓教授也来信说过:"我们非常同意你的话:'要传达毛主席诗词的形美,主要是在句子长短方面,尽量做到形似。……在三美之中,意美是最主要的。'……我们翻译毛主席诗词,就是那样子翻译的。"③刘英凯批评许渊冲的"形美"主张对"提高汉诗英译的质量有害无益"这一点也是许渊冲认为刘英凯对他的主张"最厉害的攻击"。在许渊冲看来,自己的主张是否有益,唯有通过实践来检验。他以李商隐的《无题》一诗作例证,证明"三美"原则对于诗词翻译的益处。

第三点,刘英凯提出"译诗要尽可能'押韵',保持原诗的'音美'这

---

① 刘英凯:《"形美"、"音美"杂议:与许渊冲教授商榷》,《外语学刊》,1982 年第 3 期,第 60 页。
② 许渊冲:《再谈"意美、音美、形美"》,《外语学刊》,1983 年第 4 期,第 69 页。
③ 许渊冲:《再谈"意美、音美、形美"》,《外语学刊》,1983 年第 4 期,第 69 页。

一主张在理论上并不错,可在实践上却益少弊多"①。他进而说明:"英语比汉语韵路窄,英语音韵总数大大低于汉语。因此英语押韵比汉语困难得多。而以汉语文字之艰深,诗词含蕴之深广,一个译者知人论世,与原作者襟怀相契,深刻体会原诗的形象和意境,真是谈何容易!另一方面,即使理解无误,把原诗移植到另一种文字中,又难免常常易橘为枳,失味乃至走样……译诗之难如此,还要在很窄的韵路中去刻意搜寻押韵的词汇以协音律,其结果诚如吕叔湘先生所言'即令达意,风格已殊,稍一不慎,流弊丛生'。"②刘英凯还提出:"A. Waley, W. Bynner 等汉学家有鉴于此,改用散体译汉诗,原作情趣反而得到最大程度的保存。个中得失不能不使人同意美国意象派女诗人、汉诗英译翻译家 A. Lowell 的观点:'诗的芳香'(the perfume of a poem)比'韵律形式'(metrical form)更重要。"③由此得出结论,"翻译过程中,内容与形式的矛盾始终存在。其间顾此失彼,不可兼得的情况往往不可避免。实践证明,提倡押韵会程度不同地导致译者舍本逐末,牺牲内容迁就形式,影响译文质量。所以译诗者必须如九方皋相马,'得其精而忘其粗',重内容的'信',在'传神'二字上多下功夫;轻形式的'信',大胆摆脱押韵的束缚"④。对此,许渊冲则认为在保存原诗情趣上,散体译诗只传达原诗内容,即意美,而不传达原诗形式,即形美和音美,相

---

① 刘英凯:《"形美"、"音美"杂议:与许渊冲教授商榷》,《外语学刊》,1982 年第 3 期,第 60 页。

② 刘英凯:《"形美"、"音美"杂议:与许渊冲教授商榷》,《外语学刊》,1982 年第 3 期,第 60—61 页。

③ 刘英凯:《"形美"、"音美"杂议:与许渊冲教授商榷》,《外语学刊》,1982 年第 3 期,第 61 页。

④ 刘英凯:《"形美"、"音美"杂议:与许渊冲教授商榷》,《外语学刊》,1982 年第 3 期,第 61—62 页。

比起传达原诗"三美"的诗体译诗来讲,散体译诗是不可能保存原作情趣的。对此,许渊冲以李商隐的七言律诗《无题》为例,用"三美"论来分析何为"得其精而忘其粗"。以下展示了许渊冲"去粗存精"的分析方法和过程。

原作情趣="精" ⇒ 分析 {精/粗} ⇒ 目的:去粗存精 ⇒ 方法:试改原诗

原诗	相见时难别亦难		东风无力百花残	
分析	精	粗	精	粗
意美	见、别、难	相、时、亦	东风无力、花残	百
音美	难		残	
形美	字数		字数	

从此表可以看出,许渊冲在译诗时首先考虑的就是如何保存原诗的"意美"问题,在许渊冲看来,原作的"意美"、原作的情趣就是原作的"精",而要保存原作的"精",首先要判断原作中哪些是"精"的部分,哪些是"粗"的部分,为了"去粗存精",许渊冲想到的办法便是"试改原诗"。因此,他将"相见时难别亦难,东风无力百花残"试译如下:

It's difficult for us to meet and hard to part,
　　The east wind is too weak to revive flowers dead.①

---

① 许渊冲:《再谈"意美、音美、形美"》,《外语学刊》,1983年第4期,第69页。

许渊冲解释原诗:"第一句有两个'难'字,为了传达原文的'意美',我把第一个'难'解释为'难得',第二个解释为'难舍难分',可见我并不追求对号入座的'形似'。第二行为了传达原诗的'意美',我加了'revive'(使复活)这个动词;为了传达原诗押韵的'音美',我把'残'字译成'dead'(死)。我认为东风无力使凋谢的百花复活,比喻诗人无法再见到分别的情人,这样似更能传达原诗的'意美'。……我的实践却证明了:押韵不但不会降低,反而会提高译文的质量。《杂议》说内容是'精',形式和押韵却是'粗',是可以'忘'掉的'束缚'。如果是这样的话,那试把李商隐诗的韵脚全都'忘掉',改成'百花落','泪始尽','月光冷','为探问',内容可以算是没有多大改变,但这样的诗能够算是诗吗?能够脍炙人口、流传千年吗?可见音韵不是能'忘'的'粗',而是应取的'精'。所以我的译文把'残'译成'dead',从'形似'的观点看来可能不够'信',但从'三美'的观点看来,却正是'得其精而忘其粗'。……不过比起'意美'和'音美'来,毕竟处在次要地位,所以只要求'大体整齐'就行,如能译得对仗工整,那自然是锦上添花了。"①许渊冲的解释也说明了他对于原诗无论在意、音还是形上的"忠"和"信",希望能够在此基础上使译文既能够传达原诗的内容,又能够更进一步增强译文在"音"和"形"上给读者带来的审美情趣。散体译诗也是追求对原文的"意美"的"忠"和"信",但似乎只是对内容的传达做到真实,相比较而言,"三美"论更加兼顾对原诗的整体意境的把握。

第四点是刘英凯在《杂议》一文中对许渊冲"音美"说的批评。他批评许渊冲"'尽可能地传达原诗的形式和音韵'的主张有时不免走上了极端。这一点还表现在:原诗词中并不要求押韵之处,偶然押了韵,

---

① 许渊冲:《再谈"意美、音美、形美"》,《外语学刊》,1983年第4期,第70页。

或谐了音,许先生即从'音美'说出发,主张在译诗中也必须对等押韵,对等谐音"①。许渊冲认为,"只有在'意美'和'音似'基本一致的时候,译文才可以要求译得'音似'"②,并举出毛泽东的词《渔家傲·反第一次大"围剿"》的译例来证明他的观点。刘英凯在《杂议》的结尾处还说:"许先生的'形美'、'音美'说,往往拘于'形似',有损'神似',是弊多利少的,故不宜提倡。"③许渊冲的观点是:"当'形似'和'神似'能统一的时候,译文应该做到'形似';在'形似'和'神似'矛盾时,则应该舍'形似'而取'神似'。这是我的翻译原则。"④最后,许渊冲明确自己与刘英凯只有一点共同之处,"就是都认为译诗要'得其精而忘其粗'。不过我们对'精'和'粗'的理解又不相同;他认为'精'是'重内容的"信",……轻形式的"信",大胆摆脱押韵的束缚'……我却认为内容中有精有粗,形式中也有精有粗,就诗词而言,押韵是'精'而不是'粗'。当'形似'和'神似'能统一的时候,'形似'就是'精'而不是'粗',在'形似'和'神似'矛盾时,'形似'就是'粗'而不是'精'。……换句话说,'意美、音美、形美'就是和'神似'统一的'意似、音似、形似',就是译诗时不可忘的'精';而可忘的'粗'就是和'神似'矛盾的'意似、音似、形似'。这是我积四十年的翻译经验所得到的结论"⑤。由此可见,许渊冲运用"三美"论来译诗的原则与态度。

从上文看,刘英凯质疑的问题从根本上来说,仍然是诗体译诗还

---

① 刘英凯:《"形美"、"音美"杂议:与许渊冲教授商榷》,《外语学刊》,1982年第3期,第62页。
② 许渊冲:《再谈"意美、音美、形美"》,《外语学刊》,1983年第4期,第73页。
③ 刘英凯:《"形美"、"音美"杂议:与许渊冲教授商榷》,《外语学刊》,1982年第3期,第72页。
④ 许渊冲:《再谈"意美、音美、形美"》,《外语学刊》,1983年第4期,第74页。
⑤ 许渊冲:《再谈"意美、音美、形美"》,《外语学刊》,1983年第4期,第75页。

是散体译诗的问题,而诗体译诗与散体译诗交锋的焦点即译诗是否用韵。吕叔湘在《中诗英译比录》中记载:"海通以还,西人渐窥中国文学之盛,多有转译,诗歌尤甚。"①可见西人对于翻译中国诗词的发起早于中国。"诗体译诗与散体译诗之争亦发轫于西人之间。19世纪末期,英国剑桥大学教授 Herbert A. Giles 曾将李白、王维、李商隐等中国唐代诗人的名篇佳作译成诗体英文;他的译诗风格独具、颇有吸引力,深得评论界的好评。后来,20世纪的英国汉学家 Arthur Waley 认为,译诗用韵,不可能不因声损义、有失原诗情趣,因而改以散体或自由体英文翻译中国诗词。这就开始了唐诗英译史上的诗体与散体之争。相应地,Herbert A. Giles 和 Arthur Waley 也成为西人诗体译诗和散体译诗两个流派的各自代表人物。"②

在这里有必要谈到刘英凯也经常提到的散体译诗论者中最著名的代表阿瑟·韦利③。许渊冲在与吕叔湘先生合编的《中诗英译比录》中曾谈到阿瑟·韦利在翻译中国诗词时不用韵的原因:"中国的旧诗每句都有一定的字数,必须用韵,很像英国的传统诗,而不像欧美今天的自由诗。但他译诗却不用韵,因为他认为从长远的观点看来,英美读者真正感兴趣的是诗的内容;而译诗若用韵,则不可能不因声而损义。"④由此可以看出,阿瑟·韦利是从英美读者接受的角度而选择译中国诗词不用韵的。那么他又是如何运用散体译诗的方法来翻译的呢?范存忠教授曾在《外国语》(上海外国语大学学报)1981年第5期

---

① 吕叔湘、许渊冲:《中诗英译比录》,香港:三联书店,1988年,第13页。
② 张智中:《许渊冲与翻译艺术》,武汉:湖北教育出版社,2006年,第456页。
③ 阿瑟·韦利(Arthur Waley,1889—1966):英国著名汉学家、文学翻译家。精通汉文、满文、蒙文、梵文、日文等语言。主要译作有《一百七十首中国古诗选译》《诗人李白》《诗经》《论语》等。
④ 吕叔湘、许渊冲:《中诗英译比录》,香港:三联书店,1988年,第36页。

上发表题为"Chinese Poetry and English Translations"一文,他在内容提要中介绍了阿瑟·韦利的理论与实践:"二十世纪英国的汉诗翻译家阿瑟·韦利进行了卓越的试验。他试图建立自己的翻译理论,对汉、英诗韵学进行过比较研究。他发现汉诗和英诗的共同之处在于押韵,但汉诗的韵又不同于英诗的韵;因此,若用韵则不可能不因声而损义。然而,他仍然试图在翻译中再现原诗的格律。他从中国五言诗中发展出一种'弹跳式的节奏',即用一个重读音节来代表一个汉字,在每行译诗中含有一定数目的重读音节和不定数目的非重读音节。他将这种格律比之于英诗的无韵体,但并不到处拘泥于格式。另一方面,他进行有选择的翻译:他很少翻译七言诗;同时,对于那些炫示古典文学造诣或韵律熟巧的诗,他认为不宜翻译,他较多地翻译明确易懂,并能引起兴趣的诗,如白居易的作品。但是,尽管韦利对历代汉诗都很熟悉,翻译时仍不免失误,亦未能免于作出不正确的评论。"[1]从介绍中可以看出,相对于韵律运用熟巧的诗词,阿瑟·韦利更倾向于选择明确易懂且内容能够引起读者兴趣的诗来翻译,这更加证明作为散体译诗者的代表,他重视诗歌的内容而轻诗歌的韵律形式。

王佐良教授也是散体译诗派的支持者。他曾评价阿瑟·韦利:"抛弃了脚韵和诗歌用语的老套,而用自由诗体和白描手法,着重形象、意境和气氛的移植,于是一时显得十分新鲜。正是由于有这段历史,至今英美译得比较成功的中国古诗绝大多数是不押韵的。"[2]许渊冲却认为:"译诗应不应该抛弃'脚韵和诗歌用语的老套',要看原诗是不是用了'脚韵和诗歌用语的老套'。如果原诗用了而译诗不用,那无

---

[1] 范存忠:"Chinese Poetry and English Translations",《外国语》(上海外国语大学学报),1981年第5期,第7页。

[2] 王佐良:《英语文体学论文集》,北京:外语教学与研究出版社,1980年,第27页。

论如何也不可能移植原诗的'形象、意境和气氛',因为诗的内容和形式是不可分的。郭沫若说得好:'诗是有一定的格调,一定的韵律,一定的诗的成分的。如果把以上这些一律取消,那么译出来的就毫无味道,简直不像诗了。'他还形象地说:'一杯伏特加酒不能换成一杯白开水,总要还他一杯汾酒或茅台,才算尽了责。'我看郭老这个比喻正是'一语中的'。以诗体译诗好比把兰陵美酒换成白兰地,虽然酒味不同,但至少还是酒;以散体译诗就好像把酒换成白开水,白开水虽然可以解渴,但在人们需要高级精神饮料的时候,白开水就不能满足人的欲望了。"①

对于诗体译诗派,许渊冲曾举过例子,英国文学家里顿·斯特拉奇(Lytten Strachey)评价剑桥大学翟理思②教授翻译的中国诗词为:"The best that this generation has known."③而散体译诗派则反对译诗用韵,缘由是:"Milton④认为大块诗歌宜作无韵体,认为押韵反而造成 singsong effect,不登大雅。近来整个发展趋势也是避免押韵。虽然时而有小规模的回潮,但大势是免韵。我觉得汉诗英译,如果坚持拘谨地押韵,既是违反潮流,也往往会吃力不讨好。……如果斤斤计较,句句押韵,往往难免有碍于诗中的形象及意味的自由表达,似乎是得不偿失的。"⑤对此,许渊冲在《翻译的艺术》一书中给予了反驳,可总结为以下几点:第一,许渊冲认为弥尔顿的《失乐园》便是弥尔顿所说的"大

---

① 吕叔湘、许渊冲:《中诗英译比录》,香港:三联书店,1988年,第36页。
② 翟理思(Herbert Allen Giles,1845—1935):英国剑桥大学汉学教授,著有《中国札记》《华英字典》等。
③ 许渊冲:《翻译的艺术》,北京:中国对外翻译出版公司,1984年,第85页。
④ 约翰·弥尔顿(John Milton,1608—1674):英国诗人、政治家。代表作有《失乐园》等。
⑤ 林同端:《译诗的一些体会》,《外语教学与研究》,1980年第1期,第52页。

块诗歌",两百多行的长诗弥尔顿也押韵了,而中国诗词极少超过两百行却为何不宜押韵?第二,弥尔顿所言是一家之言,而英法文学史上,百分之九十以上的诗人用实践证明诗歌需要押韵。第三,弥尔顿"认为押韵反而造成 singsong effect,不登大雅"和押韵"往往难免有碍于诗中的形象及意味的自由表达"这两句话不应该对诗词的译者说,而应该对诗词的作者说。因为作者既然已经押了韵,译者自然应该尽可能传达原作的"音美"。第四,说"近来整个发展趋势也是避免押韵",这个"近来",充其量也不过只有几十年,而中国诗词却"是三千多年悠久文化与文明的结晶"。几十年和三千年一比,到底押韵还是免韵才是"小规模的回潮"呢?"风物长宜放眼量"呵!再说,译诗也不能紧跟发展趋势。几百年前,英诗押韵从元音相同,后发展为元音和辅音都相同,再到今天发展为免韵,而中国的诗韵在几百年前就已经具备,即便那时译诗,也应该是中国把元音、辅音都押韵的方法介绍给西方,促进西方诗歌的发展。就翻译促进文化交流这一目的来看,应是两种文化共同提高,而不能向落后看齐,降低原来的文化水平。因此,即使免韵是近来写作英诗的主流,但在翻译中国诗词的时候,也决不能把古典诗词译成现代派的自由诗。第五,说译诗押韵是"吃力不讨好","得不偿失",而许渊冲认为只要押韵的译文能够使读者感到是种享受,那就不是"吃力不讨好";只要译者能够得到创造上的满足,也绝不是"得不偿失"。虽然译格律体诗词吃力,但"世上无难事,只要肯登攀"。

除了对弥尔顿的反驳外,针对另外一位自由诗论者所说的"译诗押韵,'恐怕最终会证明此路不通','像一个人戴着手铐脚镣跳舞,效果总不理想'"①,许渊冲却认为"既然写诗的作者愿意带着音韵的镣铐

---

① 许渊冲:《翻译的艺术》,北京:中国对外翻译出版公司,1984年,第85页。

跳舞,诗词的译者有什么理由要丢掉这副镣铐呢?如果丢掉了音韵,翻译出来的东西能够算是诗词吗?"①许渊冲认为"诗词的译者也应该向拉辛学习……如果能把镣铐化为道具,那效果决不会不如自由诗体译文的"②。在许渊冲看来,"镣铐"应具有双重性,"散体译诗论者只看到了'镣铐'的束缚功能,诗体译诗论者却强调了'镣铐'的音乐功能。诗体译诗与散体译诗两派之分歧,关键即在于此"③。

除了许渊冲对西方散体译诗论者的反对外,国内译学界也曾就散体译诗和诗体译诗有过几场激烈的辩论。20世纪80年代初,散体译诗在国内译界影响颇大,那时"国内重新出版了吕叔湘编的《英译唐人绝句百首》和《中诗英译比录》。编者在《比录》的序中说:'初期译人好以诗体翻译,即令达意,风格已殊,稍一不慎,流弊丛生。故后期译人……率用散体为之,原诗情趣,转易保存。'吕先生序言的影响很大,散体论者纷纷引为根据,几乎形成了'分行散文'的一统天下"④。而后,许渊冲在《唐诗一百五十首》英译本的序言中,针锋相对地提出:"散体译文'即令达意,风格已殊',慎而又慎,还会'流弊丛生',更不可能保存'原诗情趣'。"⑤

吕叔湘的《英译唐人绝句百首》中选了杨贵妃的《赠张云容舞》一诗:

罗袖动香香不已,红蕖袅袅秋烟里。

轻云岭上乍摇风,嫩柳池边初拂水。

---

① 许渊冲:《翻译的艺术》,北京:中国对外翻译出版公司,1984年,第85页。
② 许渊冲:《翻译的艺术》,北京:中国对外翻译出版公司,1984年,第86页。
③ 张智中:《许渊冲与翻译艺术》,武汉:湖北教育出版社,2006年,第459—460页。
④ 许渊冲:《追忆逝水年华》,北京:生活·读书·新知三联书店,1996年,第227页。
⑤ 许渊冲:《追忆逝水年华》,北京:生活·读书·新知三联书店,1996年,第228页。

美国意象派女诗人艾米·洛威尔(Amy Lowell)将此诗译为:

Wide sleeves sway.

Scents,

Sweet Scents

Incessant coming.

It is red lilies,

Lotus lilies,

Floating up,

And up,

Out of autumn mist.

Thin clouds

Puffed,

Fluttered,

Blown on a rippling wind

Through a mountain pass.

Young willow shoots

Touching,

Brushing,

The water

Of the garden pool.

吕叔湘在《英译唐人绝句百首》中的《赘说》中评价这首诗的译文："这首诗译得很好,竟不妨说比原诗好。原诗只是用词语形容舞态,译诗兼用声音来象征。第一,它用分行法来代表舞的节拍。行有长短,代表舞步的大小疾徐。不但全首分成这么多行,不是任意为之,连每节的首尾用较长的行,当中用短行,都是有意安排的。第二,它尽量用拟声法,如用 puffed, fluttered, rippling, touching, brushing 等字,以及开头一行的连用三个长元音,连用三个 S 音,第二节的重复 lilies,重复 up 等等。所以结果比原诗更出色。"①吕叔湘的评价,如果从许渊冲的"三美"论来看,似乎更注重的是译诗中所展现的"音美",如"舞的节拍""拟声法"等评价。许渊冲读后,则在《翻译的艺术》一书中提出了不同意见:"我却觉得原诗有如袅袅秋烟,轻云摇风,嫩柳拂水,节奏缓慢,从容不迫,读了好像看见唐代宫女在轻歌曼舞一样。而译诗给我的感受,却像听见美国女郎在酒吧间跳摇摆舞,时快时慢,如醉如痴,印象大不相同。"②而吕叔湘知道了许渊冲的意见后,并未责怪许渊冲,反而约许渊冲合作修订《中诗英译比录》。许渊冲说:"从这件事可以看出吕先生虚怀若谷,兼容并包的学者风度,真正令人敬佩。"③

许渊冲就吕叔湘先生在《中诗英译比录》中对于所选译诗的评价来分析中诗英译的变通问题。他将一些需要变通的译诗挑选出来,先分析吕叔湘先生的评价,进而从"三美"的角度将译诗与原诗进行对比,并依照自身对原文的理解进行改译。经过大量译诗的对比以及改译实践,许渊冲积累了变通的经验,将唐诗英译的变通情况大致总结为五种情况:第一,翻译典故必须变通;第二,句型变通不必要,对仗译

---

① 吕叔湘:《英译唐人绝句百首》,长沙:湖南人民出版社,1980年,第110页。
② 许渊冲:《翻译的艺术》,北京:中国对外翻译出版公司,1984年,第118页。
③ 许渊冲:《追忆逝水年华》,北京:生活·读书·新知三联书店,1996年,第229页。

成散行,那是不得已而求其次的方法;第三,翻译历史或地理的专门词语也需要变通;第四,改变原诗的观点及语气也算是一种变通;第五,改变原诗的词语,如果更能传达原诗的"三美",也应该变通,如果译文与原诗的意义有出入,译文一定要更富有"意美、音美、形美",才可以变通。显然,许渊冲也总结出了变通的目的:如果译诗的变通能够更好地传达原诗的"意美、音美、形美",那么变通,从某种意义上讲已经是再创作了,变通得好,能够青出于蓝而胜于蓝,使中国诗给外国文化增添异彩。①

许渊冲与裴克安关于如何翻译李白《送友人》一诗还有过一场辩论。原诗如下:

送友人

青山横北郭,白水绕东城。
此地一为别,孤蓬万里征。
浮云游子意,落日故人情。
挥手自兹去,萧萧班马鸣。

许渊冲的译文如下:

Farewell to a Friend②

Green mountains bar the northern sky;
　White water girds the eastern town.

---

① 参见许渊冲:《翻译的艺术》,北京:中国对外翻译出版公司,1984年,第110页。
② 裴克安:《李白〈送友人〉一诗的英译研究》,《外语教学与研究》,1991年第3期,第37页。

Here is the place to say goodbye,
　　You'll drift out, lonely thistle down.
Like floating cloud you'd float away;
　　With parting day I'll part from you.
We wave and you start on our way,
　　Your horse still neighs:"Adieu! adieu!"

(Xu Yuanchong)

辩论主要围绕原诗中"青山横北郭,白水绕东城"这句话的忠实性展开。裴克安认为"此诗据推测是732年秋天在河南南阳送别崔宗之所作。南阳东边离城三里有清水环流,为一城之胜,俗称白水,今名白河,所以'绕东城'是绕于城之东,并非如许译的'东城'"①。许渊冲认为裴克安所谈的是科学派的译文,重的是真,而他所谈的是艺术派的译文,重的是美。② 进而,许渊冲说:"首先,这首诗是不是李白在南阳'送别崔宗之所作'?如果是,为什么诗题不是《送崔宗之》,而是《送友人》?至少可以得出结论:李白把'一般的普遍的人之情意',看得重于'本诗中特定的送友人情境',因此,译文就不必拘泥于'绕东城'是不是'绕于城之东',而更应该表达'青山'对'白水','北郭'对'东城'的对仗美了。而从美的观点看来,你译的'青山'没用冠词,只有两个音节;'白水'用了冠词却有四个音节,这就显得前轻后重,失去了原诗的平衡感。'横'字你译成 range,这是一个地理学上的常用词,读来有如念地理教科书;我却用了 bar,更加形象具体,而且可以联想起英国诗

---

① 许渊冲:《追忆逝水年华》,北京:生活·读书·新知三联书店,1996年,第161页。
② 参见许渊冲:《追忆逝水年华》,北京:生活·读书·新知三联书店,1996年,第161页。

人济慈《秋颂》中的名句。两种译文,哪种有诗意呢?'绕'字你译成 curve,又是一个几何学上的常用词,读来有如在做数学习题;我却用了 gird,可是使人联想到'一衣带水'。相形之下,恐怕可以说是'真'不如'美'吧!"①

  裘克安还认为该诗的第三句"浮云游子意,落日故人情",应该体现出"除了在本诗中特定的送友人情境之外,还可以超脱而升华为一般的、普遍的人之情意",而且认为许渊冲把这句诗译成"'你像浮云一般漂浮而去;我的心如西沉红日一样下沉',译得不信实"。②许渊冲则认为:"我引用袁行霈《中国诗歌艺术研究》中提出的'宣示义'和'启示义'说:'宣示义,一是一,二是二,没有半点含糊;启示义,诗人自己未必十分明确,读者的理解未必完全相同。'但'一首诗艺术上的优劣,在一定程度上取决于启示义的有无。一个读者欣赏水平的高低,在一定程度上也取决于对启示义的体会能力。'我接着说:'浮云游子意'的启示义非常丰富,可以使人浮想联翩。如'游子'会使人联想到'慈母手中线,游子身上衣';'意'字会使人想起'请君试问东流水,别意与之谁短长?'你把'游子'译成'行人',把'意'译成非常散文化的 feeling,这都只传达了原文的'宣示义',不能引起读者联想,只能使人产生疑问;不能打动读者的感情,只能引起人的思索;破坏了李白借景写情的手法,而用科学的说理方法来代替,读来有如第三者在冷眼旁观友人分别,体会不到惜别之情。'落日故人情'也是一样。总而言之,你所谓的'信实',只是忠于原文的'宣示义',而不忠于原诗的'启示义'。再看我的译文,把'游子'译成'你'字,虽然不如你译得'形似',但却令人

---

① 许渊冲:《追忆逝水年华》,北京:生活·读书·新知三联书店,1996年,第161—162页。
② 许渊冲:《追忆逝水年华》,北京:生活·读书·新知三联书店,1996年,第162页。

感到亲切。换句话说,你译的是'词',我传的是'情'。又如'萧萧班马鸣',会使人联想起'风萧萧兮易水寒'的名句来。我用两个'再见'来译'萧萧',从微观的角度来看,也许又和原文有点出入;但从宏观的角度看来,却传达了诗人的离情别意。"① 许渊冲认为如裘克安以科学说理的方法来翻译,则体会不出原诗中诗人所要表达的惜别之情。两人在此问题上无法达成共识。

在前文中曾谈到,阿瑟·韦利关于散体译诗的观点得到王佐良的推崇,许渊冲与王佐良之间就译诗方法问题也产生过极大的分歧。就许渊冲在《追忆逝水年华》中所说:"说来也巧,王佐良和我都在一九九一年第一期杂志上,谈到法国象征派诗人瓦雷里《风灵》的译文。"② 该译文的最后一段是:

无影也无踪,

换内衣露胸,

两件一刹那!

瓦雷里的法文原文为:

Ni vu ni connu,

Le temps d'un sein nu

Entre deux chemises!

---

① 许渊冲:《追忆逝水年华》,北京:生活·读书·新知三联书店,1996年,第162—163页。

② 许渊冲:《追忆逝水年华》,北京:生活·读书·新知三联书店,1996年,第167页。

许渊冲赞叹:"原诗把灵感比做来无影、去无踪的一阵香风,比做美人更衣一刹那裸露出来的胸脯,真是妙喻。"①王佐良盛赞这个译文清新贴切。许渊冲意见恰恰相反。他认为:"'两件一刹那'是译'词',没有译'意';不但没有传达原诗的'启示义',甚至连起码的'宣示义'也没有传达;虽然'一时显得十分新鲜',但怎么可能移植原诗的'形象、意境和气氛'呢?"②因此,他将这最后一段的后两行改译为:

更衣一刹那,
隐约见酥胸!

王佐良批评许渊冲的改译为:"'酥胸'是滥调,是鸳鸯蝴蝶派的词藻,而原诗是宁从朴素中求清新的。这个例子说明的是:高雅的作者,体贴的译者,趣味不高的评者。"③而许渊冲认为:"最后一行的两种译法典型地代表了文学翻译的两条路线。我在以前讲了一个笑话,说有个士兵中了毒箭,去找外科医生,医生只把箭杆切断,说取出箭头是内科的事。我看'两件一刹那'就是'外科'的译法。"④许渊冲将第一个译文的译法看作"外科"译法,是重"形似"的直译,而非重"神似"的"意译"。他认为诗歌应该给读的人以更多的意义,"诗的含义越模糊越好,如屈原的《离骚》,你可以说是写香草美人,也可以说是写忠君爱国,使人得到的意义越多越好"⑤。对于这首诗的原作者诗人瓦雷里来

---

① 许渊冲:《追忆逝水年华》,北京:生活·读书·新知三联书店,1996年,第167页。
② 许渊冲:《追忆逝水年华》,北京:生活·读书·新知三联书店,1996年,第167页。
③ 王佐良:《中楼集》,沈阳:辽宁教育出版社,1995年,第136页。
④ 许渊冲:《追忆逝水年华》,北京:生活·读书·新知三联书店,1996年,第168页。
⑤ 许渊冲:《追忆逝水年华》,北京:生活·读书·新知三联书店,1996年,第121页。

说,"诗歌是'一种语言中的语言';'一首诗中意义不可能压倒形式,相反,被保留的形式,更确切地说,正确地再现的形式,作为对读者刚产生的状态和思想唯一而必要的表现,正是诗歌魅力的所在'"①。这位象征派诗人十分注重"诗歌的音乐性、节奏和意象。诗人要在词汇、节奏、韵律方面下苦功夫,构思出一个美的意象。他要求'音乐之美一直持续不断,各种意义之间的关系近似谐音的关系'"②。瓦雷里在创作诗歌时对于"美的意象"的追求也正如许渊冲在译诗时欲求达到的"三美"的和谐统一。如果就这一首诗最后两行的"意美"来说,或许可以用诗人瓦雷里关于诗歌可以带给读者什么样的感受的观点来给这一争论画上个"美"的音符:"诗人并不希望读者对诗歌只有一种理解,而是希望读者产生另一首诗。一首诗是一部'乐谱',读者在自己的脑子里进行演奏,从而得出读诗的无限可能性。写出的诗不排斥读者,而是给读者以启发。……诗歌一旦写成和发表,诗歌创作活动便转到读者方面,诗歌和读者在这种延续中交流,这种延续性使读者阅读时成为诗人合法的继承者。"③译者既是原作内容和思想的传达者,同时也是原作的读者,无论是王佐良赞同的译文的"含蓄美",还是许渊冲译文的"奔放美",对于这首诗而言,都是对于"美"的不同理解。

从散体译诗派与诗体译诗派的多次争论中,我们可以看到,散体译诗派论者所坚持不用韵的原因,正是前文中刘英凯所言:"汉语文字之艰深,诗词含蕴之深广,一个译者知人论世,与原作者襟怀相契,深刻体会原诗的形象和意境,真是谈何容易!……译诗之难如此,还要

---

① 郑克鲁:《法国文学史教程》,北京:北京大学出版社,2008年,第238页。
② 郑克鲁:《法国文学史教程》,北京:北京大学出版社,2008年,第239页。
③ 郑克鲁:《法国文学史教程》,北京:北京大学出版社,2008年,第239页。

在很窄的韵路中去刻意搜寻押韵的词汇以协音律,其结果诚如吕叔湘先生所言'即令达意,风格已殊,稍一不慎,流弊丛生'。"①然而,以许渊冲为代表的诗体译诗派明知译诗用韵难,却能够尽力克服困难,逆流而上,在坚持保存原诗的"意美"的情况下,仍然追求保存原诗的"音美"与"形美",追求诗歌的美的最高要求。吕叔湘先生虽然曾评价译诗用韵的艰难,但他还说过:"译诗难,译成诗体尤其难。……如果能译成诗体而仍然不失原诗的意义和风趣,那自然更加难能可贵。"②这句话放在许渊冲身上再适合不过。正如朱光潜先生所说:"文法与音律可以说都是人类对于自然的利导与征服,在混乱中所造成的条理。它们起初都是学成的习惯,在能手运用之下,习惯就变成了自然。诗人作诗对于音律,就如学外国文者对于文法一样,都是取现成纪律加以学习揣摩,起初都有几分困难,久而久之,驾轻就熟,就运用自如了。一切艺术的学习都须经过征服媒介困难的阶段,不独诗于音律为然。'从心所欲,不逾矩'是一切艺术的成熟境界,如果因迁就固定的音律,而觉得心中情感思想尚未能恰如其分地说出,情感思想与语言仍有若干裂痕,那就是因为艺术还没有成熟。"③许渊冲长期从事翻译实践,积累了近八十年的文学翻译经验,不怕传统与权威之言,始终通过实践不断探索翻译理论,并通过实践来检验理论。这种精神怎能说成是"难能而不可贵"呢?

---

① 刘英凯:《"形美"、"音美"杂议:与许渊冲教授商榷》,《外语学刊》,1982年第3期,第60—61页。
② 吕叔湘:《英译唐人绝句百首》,长沙:湖南人民出版社,1980年,第102页。
③ 朱光潜:《诗论》,北京:北京出版社,2005年,第143页。

第四节　实践与理论的互动

对于翻译,许渊冲始终坚持"理论来源于实践"的观点。他曾说:"翻译的理论来自翻译的实践,又反过来指导翻译实践,同时受到翻译实践的检验。"①他还举例说明:"严复关于'信、达、雅'的翻译理论来自他翻译《天演论》的实践;鲁迅关于'直译'的理论来自他翻译《死魂灵》等的实践;傅雷关于'神似'的理论来自他翻译《约翰·克利斯朵夫》等的实践。这些翻译理论都指导过他们自己和别人的译作,这些译作的成功和失败又检验了他们的翻译理论是否正确。"②由此可见,许渊冲将翻译实践与翻译理论之间的关系看成是一种互动的关系,一种相互影响、相互作用的关系。正如许钧所说:"实践给理论研究提供实际、丰富、生动的素材,理论研究反过来从翻译实践与翻译经验中获得研究的灵感、源泉和动力。它们之间互为依存,而非互相排斥。"③许渊冲通过丰富的翻译实践提出自己独到的翻译理论观点,并在他的诸多著作中进行大量的译文文本的对比分析,不断对比原文与译文、译文与译文所达到的翻译效果和美学期待,用实践来检验理论正确与否,再用所提出的理论反观翻译实践、指导翻译实践。这种实践与理论的相互依存与相互作用的关系在许渊冲的翻译理论体系中占有非常重要

---

① 许渊冲:《文学翻译谈》,台北:书林出版有限公司,1998年,第3页。
② 许渊冲:《文学翻译谈》,台北:书林出版有限公司,1998年,第3页。
③ 许钧等:《文学翻译的理论与实践:翻译对话录》(增订本),南京:译林出版社,2010年,第270页。

的位置。因此,研究许渊冲翻译实践与理论的互动关系,对于全面理解其翻译理论体系具有非常重要的意义与价值。

许渊冲在20世纪50年代积累了一定的翻译实践后,也曾尝试开翻译课程,但当时只有一身的翻译实践,没有理论支持,"知其然而不知其所以然,结果大为失败"[①]。而后,在20世纪70年代,许渊冲在洛阳外国语学院教英文和法文时,又开了翻译课。他"写了一本《论英译汉》,共270页,每页四百字;还有一本《论法译汉》,油印125页,每页六百字。两本都参考了陆殿扬的教材"[②]。《论法译汉》这本书共分为四篇,许渊冲分篇讲述了翻译的问题、翻译的基础、翻译的标准、翻译的方法、翻译的原则,还有翻译的词法、句法与专论,这被视为许渊冲最初提出的系统的翻译理论。许渊冲根据翻译实践与理论的关系,提出了"实践论"一说,即"文学翻译理论来自文学翻译实践,又要受到实践的检验。因此,没有两种文字互译的实践,不可能提出解决两种文字互译问题的理论。理论如与实践不符,应该改变的是理论而不是实践"[③]。在谈及如何运用翻译理论来检验译文的问题时,许渊冲的方法是:"首先,我看看译文是不是忠实于原文的内容;第二,我看看译文的表达方式是不是通顺;第三,我看看译文的形式是不是忠实于原文的形式;第四,我问问有没有发挥译文的语言优势。"[④]

由此看来,许渊冲主要从译文的忠实性和译语语言优势的发挥这两个方面,来检验译文的翻译效果和翻译质量。其中,许渊冲所说的忠实性不仅包含内容的忠实,还包含形式的忠实。对于"忠实于原文

---

① 许渊冲:《诗书人生》,天津:百花文艺出版社,2003年,第363页。
② 许渊冲:《诗书人生》,天津:百花文艺出版社,2003年,第365—366页。
③ 《中国翻译》编辑部:《文化丝路织思》,北京:国际文化出版公司,2001年,第3页。
④ 许渊冲:《文学翻译谈》,台北:书林出版有限公司,1998年,第15页。

内容",许渊冲指出:"忠实于原文内容,可以包括忠实于原文风格在内,因为不忠实于原文风格的译文,不可能说是忠实于原文内容的。"①那译文是否一定要忠实于原文的形式呢?许渊冲坚持"把忠实于原文内容放第一位、把忠实于原文形式放第二位、把通顺的译文形式放第三位的翻译方法"②。译文的表达方式是否通顺属于语言逻辑层面的问题,"发挥译文的语言优势"则与创造性有关。从"忠实于原文的内容"到"忠实于原文的形式",进而到"发挥译文的语言优势",许渊冲根据自己的翻译实践提出:"严复的'信、达、雅'到了今天,可以解释为'忠实于原文内容,通顺的译文形式,发挥译文的语言优势'。鲁迅的'直译',我理解为把忠实于原文内容放第一位、把忠实于原文形式放第二位、把通顺的译文形式放第三位的翻译方法。和'直译'相对的'意译',则是把忠实于原文内容放第一位、把通顺的译文形式放第二位而不拘泥于原文形式的翻译方法。当'忠实于原文形式'和'通顺的译文形式'能够统一的时候,就无所谓直译、意译,直译也是意译,意译也是直译。当'忠实于原文形式'和'通顺的译文形式'有矛盾的时候,就可以有程度不同的直译和意译,换句话说,就可以有'形似'、'意似'、'神似'程度不同的翻译方法。用我的话来说,'神似'一般都要'发挥译文的语言优势'。"③这一观点中所提到的翻译中的矛盾问题,是许渊冲受到1976年《人民日报》发表的毛泽东的《论十大关系》一文的影响和启发而提出的。由此,他写了一篇《试论翻译中的十大关系》的文章,主要探讨了翻译中的十种关系:"1. 语言与生活,2. 内容与形式,3. 理解与表达,4. 忠实与通顺,5. 直译与意译,6. 继承与创新,

---

① 许渊冲:《文学翻译谈》,台北:书林出版有限公司,1998年,第6页。
② 许渊冲:《文学翻译谈》,台北:书林出版有限公司,1998年,第3页。
③ 许渊冲:《文学翻译谈》,台北:书林出版有限公司,1998年,第3页。

7.翻译与政治,8.英语与汉语,9.散文与诗,10.中译外与外译中。"①而他提出的"翻译矛盾论"则为:"文学翻译理论的主流是要解决真与美的矛盾,或科学与艺术的矛盾。科学研究有之必然,无之必不然的规律;艺术还要研究有之不必然,无之不必不然的现象。因此求真是文学翻译的低标准,求美是文学翻译的高标准。矛盾统一的结果是提高。"②

许渊冲在实践中不断总结和发现翻译的规律、原则和方法。他的实践绝不是单纯为翻译而翻译的实践,而是始终与翻译理论紧密联系在一起的。从没有理论到形成独特的翻译理论体系,他始终处于翻译实践的过程中。许渊冲的翻译理论在译界也受到过批评和质疑,这一点在前文中也有说明。在这种与译界学者的辩论互动之中,许渊冲始终坚持反观自身,用理论指导实践,再用实践检验理论是否正确,使实践与理论处于一种互动的关系之中,既相互影响,又相互作用,更注重对翻译经验的总结。译界中,各家围绕文学翻译问题,相互交流、辩论、批评或交锋,这也体现了翻译实践与理论的一种互动关系。如前文中谈到的许渊冲与刘英凯、裘克安、王佐良等在诗词翻译方法方面的几次论争就清楚地展现了这种互动关系。

在翻译界曾引起广泛关注的《红与黑》汉译大讨论堪称翻译实践与理论互动的典范。1995年,由《文汇读书周报》与南京大学西语系翻译研究中心组织的《红与黑》汉译读者意见征集活动,引起了不论是读者、学者还是译者们的广泛讨论与关注。"《文汇读书周报》将若干个

---

① 许渊冲:《诗书人生》,天津:百花文艺出版社,2003年,第366—367页。
② 《中国翻译》编辑部:《文化丝路织思》,北京:国际文化出版公司,2001年,第3页。

《红与黑》的汉译本中的若干个片段,采用平行对照的方式刊出,并配以一个读者调查问卷,围绕'等值'和'再创造'这两个方面要求读者给出自己喜爱与否的价值判断。许钧将相关文献、论文、调查结果及其对结果的分析汇编成了一本书——《文字·文学·文化——〈红与黑〉汉译研究》。"①

针对《红与黑》译本的比较,不少翻译家都发表了自己的观点和意见,在本书的"绪论"部分已有提及,便不在此多加赘述。这里想要讨论的是,许渊冲针对其《红与黑》译本的翻译方式引来的一些翻译家们的争论和非议所做出的具体解释与阐述。

施康强在《红烧头尾》一文中对许渊冲的四字成语译法及"竞赛论"的观点就曾进行过质疑。他认为许渊冲所阐发的理论"翻译是两种语言的竞赛,文学翻译更是两种文化的竞赛。译作和原作都可以比做绘画,所以译作不能只临摹原作,还要临摹原作所临摹的模特"②是"'译'者'臆'也"③。进而,施康强质疑:"译到写人的外表、动作和心理活动的段落时,也能'临摹原作所临摹的模特'吗?假如斯当达心目中有于连、雷纳夫人和玛蒂德的原型,许先生想必没有见过他们,即便他的工具更称手,又何从临摹起?除非'想当然尔'。('译'者'臆'也。)我有点担心,许先生在写人时也和原文(实际上是和原作者)竞赛。"④

---

① 王东风:《"〈红与黑〉事件"的历史定位:读赵稀方"〈红与黑〉事件回顾——中国当代翻译文学史话之二"有感》,《外语教学理论与实践》,2011年第2期,第17页。
② 施康强:《红烧头尾》,见许钧:《文字·文学·文化:〈红与黑〉汉译研究》,南京:南京大学出版社,1996年,第5页。
③ 施康强:《红烧头尾》,见许钧:《文字·文学·文化:〈红与黑〉汉译研究》,南京:南京大学出版社,1996年,第6页。
④ 施康强:《红烧头尾》,见许钧:《文字·文学·文化:〈红与黑〉汉译研究》,南京:南京大学出版社,1996年,第6页。

韩沪麟在《从编辑角度漫谈文学翻译:兼评许译〈红与黑〉译者前言》中也反对许译的四字成语译法。他认为:"译文应尽量少用四字成语为好,用多了,文字易显呆板,或是流于油滑;更要忌用诸如'庐山真面目'、'关公面前舞大刀'、'吃不了兜着走'之类的民间语言,或纯中国式的用典或俗语什么的;高鼻子唱京戏可以客串,近看毕竟还是别扭的。"①赵瑞蕻在与许钧关于《红与黑》中译本的对谈中也对许渊冲四字成语的译法提出了反对,他指出译文"不要花哨,更不要半文半白,不要像许渊冲提倡的那种泛用四字成语的风格"②。此外,赵瑞蕻还提出"许渊冲先生的译本在用规范的现代汉语传达原作上的确存在着不少缺点,还加了许多不该加进去的东西。比如第一章一开头,就用了'山清水秀,小巧玲珑'这两对四字成语,我看就是不可取的,原文没有这个意思。'小巧玲珑'是说东西精巧细致,决不可形容一个小小的城市。再举个简单不过的例子:第二章上市长说:'我喜欢树荫,'(J'aime l'ombre),为什么许先生会译成'大树底下好乘凉'呢?这种例子多极了……因此我觉得包括郭宏安、罗新璋先生的译本,应当说,有不少的地方是不符合原文的,特别是许渊冲先生的译本。让我开个玩笑说,最后那一句:'elle mourut',许先生译作'魂归离恨天',《红楼梦》里的词句都上去了,何不再加一句'泪洒相思地'呢?"③许渊冲把最后一句译为"魂归离恨天",这一译文遭到许多翻译家的质疑和批评。但也有人认为译得好,罗新璋认为:"'魂归离恨天',曲终奏雅,译得好,我就

---

① 韩沪麟:《从编辑角度漫谈文学翻译:兼评许译〈红与黑〉译者前言》,见许钧:《文字·文学·文化:〈红与黑〉汉译研究》,南京:南京大学出版社,1996年,第21页。

② 赵瑞蕻、许钧:《关于〈红与黑〉中译本的对谈》,见许钧:《文字·文学·文化:〈红与黑〉汉译研究》,南京:南京大学出版社,1996年,第36页。

③ 赵瑞蕻、许钧:《关于〈红与黑〉中译本的对谈》,见许钧:《文字·文学·文化:〈红与黑〉汉译研究》,南京:南京大学出版社,1996年,第38—39页。

没想到。想到,我也会用上。但据许钧说,这句得票等于零!不得票,难道就不好?"①对于赵瑞蕻提出的许渊冲在翻译时"加了许多不该加进去的东西"这一点,许钧也谈到翻译要"有一个度的问题,再创作总有个依据,要有个分寸,要尽量避免增加原作没有的东西"②,他认为许渊冲在《红与黑》中所摘录的不少例句"与原文相比,似乎有些失度"③。许钧在《"化"与"讹":读许渊冲译〈红与黑〉有感》一文中指出:"许渊冲先生的译文是自成风格的,他认为只要译文能使人'知之、好之、乐之'就行,无需顾忌原文。"④并且,许钧还提出对许渊冲的"化法"感到"化无定法,深浅无度,实在不易掌握。看来,不是初涉译坛者或斤斤计较于'微观细节',不敢摆脱原文束缚的'文字翻译匠'所能使用的。这不仅仅是因为许先生的'化法'使用起来有难度,而且还因为'化'之失度,不可避免地会造成钱钟书先生所说的'讹'。从'化'到'讹',只有一个偏旁之差,掌握不好,危险太大。殊不知,从真理到谬误,也往往只是'一步之差'。还是如许先生所说,关键在于个'度'"⑤。

此后,关于《红与黑》汉译讨论的意义还有进一步的探讨。2010年赵稀方在《东方翻译》上发表《〈红与黑〉事件回顾:中国当代翻译文学史话之二》。2011年许钧在《外语教学理论与实践》上发表《理论意识

---

① 罗新璋:《关于〈红与黑〉汉译的通信(七):罗新璋致许渊冲》,见许钧:《文字·文学·文化:〈红与黑〉汉译研究》,南京大学出版社,1996年,第62—63页。

② 赵瑞蕻、许钧:《关于〈红与黑〉中译本的对谈》,见许钧:《文字·文学·文化:〈红与黑〉汉译研究》,南京:南京大学出版社,1996年,第39页。

③ 许钧:《关于〈红与黑〉汉译的通信(一):许钧致许渊冲》,见许钧:《文字·文学·文化:〈红与黑〉汉译研究》,南京:南京大学出版社,1996年,第48页。

④ 许钧:《"化"与"讹":读许渊冲译〈红与黑〉有感》,《外语与外语教学》,1996年第3期,第44页。

⑤ 许钧:《"化"与"讹":读许渊冲译〈红与黑〉有感》,《外语与外语教学》,1996年第3期,第47页。

与理论建设：〈红与黑〉汉译讨论的意义》，同年同刊上，谢天振发表了《对〈红与黑〉汉译大讨论的反思》，王东风发表了《"〈红与黑〉事件"的历史定位：读赵稀方"〈红与黑〉事件回顾——中国当代翻译文学史话之二"有感》，邹东来与朱春雨也发表了《从〈红与黑〉汉译讨论到村上春树的林译之争：两场翻译评论事件的实质》。2012年，许渊冲就《红与黑》汉译问题也给予了回应，他在《外语教学理论与实践》上发表了《也议〈红与黑〉汉译大讨论》一文，提出对此问题的不同看法。

根据以上对各家就《红与黑》许渊冲译本提出的疑问与批评之声进行的梳理，可以将问题总结为三点：第一点是批评许渊冲在翻译时运用了过多的四字成语的翻译手法；第二点是质疑许渊冲的"竞赛论"，以及他所说的"译作不仅要临摹原作，还要临摹原作所临摹的模特"的可操作性；第三点是批评许渊冲在翻译时常"增加了原文所没有的东西"，与原文有"失度"的情况。

对于第一点问题，许渊冲的观点是："'四字成语'是中国文化的瑰宝，是中国文化对世界文化作出的独一无二、以少胜多的贡献，是西方文化中很难找到'等值'的东西，同时也说明了'等值'理论不适用于中西文学互译……'四字成语'是我国文化的优秀传统，千万不能丢掉！"①虽然许渊冲强调"四字成语"作为中国传统文化的重要价值，但是他也承认四字成语"运用有时失度，在所难免"②。谈到"四字成语"还需引出许渊冲的"发挥译语优势论"的观点。他在《翻译通讯》（今《中国翻译》）1981年第1期上提出："忠实于原文内容，通顺的译文形式，发扬

---

① 许渊冲：《从〈红与黑〉谈起》，见许钧：《文字·文学·文化：〈红与黑〉汉译研究》，南京：南京大学出版社，1996年，第25页。
② 许渊冲：《关于〈红与黑〉汉译的通信（二）：许渊冲致许钧》，见许钧：《文字·文学·文化：〈红与黑〉汉译研究》，南京：南京大学出版社，1996年，第49页。

译文的优势,可以当作文学翻译的标准。"①许渊冲又在《翻译通讯》(今《中国翻译》)1982年第4期上发表了《扬长避短,发挥译文优势》一文,"进一步说明了汉诗英译,也应该发挥英诗音韵格律的优势"②。在许渊冲看来,"'发挥'就是'充分利用','优势'主要是指'好的表达方式',但是内容更抽象,范围更广泛。这样说来,'发挥优势'就是指'用汉语之长'"③。"发挥中文的优势,运用中文最好的表达方式(包括四字成语),以少许胜人多许,用四个字表达原文十几个词的内容","可以说文学翻译是两种语言文化的竞赛,是一种艺术;而竞赛中取胜的方法是发挥译语优势,或者说再创作"。④ 不论是汉译英还是英译汉,许渊冲认为都要发挥译语的优势,法译汉也是一样。就如在前文中提到的许多翻译家质疑的"魂归离恨天"这一句的翻译,在许渊冲看来,"mourir(死)与魂归离恨天确实不'等值',而是'再创造'。所以译法文也要'再创造'"⑤。

　　第二点问题,谈到"竞赛论",许渊冲认为"竞赛中取胜的方法是发挥译语优势,或者说再创作"⑥,实则第二点与第一点是密不可分的。在许渊冲看来,"译作可以和原作竞赛,看译者能否发挥译语优势,用译语最好的表达方式来传达原作的内容;并看新译能否超越旧译,甚至超越原作"⑦。对于"创译"说,"郭沫若就曾说过,文学翻译与创作无

---

① 许渊冲:《翻译的标准》,《中国翻译》,1981年第1期,第3页。
② 许渊冲:《文学与翻译》,北京:北京大学出版社,2003年,第61—62页。
③ 许渊冲:《文学与翻译》,北京:北京大学出版社,2003年,第62页。
④ 许渊冲:《文学与翻译》,北京:北京大学出版社,2003年,第177页。
⑤ 许渊冲:《关于〈红与黑〉汉译的通信(二):许渊冲致许钧》,见许钧:《文字·文学·文化:〈红与黑〉汉译研究》,南京:南京大学出版社,1996年,第50页。
⑥ 许渊冲:《文学与翻译》,北京:北京大学出版社,2003年,第177页。
⑦ 许渊冲:《文学与翻译》,北京:北京大学出版社,2003年,第175页。

异,好的翻译等于创作,甚至超过创作,因此文学翻译须寓有创作精神"①。许渊冲将郭沫若的这一观点变成了一种广泛的实践。许渊冲在翻译诗词时也坚持一种创造性。他曾举瞿秋白的观点来说明创译的体验:"谈到创造性的译诗,瞿秋白说过:'你既钦羡于原作的神韵,又得意于译文的形式,你就会不自觉地与原诗人取得心灵上的共鸣,或许就是我们所说的"心有灵犀一点通"吧,保持在这种状态下,你就可以施展你文辞的技巧,用探索和联想去字斟句酌——但不可以松懈、草率,否则神韵立刻就会从你的笔下溜走——这样揣摩、选择、提炼、再创造,你不仅会得到一篇好的译诗,而且会使你赢得无上的快乐和久久的陶醉,甚至忘乎所以,以为这竟是自己的新作。'"②在许渊冲看来,"文学翻译理论并不是科学,而是艺术,和创作理论、音乐原理一样是艺术"③。

在翻译与创作之间的关系上,许渊冲还受到英国著名诗人 T. S. 艾略特④所著的《传统与个人才能》关于"创作"的观点的影响,并认为其观点可以应用于翻译。"例如他谈到传统,认为传统不但是过去有意义,还要现在也有意义才行。历史感不单是时代感,还包括超时代

---

① 金涛:《许渊冲:把中国智慧翻译到西方》,《中国艺术报》,2014 年 8 月 6 日,https://mp.weixin.qq.com/s?__biz=MjM5MDEzNTg0OQ==&mid=200365392&idx=3&sn=55f7b09bc8db447b963fa2809ca8a0d8&chksm=284c96161f3b1f005afddf00eec083b1d88c73d2d3f7586490f83fce927fc6b040d08c4e81bd&scene=27,2025 年 3 月 10 日读取。

② 见《新文学资料》1982 年第 4 期第 109 页,转引自许渊冲:《文学与翻译》,北京:北京大学出版社,2003 年,第 14 页。

③ 许渊冲:《文学与翻译》,北京:北京大学出版社,2003 年,第 183 页。

④ 托马斯·斯特尔那斯·艾略特(Thomas Stearns Eliot,1888—1965):英国诗人、剧作家和文学批评家,诗歌现代派运动领袖,1922 年发表《荒原》,赢得国际声誉,该作被认为是英美现代诗歌的里程碑。1948 年凭借《四个四重奏》获诺贝尔文学奖。

感在内;一个作家不但要有时代感,还要有超时代感,才能成为一个传统的作家。过去对现在有指导意义的应该保留,没有指导意义的就要改变。我看这些原则也可用到翻译上来。成语是一种文化传统,如'魂归离恨天'。这个成语过去的意义是:'三十三天,离恨天最高;四百四病,相思病最苦。'但到现在,'三十三天','四百四病',都没有意义了;有意义的,只是'男女抱恨,长期不得相见。'所以在翻译时,对现在有意义的可以保留,因为它有超时代性;对现在没有意义的就不必保留,因为它只有时代性,而没有超时代性。形式'等值'派反对用成语,因为他们只看到成语的时代性,而没有看到成语的超时代性,或现实性。这样,我就认为给'再创'的译法找到理论依据了。"① 许渊冲还认为艾略特的"一个艺术家心里储存了无数的感情,词句,形象,而他的进步,就是不断地为了更有价值的东西而做出牺牲"②这句话,也可应用于翻译。"翻译家心里也储存了无数的感情(强烈的和不强烈的),词句(离开了人世,魂归离恨天),形象(红装,武装;涂脂抹粉,面对硝烟弥漫的战场)。如果原文感情强烈(如'谋害自己的生命')而译文感情不强烈(如自杀),那就应该牺牲感情不强烈的译文,改用感情更强烈的'自寻短见',这就是'进步'。牺牲'离开了人世',改用'魂归离恨天'等词句;牺牲'红装'、'武装',改用'涂脂抹粉'、'硝烟弥漫'等形象,这些都'偏离'了原文,但都是'再创作',都是'进步'。这样,我看,创作的原理就可以应用于翻译了。"③ 由此可见,许渊冲将翻译与创

---

① 许渊冲:《妙译来自"得意忘形"》,见许钧:《文字·文学·文化:〈红与黑〉汉译研究》,南京:南京大学出版社,1996年,第123页。
② 许渊冲:《妙译来自"得意忘形"》,见许钧:《文字·文学·文化:〈红与黑〉汉译研究》,南京:南京大学出版社,1996年,第123页。
③ 许渊冲:《妙译来自"得意忘形"》,见许钧:《文字·文学·文化:〈红与黑〉汉译研究》,南京:南京大学出版社,1996年,第123页。

作视为密不可分的关系。翻译的过程也是译者再创作的过程。正如谢天振所说:"当在一种语言环境中产生的文字作品被'移植'到另一种语言环境中去时,为了使接受者能获得与原作同样的艺术效果,译者就必须在译语环境里找到能调动和激发接受者产生相同或相似联想的语言手段。这实际上也就是要求译作成为与原作同样的艺术品。在这种情况下,文学翻译与文学创作已经取得了相同的意义,文学翻译也已显而易见不再是简单的语言文字的转换,而是一种创造性的工作。仍然是茅盾的话:'这样的翻译,自然不是单纯技术性的语言外形的变易,而是要求译者通过原作的语言外形,深刻地体会了原作者的艺术创造的过程,把握住原作的精神,在自己的思想、感情、生活体验中找到最适合的印证,然后运用适合于原作的文学语言,把原作的内容与形式正确无遗地再现出来。这样的翻译的过程,是把译者和原作者合而为一,好像原作者用另外一国文字写自己的作品。这样的翻译既需要译者发挥工作上的创造性,而又要完全忠实于原作的意图……这是一种很困难的工作。但是文学翻译的主要任务,既然在于把原作的精神、面貌忠实地复制出来,那么,这种艺术创造性的翻译就完全是必要的。'"①

施康强认为文学翻译欲"临摹原作所临摹的模特"绝非易事。这一点,还可以引用翁显良的那句"汉译的技巧,说到底,无非是摆脱原文表层结构的束缚而自由运用汉语再创作的技巧","临摹原作"可理解为"临摹"原作的"形"和"神",其中包含原作的"表层结构",但许渊冲不仅要"临摹原作",还要"临摹原作所临摹的模特",这是要将原作

---

① 谢天振:《超越文本 超越翻译》,上海:复旦大学出版社,2014年,第17—18页。

的深层结构也临摹出来。他的这一想法正是受到国学大师吴宓关于"实境"与"幻境"之说的启发。"吴先生说过:'真境与实境迥异,而幻境之高者即为真境。'他认为翻译是对'真境'的模仿,这种思想对我很有启发。"①许渊冲认为翻译不能只翻译表层结构,更应该翻译深层结构,正如他所说:"中国文化最重要的一点是使人乐之。《论语》首句,'学而时习之,不亦说乎?'中国人读书也好、做人也好,重乐。生活是求幸福,这一点很高。西方是罪感文化,《圣经》说,上帝有智慧之果,人吃了就犯罪。人到世界上来,有了知识,就有罪了。翻译是要把中国的智慧介绍到西方。如果翻译得不好,只有表层结构,没有深层结构,就很难达到目的。我的翻译理论就是要把中国深层结构翻译出去。"②

第三点,许渊冲曾在文章中解释为何要"增加原文所没有的东西",他认为"加词不是表现自己的个性,而是更清楚地表达原作的内容"③。对于"失度"问题,许渊冲以"从心所欲而不逾矩"来回答,在他看来,翻译应是"文学翻译",而非"文字翻译"。④ 许渊冲的这一观点也是受到吴宓的影响,他在《追忆逝水年华》一书中就谈道:"吴先生还为外文系四年级学生讲作文和翻译。我第一次听他讲翻译是一九三九

---

① 许渊冲:《追忆逝水年华》,北京:生活·读书·新知三联书店,1996年,第100页。
② 金涛:《许渊冲:把中国智慧翻译到西方》,《中国艺术报》,2014年8月6日,https://mp.weixin.qq.com/s?__biz=MjM5MDEzNTg0OQ==&mid=200365392&idx=3&sn=55f7b09bc8db447b963fa2809ca8a0d8&chksm=284c96161f3b1f005afddf00eec083b1d88c73d2d3f7586490f83fce927fc6b040d08c4e81bd&scene=27,2025年3月10日读取。
③ 许渊冲:《也议〈红与黑〉汉译大讨论》,《外语教学理论与实践》,2012年第2期,第68页。
④ 参见许渊冲:《文字翻译与文学翻译:读方平〈翻译杂感〉后的杂感》,见许钧:《文字·文学·文化:〈红与黑〉汉译研究》,南京:南京大学出版社,1996年,第70页。

年暑假在昆华工校的大教室里。记得他的讲话充满了柏拉图'多中见一'的精神,这就是说,翻译要通过现象见本质,通过文字见意义,不能译词而不译意。"① 而"文字翻译还是文学翻译"的问题,在许渊冲看来,"文字翻译与文学翻译的区别,大致说来,就是直译与意译、形似与神似的分别"②。许渊冲认为21世纪的中国文学应该融合世界文学的精华,一流的译作不应该出现"洋泾浜"中文,"二十一世纪的文学翻译要成为翻译文学,也就是说,翻译作品本身要成为文学作品,要用最好的表达方式来取得最好的效果,不但是要把外国文学的精华引进到中国来,也要把中国文学的精华,包括表达方式,包括'魂归离恨天',引入世界文学之中,这样中外学者才能共同建立二十一世纪的世界新文化!"③

在上述译界各家的思想交锋中明显可见,对于许渊冲的翻译理论有共识、有疑问也有争论。但不可否认的是,其理论具有独特性和重大价值,不仅扩展了翻译研究的视角,而且推动了翻译理论的发展。许渊冲始终坚持自己的翻译理论观点,并将理论贯穿于翻译实践之中,用实践来解释并检验理论的正确与否,提出"没有中西互译的实践,是提不出解决问题的理论的"④。他还曾引用杨振宁的观点:"我在北京大学《英汉与汉英翻译教程》的序言中,引用《杨振宁访谈录》83页上说的:'中国的文化是向模糊、朦胧及总体的方向走,而西方的文化

---

① 许渊冲:《追忆逝水年华》,北京:生活·读书·新知三联书店,1996年,第84页。
② 许渊冲:《文字翻译与文学翻译:读方平〈翻译杂感〉后的杂感》,见许钧:《文字·文学·文化:〈红与黑〉汉译研究》,南京:南京大学出版社,1996年,第70页。
③ 许渊冲:《文字翻译与文学翻译:读方平〈翻译杂感〉后的杂感》,见许钧:《文字·文学·文化:〈红与黑〉汉译研究》,南京:南京大学出版社,1996年,第73页。
④ 许渊冲:《也议〈红与黑〉汉译大讨论》,《外语教学理论与实践》,2012年第2期,第71页。

则是向准确而具体的方向走。'然后,我把他的文化方向论和当代的翻译理论联系起来说:'中国传统翻译理论也是走向模糊、朦胧及总体的,而西方科学的翻译理论却是走向准确而具体。'杨振宁又说:'中文的表达方式不够准确这一点,假如在写法律是一个缺点的话,写诗却是一个优点。'我却想到:中国传统的翻译理论不够准确,但是简明好记,用在'理解'上如果是一个缺点的话,用在'传达'上是不是一个优点呢?这样,我又把他关于法律和诗的论点,和翻译的'理解'与'传达'联系起来,觉得解决了一个翻译界长期间争论不休的问题。自然,关于翻译理论问题还有不同的意见。我认为检验理论的标准是实践,而根据我翻译中国古典文学五大名著及世界文学十大名著的经验看来,我的翻译理论是站得住的,并且在联大时代老同学的书中,找得到理论的根据。"[①]由此可见,许渊冲始终以中国传统文化为根本,以民族文化为优先,在"不逾矩"的前提下努力发挥译语的优势,让翻译成为"文学"而非"科学"。要成为"文学",不仅要做到"信"与"达",更加需要达到"雅"的高度,而欲达"雅",则译者必须发挥主观能动性,发挥译语的优势。许渊冲在实践中总结理论,用理论指导实践,再用实践验证理论的正确与否,在实践与理论的互动之中不断深化其对翻译的思考,形成别具一格的翻译理论体系。而对许渊冲翻译理论的探源也值得更加深入的思考与探究。

---

① 许渊冲:《追忆逝水年华》,北京:生活·读书·新知三联书店,1996年,第46—47页。

第五节　许渊冲翻译思想探源

许渊冲在《文学与翻译》一书的前言中,曾整体性地概括过他的翻译理论。他的翻译理论主要由四个部分构成:本体论、认识论、方法论和目的论。他将意美、音美、形美("三美"论)归为文学(尤其是诗词)翻译的本体论;将优势、均势、劣势("三势"论)归为两种语言关系的认识论;将深化、等化、浅化("三化"论)归为文学翻译的方法论;将知之、好之、乐之("三之"论)归为文学翻译的目的论。从总体上讲,许渊冲认为"艺术论是文学翻译的认识论",如简单来说,许渊冲认为文学翻译就是"'美化之艺术',三美、三化、三之的艺术"。①"所谓'美',就是把鲁迅的文字'三美'论应用于文学翻译;所谓'化',就是把钱钟书的'化境'说分解为深化、等化、浅化'三化'论;所谓'之',就是把孔子的知之、好之、乐之总结为'三之'论;所谓艺术,就是把朱光潜的艺术论应用于文学翻译,认为文学翻译和文学译论都是艺术。总起来说,美化之艺术就是三美、三化、三之的艺术。"②许渊冲还进一步提出,他将"信、达、雅"三字经理解为"信、达、优"。"'优'就是发挥译语优势,就是用译语最好的表达方式,用富有意美、音美、形美的词语。"③因此,在许渊冲看来,"优"即"美"。"三美"论是文学翻译的本体论,那么"优"

---

① 参见许渊冲:《文学与翻译》,北京:北京大学出版社,2003年,"前言"第1页。
② 《中国翻译》编辑部:《文化丝路织思》,北京:国际文化出版公司,2001年,第2—3页。
③ 许渊冲:《文学与翻译》,北京:北京大学出版社,2003年,"前言"第1页。

也是文学翻译的本体论。"三化"论中包含了等化,但等化不是对等,而是创造,那么"化"就是"创"。"所谓'创',就是把郭沫若的'文学翻译等于创作'提高为再创论"①,"美化"就是"创优"。"所谓'优',就是发挥译语优势论"②,而"创优就是竞赛,看哪种语文更能表达原作的内容"③。"所谓'似',就是傅雷的神似说;所谓竞赛,即文学翻译是两种语言文化的竞赛论。"④因此,许渊冲总结道:"文学译论也可以说是'创优似竞赛':'优'是文学翻译的本体论,'创'是方法论,'似'是目的论,'竞赛'是认识论,和前面提到的'美化之艺术'加起来,一共是十个字:美化之艺术,创优似竞赛。"⑤在"美化之艺术,创优似竞赛"的文学翻译理论基础上,许渊冲还提出中国翻译学派应该向中国古代文化借鉴:"总而言之,中国翻译学派提出了'美化之艺术,创优似竞赛'的文学翻译理论,又借鉴哲学、模糊数学与自然科学的最新成就,提出了文学翻译的实践论、矛盾论、超导论、克隆论等,可以算是目前世界上最先进的文学翻译理论。如果……大家能够通过实践,发现并弥补理论的不足,发扬中国学派理论的优势,并且把中国古代的政治、经济、文化哲学引进到全球文化之中,为世界文化添砖加瓦,我相信那一定可以使全球文化越来越丰富多彩,越来越光辉灿烂。"⑥许渊冲把科学成就融入文学翻译艺术之中,提出1+1>2,即意大于言;将物理学中的"超导论"引入文学翻译中,提出了译文可以超越原文的观点;将文学翻译看作把一国创造的美转化为全球美的一种化学反应;又将"克隆论"引入

---

① 《中国翻译》编辑部:《文化丝路织思》,北京:国际文化出版公司,2001年,第3页。
② 《中国翻译》编辑部:《文化丝路织思》,北京:国际文化出版公司,2001年,第3页。
③ 许渊冲:《文学与翻译》,北京:北京大学出版社,2003年,"前言"第2页。
④ 《中国翻译》编辑部:《文化丝路织思》,北京:国际文化出版公司,2001年,第3页。
⑤ 许渊冲:《文学与翻译》,北京:北京大学出版社,2003年,"前言"第2页。
⑥ 《中国翻译》编辑部:《文化丝路织思》,北京:国际文化出版公司,2001年,第4页。

文学翻译,认为"引进优质基因,可以改善译文,甚至超越原文"①。

通过对许渊冲翻译思想的形成和发展及其翻译理论的研究,可以总结出,许渊冲的翻译理论思想是从中国的传统文化出发,从中国传统文化中汲取营养,结合其数十年中、英、法文的翻译实践,总结出的适合中国翻译学派的翻译理论。他在《中国学派的文学翻译理论》一文中对于中国学派的文学翻译理论还有进一步的深化:"中国学派的文学翻译理论源自老子和孔子的思想。老子提出的'信'和'美'、'名'和'实'的矛盾,是文学译论中的本体论。孔子提出的'从心所欲不逾矩'的艺术论,是译坛中的认识论;'学而时习之'的实践论,是译论中的方法论;'知之,好之,乐之''三之论'是译论中的目的论。老子提出的矛盾论后来发展为直译与意译,信达雅,'三似'(形似,意似,神似),'三美'(意美,音美,形美)的矛盾。孔子提出的艺术论后来发展为郭沫若的'创译论'和茅盾的'艺术价值'论或'提高到艺术创作水平'的理论。孔子提出的方法论发展为'三化论'(等化,浅化,深化),目的论又使'三化'发展为'优化论'(用最好的译语表达方式,不只是翻译原文的文字,而是要译出原文所写的现实,解决原文'名'与'实'的矛盾)。中文和英文是最重要的语文,约有一半不能对等(而西方语文间有90%可以对等),因此西方的对等论不能解决中西互译的问题。而最新出版的汉英对照《论语》《老子》《诗经》《楚辞》《唐诗》《宋词》等十四部经典名著都是根据中国学派译论翻译的,说明中国的理论和实践都超过了西方。中国要建设文化强国,中国学派的文学理论就

---

① 许渊冲:《文学与翻译》,北京:北京大学出版社,2003年,"前言"第2页。

是先声。"①许渊冲的翻译理论思想就是以中国学派的翻译理论为基础的,"因为文学翻译理论本身和研究理论的方法,都源自2500年前的老子和孔子的思想"②。许渊冲从老子的本体论和认识论中得出"'道可道,非常道。'应用到文学翻译上来,可以说翻译之道,不一定是大家常说的'对等'之道('常道'),而可能是创新之道,优化之道。'名可名,非常名'则更进一步,说原文并不等于现实,译文也不等于原文,但是译文却有可能比原文更接近现实,因此可能超越原文,胜过原文"③的结论。许渊冲从孔子的科学求真、艺术求美的艺术论中总结解决"真"与"美"之矛盾的方式为:"在不违反客观规律的条件下,尽量发挥主观能动性,求得既真又美的译文。"④他还指出老子与孔子的思想既有相同之处也有互为补充之处,将二者思想灵活地应用到自己的翻译理论之中。

许渊冲还吸收了20世纪中国重要的翻译理论大家关于翻译的观点,与自己的翻译实践和理论相融合。他的"三美"论来源于鲁迅的《汉文学史纲要》,他将"意美、音美、形美"主要应用于诗歌的翻译,提出译诗要尽可能再现原诗的"意美、音美、形美"。他将"知之、好之、乐之""三之"论作为翻译哲学的"目的论",将使译文的读者和原文读者一样"乐之"作为文学翻译的最高目的和最高境界,而"三之"论正是来

---

① 许渊冲:《任尔东西南北风:许渊冲中外经典译著前言后语集锦》,北京:清华大学出版社,2014年,第573页。
② 许渊冲:《任尔东西南北风:许渊冲中外经典译著前言后语集锦》,北京:清华大学出版社,2014年,第574页。
③ 许渊冲:《任尔东西南北风:许渊冲中外经典译著前言后语集锦》,北京:清华大学出版社,2014年,第577页。
④ 许渊冲:《任尔东西南北风:许渊冲中外经典译著前言后语集锦》,北京:清华大学出版社,2014年,第577页。

源于孔子的"礼乐"思想。许渊冲将孔子的"礼乐"思想应用于文学翻译理论中,"希望孔子的智慧、唐诗的智慧,能丰富 21 世纪的全球文化,使全世界都能享受和平、繁荣、幸福的生活"①。同时,许渊冲认为严复提出的"信、达、雅"三原则对文学翻译起了非常重大的作用,并对"信、达、雅"做了进一步的诠释,"'信',可以使读者'知之';'达',可以使读者'好之';'雅'或者文采,可以使读者'乐之'"②。许渊冲的"三化"论来源于钱钟书的"化境"说,钱钟书曾提出:"文学翻译的最高理想可以说是'化'。把作品从一国文字转变成另一国文字,既能不因语文习惯的差异而露出生硬牵强的痕迹,又能完全保存原作的风味,那就算得入于'化境'。"③许渊冲将钱钟书的"化境"说分解成"深化、等化、浅化"的"三化"论。"所谓'深化',包括特殊化、具体化、加词、一分为二等等译法;所谓'浅化',包括一般化、抽象化、减词、合而为一等等译法;所谓'等化',包括灵活对等、词性转换、正说、反说、主动、被动等等译法。"④"三化"论被许渊冲视为文学翻译的方法论。他的"发挥译语优势论"则受到茅盾关于"直译"与"意译"看法的启发,"茅盾在《直译、顺译、歪译》一文中说:'假使今有同一原文的两种译本在这里,一是"字对字",然而没有原作的精神,又一种并非"字对字",可是原作的精神却八九尚在,那么,对于这两种译本,我们将怎样批判呢?我以为是后者足可称"直译"。这样才是"直译"的正解。'在我看来,茅盾的'直译'和鲁迅的'直译'不同,可以算是'意译'。到了一九五四年,茅

---

① 许渊冲:《任尔东西南北风:许渊冲中外经典译著前言后语集锦》,北京:清华大学出版社,2014 年,第 50 页。
② 许渊冲:《文学与翻译》,北京:北京大学出版社,2003 年,第 74—75 页。
③ 钱钟书:《林纾的翻译》,《中国翻译》,1985 年第 11 期,第 2 页。
④ 许渊冲:《文学与翻译》,北京:北京大学出版社,2003 年,第 76 页。

盾更提出'必须把文学翻译工作提高到艺术创造的水平'：一要'忠实于原作的意图'，二要'运用适合原作风格的文学语言'再现原作，那不但是'宁信而不顺'，就是'既信又顺'的译文也不一定够格了，于是我提出了文学翻译要'发挥译语优势'的理论"①。许渊冲提出的"再创论"来源于《论语》中的"从心所欲，不逾矩"。他赞同郭沫若"好的翻译等同于创作"的观点，并引出朱光潜的"从心所欲，不逾矩"就是"'一切艺术的成熟境界'，自然也是翻译艺术的最高境界。'从心所欲'是创译的充分条件，就是发挥主观能动性，优化创新，进入自由王国；'不逾矩'却是翻译的必需条件，只要不违反规律，切近自然就行，这只是在必然王国奋斗。中国的再创论或优化论（Excellence）已经进入自由王国，西方的对等或等值论（Equivalence）还在必然王国挣扎。这说明中国译论不但不落后于西方二十年，反而比西方先进了两千多年。我们认为民族文化高于个人风格，这种创新译论是新世纪中国建成文化强国的先声"②。

由此，许渊冲不仅贯通了孔子和老子的哲学思想，而且还将孔子和老子的思想与中国近现代翻译理论思想相互融合，从而提出适合中国学派的翻译理论。面对因较早建立了翻译学科而备受推崇的西方翻译理论一直占主导的中国翻译界，许渊冲无疑改变了这种局面。他在总结前人的理论和经验的基础上，加上自己对翻译的理解，形成了独特的翻译理论。他从本体论、认识论、目的论、方法论等方面整体而系统地阐释了中国学派的文学翻译理论的"源头活水"。而关于"中国

---

① 许渊冲：《追忆逝水年华》，北京：生活·读书·新知三联书店，1996年，第62—63页。

② 许渊冲：《也议〈红与黑〉汉译大讨论》，《外语教学理论与实践》，2012年第2期，第72页。

学派的文学翻译理论"的提出,据许渊冲所说,"早在2008年上海召开的第18届世界翻译大会上,已有译者提交了有关'中国学派'的论文,并且发表在《第18届世界翻译大会论文集》中(第392~397页)"①。之所以称之为"中国学派的文学翻译理论",许渊冲解释道:"因为文学翻译理论本身和研究理论的方法,都是源自2500年前的老子和孔子的思想。"②2012年1月,被列入"中国文化著作翻译出版工程"的14部汉英对照的中国经典名著在国内外同时出版,这是响应中国共产党第十七届六中全会提出的建设社会主义文化强国的号召的第一声。"每本译著都有一篇后记,题目是:'中国学派的文学翻译理论',说明这套丛书都是根据中国译论翻译出版的,因此,可以说是响应建设文化强国的先声,也可以说是中国文化走向世界的先锋。"③许渊冲更是身体力行,仅关于中国学派的文学翻译理论的文章就发表了3篇:《谈中国学派的翻译理论:中国翻译学落后于西方吗?》④《中国学派的古典诗词翻译理论》⑤和《再谈中国学派的文学翻译理论》⑥。在文章中,许渊冲不仅梳理了中国学派的文学翻译理论的形成及发展,并且提出应该建立中国学派的文学翻译理论,还为发扬中国学派翻译理论的优势,建立系统的文学翻译理论体系提供了指导性意见,着重指出建立"中国

---

① 许渊冲:《任尔东西南北风:许渊冲中外经典译著前言后语集锦》,北京:清华大学出版社,2014年,第574页。

② 许渊冲:《任尔东西南北风:许渊冲中外经典译著前言后语集锦》,北京:清华大学出版社,2014年,第574页。

③ 许渊冲:《任尔东西南北风:许渊冲中外经典译著前言后语集锦》,北京:清华大学出版社,2014年,第574页。

④ 许渊冲:《谈中国学派的翻译理论:中国翻译学落后于西方吗?》,《外语与外语教学》,2003年第1期。

⑤ 许渊冲:《中国学派的古典诗词翻译理论》,《外语与外语教学》,2005年第11期。

⑥ 许渊冲:《再谈中国学派的文学翻译理论》,《中国翻译》,2012年第4期。

学派的文学翻译理论"的重要意义就是让"中文在国际译坛也应该有话语权"①。要"通过实践,发现并弥补理论的不足,发扬中国学派理论的优势,并且把中国古代的政治、经济、文化哲学引进到全球文化之中,为世界文化添砖加瓦,我相信那一定可以使全球文化越来越丰富多彩,越来越光辉灿烂"②。许渊冲对于建设适合中国学派的文学翻译理论的坚持,体现在他对于翻译及翻译理论的理解的方方面面,不仅反映在他的翻译语言观上,还反映在他的翻译文化观和翻译美学观上。这对于中国译学理论的建立和发展有着重大的意义和影响。

---

① 许渊冲:《再谈中国学派的文学翻译理论》,《中国翻译》,2012年第4期,第90页。

② 《中国翻译》编辑部:《文化丝路织思》,北京:国际文化出版公司,2001年,第4页。

第二章 许渊冲翻译语言观

在上一章中,笔者对许渊冲的翻译实践历程做了简要的梳理,在此基础上对许渊冲的翻译动机与文本选择之间的关系做了探讨,从中可以看到翻译对于许渊冲来说,是人生的一种追求,对其而言,具有生命的意义。以此为出发点,我们对许渊冲半个多世纪以来的翻译追求就会有更深刻的理解,对其追求的意义也可有更准确的定位。我们可以看到,正是因为有这样的追求,在其人生的不同阶段,无论是处在逆境中,哪怕受到批评、受到打击,还是处于翻译的重要性越来越得到承认的新时期,许渊冲始终热爱翻译,执着于翻译事业,其翻译实践具有明确的目的,其译事活动表现出了显著的自觉性。

许渊冲这种具有明确追求的翻译实践,不可能不伴随着其对翻译的思考。从上文的研究中可以看到,许渊冲结合其丰富的翻译实践,对翻译有较为全面的思考,提出了许多值得中国译学界和国际译学界关注与研究的观点。实际上,在其思想的发展过程中,许渊冲的不少译学观点,尤其是关于文学翻译的一些具有开拓性的思想,引起了中国译学界的高度关注,有的观点甚至引起了论争,对拓展中国译学研究的视野、更新翻译观念、深化翻译思考起到了重要的启迪甚至推动作用。同时,我们也可以看到,对许渊冲翻译思想之源的探讨,也有助于我们理解与把握许渊冲译论的特点与内涵。

要对翻译活动有科学的认识,就离不开对翻译活动的本质、形式与功能的考量。人类的翻译历史悠久,形式多样,丰富而复杂。随着学界对翻译的不断探索,就翻译的本质而言,翻译学界形成了一些共识，对翻译活动所涉及的语言、文化与创造性，有越来越一致的看法。鉴于此，笔者认为，要对许渊冲的翻译思考与理论探索做进一步的探讨，则首先有必要对其思想的有机构成与主要观点做进一步考察与分析。在本章中，笔者拟结合许渊冲的翻译实践与他对翻译的思考，对许渊冲的翻译语言观进行重点探讨。

第一节　语言观与翻译观

就狭义的翻译活动而言，我们都知道语言具有本体性的地位。翻译的具体形式，就其根本意义看，都是语言的转换。罗新璋对中国传统的翻译思考与研究做了梳理之后，在其为《翻译论集》写的序中，在第一部分的开头指出："我国早期典籍《周礼·秋官司寇》篇里就有'象胥'（谓通言语之官）这一名目，唐朝贾公彦所撰《周礼义疏》里提到：'译即易，谓换易言语使相解也。'这条注疏，关于翻译的定义，足以给人不少启发。用现代文艺理论和语言理论，也许可以诠释为：翻译是把一种语言文字换易为另一种语言文字，而并不变更所蕴含的意义，——或用近年流行的术语说，并不变更所传递的信息，——以达到彼此沟通、相互了解的目的。"[①]对翻译活动的这一定义，可以说从翻译形式与翻译目的两个方面较为客观地揭示了翻译活动的本质特征。到了二十世纪五六十年代，西方语言学派对翻译的界定基本上没有超

---

① 罗新璋：《我国自成体系的翻译理论》，见罗新璋、陈应年：《翻译论集》（修订本），北京：商务印书馆，2009年，第1页。

越我国古代对翻译的定义所展现的具有相当深刻性的认识,如翻译的语言学派的代表性人物卡特福德在其《翻译的语言学理论》一书中对翻译活动是这样描述的:"翻译是一项对语言进行操作的工作,即用一种语言的文本来替代另一种语言的文本的过程。"[1]基于对翻译的这一认识,他对翻译的定义为:"翻译(Translation)的定义如下:用一种等值的语言(译语)的文本材料(textual material)去替换另一种语言(原语)的文本材料。"[2]当然,随着翻译学界对翻译的不断探索与研究,翻译活动的丰富性与复杂性得到了越来越深刻的揭示,翻译的各种不同的研究视角或理论途径为我们全面认识翻译活动的本质提供了新的可能,但这些新的翻译研究视角或途径并不否认语言因素在翻译活动中具有核心地位的重要性。从这个意义上说,要理解与追踪许渊冲的翻译思想,就不能不对其翻译语言观做一番考察。

就对翻译本质的认识而言,通过对许渊冲翻译思想发展历程的梳理,我们可以清楚地看到,许渊冲对西方翻译语言学派的观点一直持不认同的立场。自二十世纪七八十年代起,许渊冲一开始就坚定地表明了他对翻译的文艺派立场,对西方翻译语言学派的观点持保留、批评态度,到了20世纪90年代,他更是表明其对翻译的认识与西方翻译语言学派的认识的不同。本书将在语言、文化与美学三个方面对许渊冲的翻译观展开研究,许渊冲对翻译本质的认识将始终是思考的重点之一。在这里,有必要首先明确一点,那就是无论是翻译的语言学派还是翻译的文艺学派,其分歧并不在于两者对翻译活动中语言因素

---

[1] J.C.卡特福德:《翻译的语言学理论》,穆雷译,北京:旅游教育出版社,1991年,第1页。

[2] J.C.卡特福德:《翻译的语言学理论》,穆雷译,北京:旅游教育出版社,1991年,第24页。

的重视上的差别,而主要在于两者对语言认识的不同。

  现代的翻译理论研究表明,不同的语言观会影响对翻译的认识,甚至会造成不同的翻译观。著名的法国语言学家和翻译理论家乔治·穆南对此有深刻的思考和论述。在其《翻译的理论问题》一书中,乔治·穆南就探讨了传统语言观与翻译观之间的关系。他在书中对自古代以来西方对语言的传统认识做了梳理,对语言被视为一种"目录表"的传统看法提出了疑问。按照这种传统的普遍认识,他指出:"既然世界被视作一个物质的或精神的、区别明确的事物大仓库,那么每种语言便以一种独有的标签、一种独特的编号给事物编目造册;这样一来,既然原则上每个事物大致只有一个标签,且每个编号只代表预先交给所有编目者的同一仓库中的一件物品,那么人们就可以毫无差错地从一种目录过渡到另一种目录。"[1]所谓的从一种目录过渡到另一种目录,就是语言的转换,也就是我们所讨论的翻译活动。对这样一种语言观,乔治·穆南进行了质疑与批判,他根据索绪尔、布龙菲尔德、叶姆斯列夫等语言学家对语言与世界的关系、语言符号的性质、语言的意义等涉及语言基本问题的研究和论述,对语言观与翻译的关系做了深刻的思考,提出了一些重要的观点,对后来的翻译研究产生了相当广泛的影响。比如,他从索绪尔对语言符号的能指与所指的关系的论述出发,指出了语言为事物简单的标签或目录的传统语言观,并不能反映语言符号的复杂性和任意性,这样一来,传统翻译所推崇的词对词的翻译就不完全可能了。索绪尔认为:"语言既是一个系统,它的各项要素都有连带关系,而且其中每项要素的价值都只是因为有其

---

[1] Georges Mounin, *Les problèmes théoriques de la traduction*, Paris: Gallimard, 1963, p. 22.

他各项要素同时存在的结果"①,同时,"一个词可以跟某种不同的东西即观念交换;也可以跟某种同性质的东西即另一个词相比。因此,我们只能看到词能跟某个概念'交换',即看到它具有某种意义,还不能确定它的价值;我们还必须把它跟类似的价值,跟其他可能与它相对立的词比较。我们要借助于在它之外的东西才能确定它的内容"②。基于对语言的意义的认识,翻译的转换就不可能是简单的词对词的转换,逐词翻译的方法也就受到了质疑。实际上,如果我们追踪西方翻译理论的发展历程,我们可以看到在二十世纪五六十年代,翻译的语言学派的重要任务之一,就是根据语言学的理论,来讨论意义的构成与转换问题。不同的语言观对意义的不同认识,直接影响着人们对翻译的看法和观念。乔治·穆南恰恰就是借助语言学理论,尤其是现代语言学的意义理论,为翻译的科学研究打开了大门,展现了在传统的意义观之下对翻译转换的认识的不可靠性,以及现代语言学意义理论对翻译转换的阻碍与克服这些障碍的可能性所带来的某种启示,既指出了翻译的可能性,也充分揭示了翻译的限度。

  以此角度作为路径,我们再来讨论许渊冲的翻译语言观。从笔者所掌握的资料来看,许渊冲对于语言与翻译的关系一直非常重视。从他论翻译的许多文章中,我们可以看到他往往从具体的例子出发,从翻译中遇到的问题与障碍入手,找出翻译文本中内容与语言形式的矛盾加以分析,进而寻找解决矛盾的方法,总结并提炼出翻译的原则。如他早在20世纪70年代末发表的一篇文章,题目为"翻译中的几对

---

  ① 费尔迪南·德·索绪尔:《普通语言学教程》,高名凯译,北京:商务印书馆,1980年,第160页。

  ② 费尔迪南·德·索绪尔:《普通语言学教程》,高名凯译,北京:商务印书馆,1980年,第161页。

矛盾"。在许渊冲的翻译思考与研究文章中,这篇文章占据了重要的位置,罗新璋就将此篇文章当作中国翻译理论发展史中的重要文献收入他和陈应年所编的《翻译论集》一书。许渊冲在该文开篇第一段中,这样写道:"任何语言,都有形式与内容的统一或矛盾的问题。翻译涉及两种语言的内容与形式的统一或矛盾,情况复杂,而主要是解决原文的内容和译文的形式之间的矛盾。"①从他早期对翻译与语言问题的这段论述看,许渊冲将翻译的主要任务定位于解决原文的内容与译文的形式之间的矛盾。这一看似简单的论述,实际上涉及很多关于翻译的根本问题。从上文对乔治·穆南有关语言观与翻译观的论述中,可以看到翻译的基本任务与形式就是语言的转换,而语言转换的主要障碍,在很大程度上源于语言符号的任意性、不同语言的差异和意义及其生成的复杂性。在这个意义上,许渊冲对翻译的认识,可以说紧紧抓住了翻译的根本问题,抓住了语言形式与内容表达的问题。针对上面提出来的问题,许渊冲进一步阐述道:"几年前,有一个法国翻译工作者说过:'翻译就是理解,并且让别人理解。'(Traduire, c'est comprendre et faire comprendre.)'让别人理解'就是'表达','理解'是通过原文的形式(词语)来理解原文的内容,'表达'是通过译文的形式来表达原文的内容,理解是表达的基础,不理解就不能准确表达;表达是理解的具体化、深刻化。因此,表达的结果(译文)也是检验理解是否正确的一个标准。"②在这里,我们看到原文的形式与表达和译文通过原文形式理解原文内容再加以表达的过程,正是在这一复杂的过程中,

---

① 许渊冲:《翻译中的几对矛盾》,见许渊冲:《翻译的艺术》,北京:中国对外翻译出版公司,1984年,第1页。
② 许渊冲:《翻译中的几对矛盾》,见许渊冲:《翻译的艺术》,北京:中国对外翻译出版公司,1984年,第1页。

不同语言之间的差异以及语言背后所存在的差异给翻译造成了困难与障碍,这是翻译者所要面对的矛盾。许渊冲正是从原文的语言入手,从语言形式与表达内容这两个方面去把握翻译的任务,去面对由此而产生的翻译的矛盾的。这一认识,可以说是很有见地的。

  如果像在上文中所论述分析的那样,不同的语言观会导致不同的翻译观,那么翻译者所面对的翻译任务,在很大程度上就是"意义"的传达。奈达对此有一个非常简要的表述:"翻译,即译意。"那么何为意义?有学者就此提出了令语言学界头疼的问题:"意义是什么?依据什么来分析意义?这些作为意义之依据的东西的本体论地位如何?最基本地意谓某物或具有意义的究竟是语词,还是语句,或是人?"①对于意义的探究,可以说是语言学界乃至哲学界一直非常关注的问题。在此,笔者无意就意义问题展开学术讨论。笔者的目的是想说明,翻译的根本问题之一,就是意义的转换问题。而许渊冲对此有清醒的认识,且他在对翻译的思考中,把对原文内容的理解当作翻译者必须面对的基本任务。在他看来,原文的内容是非常丰富的,要准确把握原文的意义、理解原文的内容,"往往并不容易"。他在上面提及的文章中首先举了一个例子:

John can be relied on. He eats no fish and plays the game.

  这个例子,看似非常简单,从词语的角度来看,甚至一个初通英语的人,都几乎没有不懂的词。许渊冲认为,如果单从原文的词语层面,简单地从原文的形式角度去做转换,轻而易举就可以翻译成:"约翰是

---

① A. P. 马蒂尼奇:《语言哲学》,牟博等译,北京:商务印书馆,1998年,第13页。

可靠的。他不吃鱼,还玩游戏。"①这一翻译,可以说是词词对等,连句子结构也是对应的。可是,从译文角度去看,中文的读者可以读懂每个词,却难以抓住原文到底要表达何种意义。他进一步分析说,这一译文"只理解了原文的形式,没有理解原文的内容。原来英国历史上宗教斗争激烈,旧教规定斋日(星期五)只许吃鱼,新教推翻了旧教政府后,新教徒拒绝在斋日吃鱼,表示忠于新教,而'不吃鱼'也就转而取得了'忠诚'的意思。'玩游戏'需要遵守游戏规则,因此,'玩游戏'也转而取得了'遵守规则'的意思。"②许渊冲在这里进一步探讨了词语或短语的宗教历史内涵,就词语的深层内涵进行了分析与探讨,对词语的意义的转化与深化做了交代。从中可以看到,许渊冲所说的"原文的内容"远远超越了传统语言观特别关注的词语的字面意义。实际上,在英语的宗教历史语境中,"不吃鱼"有着特别的含义,而若到了中国文化的语境中,同样的表达"不吃鱼"却没有相同的意义。在这里,许渊冲用一个简单的例子,提出了翻译理论中在语言与意义层面两个最基本的问题:一是在不同的语言中,同样的词语可以指向不同的心理现实或历史内涵,遇到这样的情况,是限于字面的翻译还是进行深层的转换?二是在不同的语言系统中,词语或短语之间构成的语义关系是不同的,在翻译中,在符号发生了变化的情况下,如何保证其意义的忠实传达?索绪尔在其《普通语言学教程》中指出:"语言系统是一系列声音差别和一系列观念差别的结合,但是把一定数目的音响符号和同样多的思想片段相配合就会产生一个价值系统,在每个符号里构

---

① 许渊冲:《翻译中的几对矛盾》,见许渊冲:《翻译的艺术》,北京:中国对外翻译出版公司,1984年,第1页。
② 许渊冲:《翻译中的几对矛盾》,见许渊冲:《翻译的艺术》,北京:中国对外翻译出版公司,1984年,第1页。

成声音要素和心理要素间的有效联系的正是这个系统。"①如何在系统中去动态地把握原文的意义或者内容,对于译者来说始终是个难题。许渊冲就此例句,继续指出:"理解原文内容之后,如何用译文的语言形式来表达呢?这句话如果译成:'他不吃鱼,还玩游戏。'那只表达了原文的形式,没有表达原文的内容。如果译成'他既忠诚,又守规矩。'那就透过原文的形式深入到内容了,深刻化了。如果译成:'他忠实得斋日不吃荤,凡事都循规蹈矩。'那就不但表达了原文的内容,而且更接近原文的形式(词语)。"②许渊冲对原文一个简单的例句的层层分析,是有其深刻的用意的。在这里,他一方面揭示了英语与汉语的词语或短语所蕴含的意义的差异,另一方面则要说明原文形式与内容、译文形式与内容转化之间的各种可能及其可以达到的不同深度。他从一个句子的三种不同译法,指出了语言转换中可以采取的三种不同的方法,而不同的方法则代表了译者对原文语言形式与内容及其转化的不同认识。从对这个简单的例子的分析中,我们可以看到许渊冲对于语言差异的认识,更可以看到许渊冲对语言的历史变化及其在不同的语言系统中的转化可能造成的矛盾的认识,充分展现了其思想的深刻性和丰富性。

从语言的形式入手,去探讨原文的内容及其转化的可能,许渊冲就这样把翻译中语言层面的意义理解与转换问题提到了最为重要的位置。从上面的例子的分析中,我们可以看到,许渊冲所说的"原文的内容"所指非常丰富,其中主要的是"意"。翻译家杨绛对翻译家的

---

① 费尔迪南·德·索绪尔:《普通语言学教程》,高名凯译,北京:商务印书馆,1980年,第167页。

② 许渊冲:《翻译中的几对矛盾》,见许渊冲:《翻译的艺术》,北京:中国对外翻译出版公司,1984年,第1—2页。

任务也有过思考,她对"原文内容"的理解与许渊冲有很多共同点,有助于我们进一步理解许渊冲有关翻译任务与原作内容的表述。杨绛认为:"译者一方面得彻底了解原著;不仅了解字句的意义,还须领会字句之间的含蕴,字句之外的语气声调。另一方面,译文的读者要求从译文里领略原文。译者得用读者的语言,把原作的内容按原样表达;内容不可有所增删,语气声调也不可走样。原文的弦外之音,只从弦上传出;含蕴未吐的意思,也只附着在字句上。译者只能在译文的字句上用功夫表达,不能插入自己的解释或擅用自己的说法。译者须对原著彻底了解,方才能够贴合着原文,照模照样地向读者表达。可是尽管了解彻底,未必就能照样表达。彻底了解不易,贴合着原著照模照样地表达更难。"①在杨绛看来,原文的内容不仅仅是"字句的意义",还有"字句之间的含蕴"和"字句之外的语气声调"。这三者基本构成了原文的内容,但问题是原文的内容并非完全表达在原文的字句表面,有"弦外之音",还有"含蕴未吐的部分",也就是我们常说的言外之意,或是含而不露的表达。在一种语言里,只是个理解的问题,可对于翻译来说,表达的语言符号一变,由于语言、文化、历史甚至接受心理的差异,其意义的表达与对应关系便会出现变化,译者便有可能遭遇许多两难的情况:翻译了原文的形式,译出了字面意义,可原文含蕴未吐的部分意思有可能会丢失;原文的字句一一都译过来了,但到了目的语中,原文的弦外之音领会不到了;原文含而不露的表达,到了译文里,会变得过于直白。所有这些两难的情况,对于译者来说都是考验。而要从理论上去探索出现这些问题的原因,找寻解决这些问题的有效方

---

① 金圣华、黄国彬:《因难见巧:名家翻译经验谈》,香港:三联书店,1996年,第93—94页。

法与途径,不仅需要译者对两种语言熟练掌握,更需要译者能建立一种科学的语言观,克服传统上试图词词对等,以保忠实的翻译观念。

许渊冲在其丰富的翻译实践中,对杨绛所言的翻译在理解与表达两个层面的问题有深刻的理解。为把握这些问题,他以自己的翻译或一些翻译名家的翻译实践为基础,以翻译中遇到的具有典型意义的一些句子或段落为分析对象,从中去寻找翻译的障碍所在以及产生障碍的原因,进而归纳出几个有关翻译的基本矛盾,并尝试着提出解决这些矛盾的原则与方法。《翻译中的几对矛盾》一文之所以受到中国译学界的高度关注,其重要原因就是通过这篇文章,许渊冲一方面表明了其语言观,另一方面通过对在汉语与英语两种语言转换中遇到的障碍进行分析,找出矛盾并对之进行思考,提出了一系列需要译学界特别关注与思考的处理原则与观点。

一是在上文已经论及的"翻译涉及两种语言的内容与形式的统一或矛盾",在许渊冲看来,"情况复杂,而主要是解决原文的内容和译文的形式之间的矛盾"。他提出在解决这对矛盾时,尤其是"表达要防止两种偏向:一是望文生义,一是词不达意",更进一步说,"翻译既要防止机械搬运的形式主义,也要反对想当然的自由主义"。[①] 许渊冲在此提出的翻译中的两种偏向"望文生义"与"辞不达意"在翻译的语言转换中确实普遍存在,而且相当严重。许渊冲从原文的内容与译文的形式的矛盾中抓住这两种偏向,充分说明了他对翻译矛盾在实践层面的主要表现有着深刻的理解和精准的把握。他进而提出要防止的两大倾向,一是"机械的形式主义",二是"想当然的自由主义"。这两大倾

[①] 许渊冲:《翻译中的几对矛盾》,见许渊冲:《翻译的艺术》,北京:中国对外翻译出版公司,1984年,第3—4页。

向的提出,具有深刻的意义。关于"机械的形式主义",如果按乔治·穆南的分析,其根本的原因在于索绪尔批判过的那种把语言当作"词汇表",当作"命名录"的传统的语言观。有学者评论说,在陈旧的语言观的支配下,"如果把翻译当作一种简单的符号转换活动的话,那么,只要将 A 语言的符号转换成 B 语言的符号,便可完成任务,而且由于语言符号连结的是事物与名称,名称虽变,但事物不变,因此,含义也就不变。由此看来,翻译不仅是完全可行的,而且是非常容易的。正是在这种语言观和语言意义观的影响下,在相当长的一个历史时期内,字对字,词对词的翻译方法被许多翻译家当作最可信、最可靠也最可行的翻译方法,当作对原文忠实的根本保证"①。在传统语言观的支配下去追求"词对词"的翻译方法,且以为是"对原文忠实的根本保证",其结果就可能产生许渊冲所敏锐地指出的"机械的形式主义"。在这个意义上,若做进一步的探究,就不难理解许渊冲为什么对西方翻译语言学派的"对等"论或"等值"论持批评的态度。关于"想当然的自由主义",若从译者的主体性的角度去加以探讨,对译者不顾原文的形式与内涵的主观因素的随意渗入现象进行分析,便有可能挖掘出许渊冲在翻译中强调保证阐释的客观性的原则要求。许渊冲提出的上述这两个方面的问题,在以往对许渊冲翻译思想的研究中,还没有引起充分的重视。

二是从翻译的理想追求看,许渊冲支持鲁迅提出的观点:"凡是翻译,必须兼顾着两面,一当然力求其易解,一则保存着原作的丰姿。"②许渊冲认为,"保存着原作的丰姿"可以说是"忠实"于原文,"力求其易

---

① 许钧:《翻译论》(修订本),南京:译林出版社,2014年,第103页。
② 鲁迅:《"题未定"草》,见罗新璋、陈应年:《翻译论集》(修订本),北京:商务印书馆,2009年,第373页。

解"可以说是"通顺"的译文。许渊冲就此指出:"忠实于原文的内容和忠实于原文的形式,有时是一致的,有时却有矛盾。"①对于在这一层面有可能产生的矛盾,许渊冲提出的应对原则是:"如果忠实于原文的内容和忠实于原文的形式有矛盾,那译文就要忠实于原文的内容,不必拘泥于原文的形式。"②在他看来,这一矛盾往往表现为"忠实"与"通顺"的矛盾。要做到忠实于"原作的内容",他从语言的音、形、义结合的规律出发,根据鲁迅提出的汉语具有意美、音美、形美的优点,提出翻译要做到"三美",这一论点在许渊冲的翻译实践和翻译思想中占有重要的位置。本书在论述与分析的过程中,会结合不同层面的考察,对此加以多方面的阐述。要做到"忠实于原文的形式",他认为"译文最好要做到'三确':正确,精确,明确"③。而译文的形式要做到"通顺",他提出了"三用"的原则:"通顺的译文形式要求做到'三用':通用,连用,惯用。"④

在对许渊冲的翻译理论的研究中,一般来说对于"三美"论探讨较多,而且大都从翻译的美学追求角度去进行分析,就该论在许渊冲的翻译实践中的具体运用加以探索。从笔者掌握的对许渊冲的研究资料情况看,许渊冲关于"三美""三确"与"三用"的论述没有得到足够的重视,对这三者之间的关系也少有探讨。从语言观入手,对许渊冲提出的这三者的确切内涵与相互关系,我们可以有进一步的理解:"三

---

① 许渊冲:《翻译中的几对矛盾》,见许渊冲:《翻译的艺术》,北京:中国对外翻译出版公司,1984年,第4页。
② 许渊冲:《翻译中的几对矛盾》,见许渊冲:《翻译的艺术》,北京:中国对外翻译出版公司,1984年,第4页。
③ 许渊冲:《翻译中的几对矛盾》,见许渊冲:《翻译的艺术》,北京:中国对外翻译出版公司,1984年,第4页。
④ 许渊冲:《翻译中的几对矛盾》,见许渊冲:《翻译的艺术》,北京:中国对外翻译出版公司,1984年,第5页。

美"涉及的是语言的"音形义"结合规律;"三确"是针对语言形式的忠实性程度而言;"三用"则有着更为深刻的思考,即"译文应该是全民族目前'通用'的语言,用词能和上下文'连用',合乎汉语的'惯用'法"①。如果我们用现代语言学,尤其是功能语言学、语用学的研究成果加以阐释,从中不难挖掘出许渊冲对于译文在追求表达"通顺"方面所强调的语言的规范、语用的连贯和汉语中"惯用"的独特的表达手段的重要性。以往对许渊冲的研究,在"忠实"这一点上有不同意见,有的甚至误以为许渊冲对"忠实"的原则持否认态度。如果对许渊冲的翻译思想有全面的了解,尤其是对上文所讨论的许渊冲提出的关于"忠实"的三个方面的辩证思考有了解,就可以看到,从其对翻译进行理论思考的初期开始,许渊冲就从翻译实践中抓住了"忠实"于原作内容与"忠实"于原作形式有可能产生的矛盾,从语言的本质、表达的特点、语用的价值等多个方面对忠实问题进行了思考与研究,进而联系传统翻译理论中对于翻译方法"直译"与"意译"的区分,提出在翻译方法层面对于"忠实"多维度的考量:"直译是把忠实于原文内容放在第一位,把忠实于原文形式放在第二位,把通顺的译文形式放在第三位的翻译方法。意译却是把忠实于原文的内容放在第一位,把通顺的译文形式放在第二位,而不拘泥于原文形式的翻译方法。无论直译、意译,都把忠实于原文的内容放第一位。如果不忠实于原文的内容,只忠实于原文的形式,那就不是直译,而是硬译。"②

许渊冲对传统翻译理论中的"忠实"概念所蕴含的种种因素、所涉

---

① 许渊冲:《翻译中的几对矛盾》,见许渊冲:《翻译的艺术》,北京:中国对外翻译出版公司,1984年,第5页。

② 许渊冲:《翻译中的几对矛盾》,见许渊冲:《翻译的艺术》,北京:中国对外翻译出版公司,1984年,第5—6页。

及的多维度的问题的考察与分析,既有他在语言观层面的思考,也有他对翻译理论层面的探索,是他为解决翻译实践问题而寻找有效且可参照的原则的一种努力。他认为直译与意译都有其存在的必要,因为"当译文的形式和原文的形式一致的时候,就无所谓直译、意译",而"当译文的形式和原文的形式不一致的时候,就有直译或意译的问题,而且直译可以有程度不同的直译,意译也可以有程度不同的意译"。[①]如果没有对语言的本质的深刻的认识,没有对翻译的语言转化在形式与内容之间产生的障碍和矛盾的敏锐的发现和整体的把握,许渊冲就不可能对翻译矛盾在翻译方法的层面的具体体现有这样明确的区分与辨别。更值得译学界关注的是,他除了对翻译中的直译与意译给予客观的评价与认可,还区分了硬译与滥译,指出:"硬译就是翻译中的形式主义;滥译就是翻译中的自由主义。"[②]正如笔者在上文中所阐明的,形式主义是传统翻译观中词词对译的机械转换,而自由主义则是不尊重原文、过于主观的阐释与转换倾向。

第二节　语言关系与"发挥译语优势"

在上文中,笔者从语言观与翻译观的关系入手,对许渊冲从翻译实践出发,提出的翻译的语言转换这一活动所涉及的主要矛盾及其处

[①] 许渊冲:《翻译中的几对矛盾》,见许渊冲:《翻译的艺术》,北京:中国对外翻译出版公司,1984年,第6页。

[②] 许渊冲:《翻译中的几对矛盾》,见许渊冲:《翻译的艺术》,北京:中国对外翻译出版公司,1984年,第6页。

理原则做了较为深入的分析。抓住翻译中的矛盾,是为了解决矛盾。笔者已在研究中指出,许渊冲对语言的本质有深刻的了解,在此基础上对翻译之矛盾有多维度的揭示。他对翻译活动,尤其对文学翻译有明确的认识:"什么是翻译?翻译是两种语言的统一。什么是文学翻译?文学翻译是两种语言、两种文化的统一,而统一应该是提高。词汇是语言文化的基因,两种语文的词汇有时相等,有时不等;相等时,两种语文处于均势,不等时,一种处于优势,另一种处于劣势。统一时,如果两种语文处于均势,那自然好;如果一优一劣,那就要争取优势,所以统一就是提高。统一的结果是译文,译文应该改变译语的劣势,争取均势,最好能够发挥译语的优势。"①细读许渊冲的这段论述,我们可以看到,许渊冲对于翻译活动中两种语言之间的关系、矛盾非常重视,对于翻译活动本身的目标,他认为是要达到"两种语言的统一",而文学翻译,则是要达到"两种语言、两种文化的统一"。对于许渊冲的这一观点,笔者认为有必要进一步加以说明与阐释。

首先是关于"统一"的认识。"统"一字,指的是事物之间连续的关系,而"统一"有让事物之间的分歧归于一致的意思。如果说翻译是两种语言的统一,那么,按照许渊冲的意思,就是说翻译涉及两种语言的转换,如在本章第一节中所阐释的许渊冲有关翻译主要矛盾的论述,语言的转换会不可避免地遇到矛盾,两种语言的统一便意味着在翻译转换中要解决好矛盾与分歧,达到一种相对平衡一致的状态。由此去考量许渊冲的这一观点,我们可以体会到许渊冲对于翻译的理解具有相当的深刻性,从中可以看到许渊冲对翻译活动的本质有着清醒而明确的认识。在他看来,翻译不是简单的语言转换,就文学翻译而言,就不仅仅是"两种语言的统一"了,而是"两种语言、两种文化的统一"。

---

① 许渊冲:《文学与翻译》,北京:北京大学出版社,2003年,"前言"第1页。

在这里,许渊冲提出文学翻译是语言与文化两个层面的统一问题,在笔者看来,在很大程度上是基于文化与语言之间的紧密关系。对此,在本书的第三章中会有进一步的讨论,这里仅仅简单提及,说明许渊冲的翻译语言观与其翻译文化观之间有着有机的联系。

其次是关于"优势"的认识。许渊冲对于"优势"之论说,是非常看重,尤为用心的。在他发表的有关翻译的论述中,有多篇文章谈"优势",而且他基于对"优势"的论述,后又提出了"竞赛论"。关于"优势论"的观点与论述,在本书的第一章中已经有较为详尽的交代,这里不再赘述。但在许渊冲的翻译思想中,"优势"一说需要进一步讨论,其原因主要有两个方面:一是对于许渊冲的"优势论",翻译界与翻译学界有很多不同意见;二是许渊冲提出的"优势论",涉及多个方面,提出了不少关于翻译的基本问题,其讨论的基点、其逻辑关系与实践价值,需要我们加以整体的把握和辩证的分析。

"优势论"的主要观点,是许渊冲针对"译文形式与原文内容"之间的矛盾提出的。在许渊冲看来,如果文学翻译是两种语言、两种文化的统一,那么,这种统一的关系应该是辩证的关系。许渊冲比较明确地提出"优势论",是在 20 世纪 80 年代初。确切地说,是在《翻译通讯》(今《中国翻译》)1981 年第 1 期上,许渊冲在其《翻译的标准》一文中,针对翻译界对译文形式与原文内容之矛盾的不同认识与处理原则,提出了如下观点:既然翻译是"两种文化的统一,并不是两种文化的折中,那就应该往高处统一;也就是说,在原文高于译文的时候,应该尽可能忠实于原文的内容和形式,发挥原文的语言优势;在译文高于原文的时候,也可以扬长避短,发挥译文的语言优势"[1]。在该文的

---

[1] 许渊冲:《翻译的标准》,见许渊冲:《翻译的艺术》,北京:中国对外翻译出版公司,1984 年,第 11—12 页。

结尾,他进一步补充总结说:"最后还要补充一点,在翻译的三条标准中,我认为忠实和通顺是翻译的必需条件,这就是说,翻译不能不忠实于原文的内容,译文也不能有不通顺的形式;而发扬译文语言的优势却是个充分条件,也就是说,翻译可以不发扬译文语言的优势,但发扬了译文语言优势的却是更好的翻译。"①在许渊冲提出"发挥译文语言优势"的观点之后,翻译界有不少反响,有赞同的,也有质疑的。至今四十多年过去了,相关的讨论几乎不断,足见其生命力之强,也从某种程度上说明其涉及的问题的重要性。在我国翻译界,对许渊冲的"发挥译文语言的优势"持赞同者中,翁显良的观点值得关注,一是因为他在翻译界有重要影响,二是由于他对翻译有深刻的思考和研究。翁显良的观点非常明确:"原著的艺术性越高,越要发挥汉语的优势。"②持不同意见或质疑者,有经验丰富,在译界同样具有巨大影响的董乐山,他的反对立场也很明确:"现在有一种说法,叫作发挥汉语优势,就不是一种科学的提法。"③两位著名翻译家,对许渊冲的观点,一支持,一反对,观点很明确,都很有代表性。那么支持或反对的理由是什么呢?

董乐山认为发挥汉语优势之说,不是一种科学的提法,其理由也很明确:"我不懂什么叫'汉语优势',如果是滥用中文成语,什么'南柯一梦'、'黄粱美梦'、'寅吃卯粮'等等,一部外国文学作品成了中文陈词滥调的堆砌,这就不可取。至于什么'风流女皇'、'交上了桃花运'

---

① 许渊冲:《翻译的标准》,见许渊冲:《翻译的艺术》,北京:中国对外翻译出版公司,1984年,第16—17页。
② 转引自许渊冲:《发挥译语优势论》,见许渊冲:《文学与翻译》,北京:北京大学出版社,2003年,第61页。
③ 转引自许渊冲:《发挥译语优势论》,见许渊冲:《文学与翻译》,北京:北京大学出版社,2003年,第62页。

也就更是等而下之了。中文成语要用得恰到好处才是。"①董乐山之所以认为发挥汉语优势不科学,其重要原因就在于对"优势"一词的理解。就英译汉而言,发挥译语优势,就是发挥汉语优势,如果如董乐山所说,所谓汉语优势,仅仅表现在"中文成语",且在译文中用带有浓郁中国文化色彩、文化蕴含丰富的四字成语方面,那确实有不可取的道理。问题的关键就在于,如何全面地理解许渊冲的"发挥译语优势"之说?

翁显良对"发挥译语优势"之说的理解就不同,他说:"英译汉应该因汉语之宜,或分或合,或伸或缩,灵活处理,充分发挥我们在运用本族语方面所固有的优势;这样才有可能做到译文与原文二者艺术效果大致相同,这样才是忠实于原作。"②从上面的论述看,翁显良对于何为译语优势的认识,已经并不局限于汉语成语,而是指出要利用"汉语之宜",突出汉语"固有的优势",其内涵明确,在某种意义上,指的就是汉语不同于其他语言的特点,可以表现在词汇、句法的层面,也可以表现在修辞的层面,还可以表现在音形义结合的规律方面。

对于"发挥译语优势"之说,许渊冲表示他同意翁显良的观点,但他有一重要补充:"不过我觉得他谈译语的优势,只谈到英译汉,没有谈汉译英;而我却认为发挥优势不是单行道,而是双行线。"③发挥译语优势,不是仅仅发挥汉语优势,不是单向地强调优势,而是提倡双向的

---

① 转引自许渊冲:《发挥译语优势论》,见许渊冲:《文学与翻译》,北京:北京大学出版社,2003年,第62页。
② 转引自许渊冲:《发挥译语优势论》,见许渊冲:《文学与翻译》,北京:北京大学出版社,2003年,第61页。
③ 转引自许渊冲:《发挥译语优势论》,见许渊冲:《文学与翻译》,北京:北京大学出版社,2003年,第61页。

发挥。这一优势的"双向"发挥的观点，在全球化的大背景下，显得尤为重要。

在笔者看来，要理解许渊冲提出的"发挥译语优势"的观点及其内涵，不应该仅仅局限于"用"的层面，如把汉语的优势局限于汉语成语。我们有必要在实践与理论两个层面，对其立论的基础、观点的发展与价值，展开讨论。

笔者之所以一再强调要理解许渊冲的翻译观点和思想，应该关注实践与理论两个层面及其互动的关系，其重要原因在于翻译是一项实践性特别突出又需要理论指导的跨文化交流活动，也在于许渊冲的翻译思考与翻译活动紧密结合，对翻译活动有重要的指导价值。从理论的角度看，许渊冲提出"发挥译语优势"，是由于他对翻译活动的本质有深刻的认识，他是在对翻译活动本质的把握的基础上，进而针对翻译所涉及的两种语言、两种文化的统一在多个维度遇到的矛盾而提出的。翻译涉及两种语言，翻译的障碍、困难与矛盾在很大程度上是由两种语言之间存在的差异导致的。就此而言，考察语言的关系，可以说是理解许渊冲的"发挥译语优势"论的重要路径之一。

关于语言关系，翻译学界有过一些思考。许钧认为："一般来说，所谓'语言关系'，是指甲语言与乙语言或其他语言之间所构成的关系。在以往的语言研究中，常见的有谱系关系、语系关系或语系之说，实际上这就是一种语言之间的关系模式研究，是将语言之间的关系比作和家族关系相似的谱系关系的一种确定模式。"[①]许钧认为，在翻译研究领域，"语言关系"的说法与此有联系，也有差别。"其联系是在具体的翻译活动，特别是在语际翻译中，涉及的两种语言，即出发语与目

---

① 许钧：《翻译论》（修订本），南京：译林出版社，2014年，第169页。

的语之间,必然存在着上述的某种关系,即亲与疏、远与近的关系,这种关系给翻译造成的障碍也必然是不同的。"① 而差别则在于我们所说的"'语言关系'还隐含着另一方面的意思,即不同的语言对现实的构建和对人类经验的切分所反映出的不同语言结构关系。在新洪堡学派看来,不同语言以独特的方式构建现实,以不同的结构来切分人类经验,其影响对翻译来说是'致命性的',因为按照新洪堡学派的观点,如果不同语言对现实有着不同的切分,那么,不同语言所指涉及的存在物、过程、品质和关系就不一致,因此,出发语文本与目的语文本之间就不可能逻辑地存在等值性,这也就意味着严格意义上的翻译是不可能的"②。从许钧提出的这两个方面出发,再对许渊冲的"发挥译语优势"之说做一考察,可以发现许渊冲相关思考的基点是,他将翻译活动视为两种语言的统一。统一就意味着要解决两种语言的差异,而语言的差异,就其根本而言,在很大程度上,就表现在"语言关系"上。一是不同的语言构建现实、切分经验的方式有差异,如特里尔就认为:"每一门语言都是一个通过并依赖客观现实进行选择的系统,实际上,每一门语言都创造了一幅完整、自足的现实图景。每一门语言也都以其独特的方式构建现实。因此而建立了这一特定语言所特有的现实要素。一门特定语言中的语言现实要素绝不会以完全一样的形式在另一种语言中出现,也绝不是对现实的直接描摹。"③ 许渊冲在对翻译的思考过程中,对不同语言之间的差异尤为重视,在他看来,语言之间的差异是产生原文内容与译文形式之矛盾的主要来源。只有对此有

---

① 许钧:《翻译论》(修订本),南京:译林出版社,2014年,第169—170页。
② 许钧:《翻译论》(修订本),南京:译林出版社,2014年,第170页。
③ Georges Mounin, *Les problèmes théoriques de la traduction*, Paris: Gallimard, 1963, p.44-45.

深刻的认识,才可能对翻译中存在的机械的形式主义的危害有所认识,才可能避免词词对应的翻译等值,从而有针对性地去寻找解决矛盾的辩证之途。二是语言之间的关系,有远有近,有亲有疏,在给翻译造成的障碍方面有直接的影响。对此,许渊冲更是有清醒的认识,他一而再,再而三地指出西方语言之间的关系,如英语与法语之间的关系,就不同于英语与汉语之间、法语与汉语之间的关系,后面两者之间的差异要大得多,因此给翻译造成的障碍也大得多。鉴于此,他特别强调汉英互译或汉法互译的困难比英法互译的困难要大得多。对翻译而言,语言关系,具体表现为原语与译语的关系,许渊冲认为:"在西方翻译家看来,西方的译语和原语基本上是对等的,所以西方的语言学家提出了对等的翻译理论。但中国语言和西方语言大不相同,对等的词语不太多,因此,对等的翻译理论不一定能应用于中西互译。在我看来,中西语言各有优势,各有劣势。"①中西语言的巨大差异,造成了翻译机械对等的不可能,但翻译又要达到两种语言、两种文化的统一,那么,对于翻译者而言,可行的道路就是从差异出发,去寻找克服翻译障碍的途径。实际上,"在长期的翻译实践中,许多翻译家充分地意识到了语言之间的不同关系与差异给翻译造成的影响,因此在具体的翻译中,特别注意不同语言的结构特点和差异,并寻求积极有效的方法,有针对地去克服障碍"②。许渊冲就是其中最有代表性的一位。他不仅在实践中,在语言差异造成的重重障碍中,利用他对汉语、英语、法语的驾驭能力,破解难题,更是从理论的高度,去探索超越对等翻译论的翻译理论。而"发挥译语优势"之说,便是其重要的一步。

---

① 许渊冲:《美化之艺术》,见许渊冲:《文学与翻译》,北京:北京大学出版社,2003年,第223页。

② 许钧:《翻译论》(修订本),南京:译林出版社,2014年,第175页。

需要进一步加以说明的是,如上文中所示,有"优势",必有"劣势"。翻译界对许渊冲的"发挥译语优势"论还有不解的是:既然发挥了译语的优势,那么,对原语而言,不就有可能造成了不平衡甚或不公平吗?翻译家方平对此说就有不同看法:"文学其实是一种艰辛的另换一方天地水土的移植,并不是一边倒,以我为主的'同化';奢言'发挥汉语优势'去迎合一成不变的审美定势,容易讨好,却往往对原作的个性、风格、匠心、思想性等尊重不够,很可能招致得不偿失的后果。"①比较文学学者王向远也有同样的疑问或者担心,他指出:"许渊冲的'深化'的主张,是和他的'发挥汉语优势'论(简称'优势论')和'与原文竞赛论'(简称'竞赛论')联系在一起的。他强调,汉语译者要'发挥汉语的优势',通过'深化'的方法'与原文竞赛',最后译出(创作出)比原作更好的东西来,译者和译文就在'竞赛'中获胜了。可是,这样一来,'化'就不再是'出神入化'的'化',而变成了脱胎换骨、千变万化之'化';译者和译文的确可以单方面宣布竞赛胜利,但译文也因此往往就变得和原文不'似'了——不但不'形似',连'神似'也成了问题。这样实际上就很可能把'化境'论推上极端,使'神似'论走向死胡同。在翻译实践中,会引导译者译出过分'归化'的译文,从而偏离翻译的'信'(忠实)的原则。"②王向远认为许渊冲的"发挥汉语优势"论与"原文竞赛"论是紧密相连的,也是许渊冲提出"化"之方法的基础。他对这一理论有可能在翻译实践中产生失度的译文表示了担忧。方平的担心也在此,他担心的是一边倒的优势所产生的对原作的不"尊重"和实践的偏差。从理论上看,方平和王向远的担忧不无道理,但是我们

---

① 方平:《他不知道自己是一个诗人》,武汉:湖北教育出版社,2002年,第53页。
② 王向远:《翻译文学导论》,北京:北京师范大学出版社,2004年,第209—210页。

应该看到,许渊冲的"发挥汉语优势说",正是针对翻译实践中在奉行"信"的原则时产生的种种难以解决的矛盾而提出的。在这里,我们的讨论有一个首先必须澄清的问题,那就是许渊冲所说的"优势"到底指什么?翻译学界往往有一种误解,认为译语发挥了优势,那就有可能压倒原文,不是一种平等的转换。对此,许渊冲有很明确的回答:"发挥译语优势到底是不是'一种科学的提法'呢?我回想起来,在丹东讲学时我既讲了中文,又讲了英文,中文我说'发挥译语优势',但英文并没有用什么 advantage 或 superiority 之类的词,而是说'make full use of the good expressions of the target language',再翻译为中文,就成了'充分利用好的译语表达方式',但是内容更抽象,范围更广泛。这样说来,'发挥优势'就是指'用汉语之长',应该是比'充分利用好的表达方式'更科学的了。"[①]许渊冲在这一段论述中,对"优势"之说的两层意义做了说明:一是在形而下的实用层面,"优势"指的是"好的表达方式",就此,许渊冲在不同场合提到过,发挥译语优势,往往体现在修辞的层面。二是形而上的理论层面,发挥译语优势,其根本的意义是倡导发挥译语之"长",克服语言差异和文化差异在翻译中造成的矛盾。

实际上,许渊冲之所以提出"发挥译语优势"论,在很大程度上如他自己所言,是因为翻译矛盾的产生。因为语言、文化、历史、社会、意识形态等差异的存在,所以原文的文本所承载的意义在转换中难以一一对等。为解决这个矛盾,翻译学界有过很多探索,如乔治·斯坦纳就提出了翻译的四个阶段论,即"信任""侵入""吸收"和"补偿"四步。

[①] 许渊冲:《发挥译语优势论》,见许渊冲:《文学与翻译》,北京:北京大学出版社,2003年,第65页。

对于乔治·斯坦纳提出的翻译四步骤,在这里不拟展开讨论,笔者仅想强调的是,乔治·斯坦纳之所以提出翻译活动需有"补偿"一步,其根本原因就在于各种差异会在翻译转换中导致原文与译文之间的不平衡。在乔治·斯坦纳看来,阐释的过程不可避免地会出现失衡,但真正的翻译应该在"双向补偿"的过程中达到一种有意追求的平衡,他提出:"纵使过程漫长而曲折,真正的翻译仍会力求平衡的。即使比不上原文,真正的翻译也会清晰地显露原文本身的优点。"而"意义的箭,传送文化和心理意义的箭,都是双向的。最理想的,是没有亏损的交流",译者无论在形式上还是在道德上,都应该负起这个责任来。[①] 在乔治·斯坦纳提出的"双向补偿"论中,我们看到了他提出的一些概念,如"优点""平衡"等,可以为我们理解许渊冲的"发挥译语优势"论提供一个富有启迪意义的视角。事实上,许渊冲提出的"发挥译语优势"论,也具有"双向"性,这主要是由于他对翻译转换过程中产生的矛盾有深刻和多维度的认识与把握。他提出的"优势"与"劣势",是针对翻译转换活动中的出发语与目的语给译者造成的障碍而言的。在同一种语言系统中,无所谓"优势"与"劣势"。所谓的"优势",就是利用一种语言的特点在言语活动中产生的独特的表达效果。如果这种表达效果在翻译活动中,不能直接或对等地转换,那译者就有可能处于许渊冲所说的"劣势"。面对这样的境地,一个富有责任心和进取心的译者自然不可能放弃努力,相反,译者更应该在其对原文的特点与表达的价值充分理解和把握的基础上,在翻译转换中调遣目的语的特点与长处,以传达原文的意与味,达到原文的表达效果。在这个意义上,

---

① George Steiner, *Après Babel: Une poétique du dire et de la traduction*, Paris: Albin Michel, 1998, p.410-411.

可以看到许渊冲提出的"发挥译语优势"论，无论在理论的层面，还是在翻译实践的层面，都有其积极的意义。

对于一种理论，如果不对其立论的基础有所把握，就有可能产生片面的理解。笔者在上文中对"发挥译语优势"论在其理论与实践层面所具有的积极意义进行了探讨与分析，进而给予了肯定。但是，笔者也充分意识到，对翻译学界对许渊冲的"发挥译语优势"论所提出的疑问，尤其是这一理论在翻译实践中有可能招致的不良后果，应该予以关注。这方面，有不少问题值得思考：许渊冲所提出的"发挥译语优势"，必然会导致方平所担忧的对原文的"不尊重"吗？既然许渊冲提出的"优势论"是双向性的，那么，发挥了目的语的优势，就会牺牲出发语吗？问题的关键在于，在具体的翻译实践中，如何把握"度"的问题。从笔者所掌握的材料看，国内翻译界对许渊冲所提出的"发挥译语优势"论的质疑，主要是针对许渊冲在翻译实践中对其"优势论"的具体践行而提出的。争议最大的是汉语中的"四字成语"的使用所涉及的优势发挥问题。在上文中，笔者已经提及，翻译家董乐山对许渊冲的"发挥汉语优势"论的质疑，就是从这一角度提出的，他在其不同意见中列举了一系列含有鲜明的中国文化特色的汉语四字成语，认为在外国文学作品中发挥这样的汉语优势，难以接受。在第一章所探讨过的有关《红与黑》汉译的大讨论中，组织者在对读者征询意见时，也将外国文学翻译中汉语四字成语的使用问题作为一个重要方面提出："有人认为文学翻译可多用汉语四字词组，您的看法如何？"[①]从已有的材料看，对于文学翻译中汉语四字成语或四字词组的使用问题，翻译界

---

① 许钧：《文字·文学·文化：〈红与黑〉汉译研究》，南京：南京大学出版社，1996年，第76页。

确实存在不同的意见。奚永吉对翻译美学有系统的研究,他从美学的角度就汉语成语在文学翻译中的使用问题提出了自己的看法:"不可否认,成语是语言中之瑰宝,同样也是翻译中之精华。但是,如果一篇译文中不运用成语,则会平淡寡味,真所谓'言无辞采,质木枯寂',但若用之过当或过滥,则会满纸浮艳,令人生厌,真可谓'浑身盛服,反增丑态'。在翻译中用成语,一如在其他创作中,其数量问题也就是艺术问题。"①张智中对许渊冲的翻译及其艺术有深入的研究,他的看法有所区别:"四字结构确是汉语语言的优势之一;四字结构的最佳运用,除了固有成语的恰当运用之外,更应注意发挥译者潜在的语言表达能力,创造性地使用'四字结构',以使语言灵动、鲜活,而不致机械、板滞。这样的语言才能更好地传达原文之情、原文之意。"②对于翻译中汉语成语的使用,普通读者在有关《红与黑》的大讨论中也发表了看法。有的认为:"四字词组是汉语的一大特色(或说瑰宝也可),用得恰当,自然能使译作生辉。"③有的则认为:"如果过多使用,甚至滥用,无益于再现原文精神,反而有损原作形象……有时难免会夸大其词,大而化之,造成词不达意,甚至有生搬硬套之嫌。翻译当中,对于原文中一些含义深奥的词汇,即汉字难以表达的文学词汇,更应细加领会,以求精当的解释,而不应该望文生义,随便用汉语四字词组取代。"④还有的从不同语言句法差异的角度提出自己的看法:"汉语四字词组与西洋人注重分析的流线长句并不相符,所以翻译时多用四字词组不太妥

---

① 奚永吉:《文学翻译比较美学》,武汉:湖北教育出版社,2001年,第966页。
② 张智中:《许渊冲与翻译艺术》,武汉:湖北教育出版社,2006年,第426页。
③ 许钧:《文字·文学·文化:〈红与黑〉汉译研究》,南京:南京大学出版社,1996年,第98页。
④ 许钧:《文字·文学·文化:〈红与黑〉汉译研究》,南京:南京大学出版社,1996年,第98页。

当。许渊冲提倡多用四字词组,大概是对目前某些欧化译文的反动,是一种矫枉过正。"①从上述意见,我们能够看出其中有着某种共识,那就是汉语成语在汉语中有其独特性与独特价值。在文学翻译中,汉语成语的使用也有其必要性,关键是"度"的问题。

从我们以上的讨论可以看出,上述观点自然是值得关注的。但是,笔者想指出的是,翻译界对于汉语成语在文学翻译中的使用问题所提出的看法,甚或有些翻译家和学者所提出的批评意见表明,在对许渊冲所提出的"发挥译语优势"论的理解方面还存在一些需要澄清的地方。笔者认为,汉语成语,尤其是四字成语,是汉语不同于西方语言的一大特点,在文学翻译中,如果能够恰当使用汉语的这一具有独特价值的语言形式,从某种意义上说,确实就是许渊冲所说的用译语之长,来为译文增添色彩。比如,针对董乐山提出的疑问与批评意见,并结合他的具体翻译活动,许渊冲以实事求是的科学态度加以分析,指出:"发挥译文语言优势就是'扬长',而'扬长'的另一面就是'避短'。我发现董译的妙笔在于'扬长',而他的败笔却是没有'避短'。我国文化历史悠久,词汇丰富,表达力强,这是中文的'长';但是我国语言没有关系代词,关系从句不能像英文那样放在所修饰的词之后,而要放在词前,因此关系从句不能太长,这是汉语的'短'。董译的败笔恰恰是没有'避短',如《第三帝国的兴亡》第 199 页上说:'你们同那个以促使陆军赖以存在的一切基础归于解体为宗旨的哲学有任何共同之处吗?'"②我们应该看到,许渊冲特别强调,在文学翻译实践中,不

---

① 许钧:《文字・文学・文化:〈红与黑〉汉译研究》,南京:南京大学出版社,1996年,第 98 页。

② 许渊冲:《发挥译语优势论》,见许渊冲:《文学与翻译》,北京:北京大学出版社,2003年,第 62—63 页。

同的语言因在一些层面,如词汇、句法层面存在差异,会给翻译造成障碍,这就是某种"短"产生的原因所在。面对这种"短",译者自然不能机械地去找对等,相反,应该如许渊冲所提出的,充分发挥译语的长处,也即他说的优势,去"扬长避短",创造性地传达原文的意与味。确实,细读许渊冲有关"发挥译语优势"论的文章,我们可以看到许渊冲强调在翻译活动中要对出发语与目的语的特点有整体的把握,对不同语言在转换活动中所表现出的"长"与"短"要有科学的认识,在此基础上发挥译语之长,去克服原文造成的"短"。这一观点有着重要的理论价值和实践指导意义。

需要进一步说明的是,许渊冲有关"发挥译语优势"的观点,不是仅仅从翻译策略和方法的角度孤立地提出的,而是与他的翻译思想中有关翻译文化的思考有着紧密的关系,与他在翻译转换活动中要充分发挥译者创造性的观点也有着有机的联系。在本书中,笔者将结合对许渊冲的翻译文化观和美学观的探讨,做进一步的论述。

第三节 从文字翻译到文学翻译

在上文中,笔者就许渊冲翻译语言观的两个重要方面做了探讨与分析。我们可以清楚地看到,许渊冲的翻译观的建立与其语言观有着紧密的联系,而"发挥译语优势"论的提出,在很大程度上,是基于他对文学翻译中所遇到的根本性障碍的深刻认识。就文学翻译而言,发挥译语优势,固然有其语言与文化方面的考虑,但最根本的一点,就是要提高文学翻译的质量,文学翻译要还"文学"以"文学"。

对于文学翻译,许渊冲有很多的思考与探索。细读其对文学翻译的论述,有两点是最为根本的:一是文学翻译必须超越文字翻译,二是"文学翻译的最高目标是成为翻译文学"①。

就笔者手头所掌握的材料看,关于文字翻译与文学翻译的区别,不是许渊冲提出的,最早见于罗新璋的《译书识语》。《译书识语》是罗新璋翻译《红与黑》的心得:"名著须名译。名译者,名家所译也。对广大受众,本书译者愧非名家;只在同行中,薄有虚名,恒以'没有翻译作品的翻译家'(traducteur sans traductions)相戏称。好读书,懒于动笔,只译得《特利斯当与伊瑟》《列那狐的故事》及《栗树下的晚餐》等中短篇,《红与黑》为生平第一部长篇译著。朝译夕改,孜孜两年,才勉强交卷,于译事悟得三非:外译中,非外译'外';文学翻译,非文字翻译;精确,非精彩之谓。"②罗新璋的这一"三非"之说,在文学翻译界产生了广泛影响。对于"文学翻译,非文字翻译",罗新璋进一步申说:"文学翻译,非文字翻译。文学语言,于言达时尤须注意语工。'译即易',古人把'译'声训为'换易言语'的'易';以言文学翻译,也可说,'译'者,'艺'也。译艺求化,只恨功夫不到家。"③根据罗新璋的申说,我们大致可悟得两点:文学翻译有"易"也有"艺",从某种程度上看,"易"在文字层面,而"艺"则在"文学性"上。"易"不能是简单的转换,而应"求化"。

对这样的观点,许渊冲自然是认同的。在与方平的商榷文章中,许渊冲比较全面地提出了他关于文字翻译与文学翻译的看法。在他

---

① 许渊冲:《文学翻译与翻译文学》,见许渊冲:《文学与翻译》,北京:北京大学出版社,2003年,第101页。

② 罗新璋:《译书识语》,见斯当达:《红与黑》,罗新璋译,杭州:浙江文艺出版社,1994年,第515页。

③ 罗新璋:《译书识语》,见斯当达:《红与黑》,罗新璋译,杭州:浙江文艺出版社,1994年,第515页。

看来,"文字翻译和文学翻译来自英文的 literal translation 和 literary translation,前者一般指逐字逐句直译,甚至硬译,但不包括方平先生说的'深入到字里行间的翻译'"①。他进一步指出:"文字翻译与文学翻译的分别,大致说来,就是直译与意译、形似与神似的分别。自然,还有不同程度的直译,不同程度的意译。"②从许渊冲对文字翻译和文学翻译的界定看,许渊冲对两者的区分主要基于对翻译方法的考量。简要地说,就方法层面而言,文字翻译就是指"逐字逐句直译,甚至硬译";就翻译结果而言,文字翻译追求的是"形似"。对于文字翻译所表现的这两个方面,许渊冲自然有更高的要求,他主张意译,追求的是神似,就是罗新璋所强调的"艺"。许渊冲持这样的主张,而同样具有丰富翻译经验和较高翻译追求的方平则有不同的观点。他对许渊冲的文字翻译与文学翻译的区分依据进行了质疑,其质疑有两点:一是"视停留在文字表面的译文为'文字翻译',把深入到字里行间、能再现原作的意蕴风味的译文称为'文学翻译',似乎言之成理;值得商榷的是,能把文学翻译的整个创作过程的两个阶段,割裂为文学翻译的两种类型吗?"③二是在方平看来,"文学翻译对艺术性有很高的期待,同时它对技术操作也有很强的要求。我指的是一个称职的译者首先要攻克文字关。他必须对原文字斟句酌,反复咀嚼,以至翻查典籍,吃透原意;对译文同样要认真推敲,务必找出最确切的词句表达他认为最确切的意义。所以搞文学翻译是坐冷板凳、朝夕和文字打交道、下死功

---

① 许渊冲:《文字翻译与文学翻译:读方平〈翻译杂感〉后的杂感》,见许钧:《文字·文学·文化:〈红与黑〉汉译研究》,南京:南京大学出版社,1996年,第70页。
② 许渊冲:《文字翻译与文学翻译:读方平〈翻译杂感〉后的杂感》,见许钧:《文字·文学·文化:〈红与黑〉汉译研究》,南京:南京大学出版社,1996年,第70页。
③ 方平:《翻译杂感》,见许钧:《文字·文学·文化:〈红与黑〉汉译研究》,南京:南京大学出版社,1996年,第69页。

夫的苦活。所谓'文字翻译'和'文学翻译'在实际操作过程中,恐怕是彼此衔接,或者交叉叠合、很难割裂;要达到文学的意境,在文字上下功夫是必由之路"①。方平的质疑,首先是在他看来,文学翻译整个创作过程,不能被简单"割裂"为"文字翻译"与"文学翻译"两个类型,因为文学翻译在实际操作中,想要达到文学的意境,"在文字上下功夫是必由之路"。仔细研读方平对许渊冲的质疑,我们还看到了关于"文字翻译"与"文学翻译"的另一重要区分:停留在文字表面的译文为"文字翻译",深入到字里行间、能再现原作的意蕴风味的译文为"文学翻译"。对此,方平认为"似乎言之成理",他所要强调的是,凡文学翻译,在文字上下功夫是"必由之路"。

除了方平的质疑,许钧也就"文字翻译"与"文学翻译"的区分与实践提出了一些看法,他认为:"结合到文学作品,恐怕由于东西方思维方式的不同,语言习惯的不同,文学作品的表达方式和构成特色也有不同。而要了解西方文学作品的本质所在,读到西方文学作品的风貌和神韵,通过西方文学作品了解到西人的思维方式和文化特色,就离不开对西方文学作品的语言表达习惯和形式价值的把握和传达。恐怕就是基于这一点,许多译家在对待原作的语言风格、表达特色时表现出了慎而又慎的态度,宁愿戴着原作的'镣铐跳舞'。所以,当我们读到带有'欧化'倾向的西方文学作品时,不能简单地贬之为'文字翻译',也许这种翻译正是体现了一种传达异域文化、风俗、思维、审美的追求。而我们读到纯粹'汉化',不带一点翻译痕迹的外国文学翻译作品时,我们也不要轻率地就褒之为'文学翻译',因为若过分'汉化',原

---

① 方平:《翻译杂感》,见许钧:《文字·文学·文化:〈红与黑〉汉译研究》,南京:南京大学出版社,1996年,第69页。

作所蕴含的异国情调,所承载的异域文化,就可能被冲淡,甚至被取代了,就达不到交流的目的。"①在这里,关于文字翻译与文学翻译之辨,又提出了一个新的维度,那就是文字的翻译,涉及的不仅仅是文学性,还有文字翻译中所追求的"思维方式"与"文化特色"的问题。就此,许钧结合《红与黑》一书的一些具体的译例的分析,以非常明确的表达提出了自己的观点:"仅以'文字'与'文学'去进行区别,进行评判,恐怕不会有结果。若从'文化'角度去衡量,恐怕能为译者进行恰当的选择,提供一个比较可靠的参照系。看来,文学翻译也好,文学翻译批评也罢,切不能忽视或轻视'文字'与'文化'的关系,不能将'文字'、'文学'与'文化'完全割裂开来。"②

翻译界对于"文字翻译"与"文学翻译"之辨的关注、质疑甚至批评,说明这一问题值得特别思考。许渊冲就此问题进行了阐述,除了上文援引的观点,我们还应该看到,许渊冲强调文学翻译要超越文字翻译,这与他的文学翻译观和文学语言观是完全一致的。在翻译方法的层面,他反对机械的直译;在语言的层面,他认为,要超越"停留在文字表面"的翻译,要做到神似,就必须"发挥译语优势"。从翻译追求的理想的层面看,许渊冲的立场更为明确:"我认为二十一世纪的文学应该融合世界各国文学的精华,二十一世纪的作家不可能只懂本国文学而不了解世界文学,这样一来,文学翻译必然要提高到文学创作的同等地位,也就是说,翻译用的语言和创作用的语言不应该有什么分别,一流作家不会使用的洋泾浜中文,也不该进入一流翻译家

---

① 许钧:《文字·文学·文化:〈红与黑〉汉译研究》,南京:南京大学出版社,1996年,第22—23页。
② 许钧:《文字·文学·文化:〈红与黑〉汉译研究》,南京:南京大学出版社,1996年,第24页。

的作品。"①从许渊冲的有关论述看,一方面,许渊冲坚持认为文学翻译要超越文字层面的机械对等;另一方面,文学翻译也不是孤立的,而与文化密切相关,正因为如此,如本章第二节所论述与分析的那样,许渊冲特别强调"文学翻译"不仅仅是"两种语言的统一",也是"两种文化的统一",而"统一"的目的是"提高"。如此来看,对于许钧提出的问题,许渊冲在其翻译的整体探索中,是有自觉和深入的思考的。在此基础上,让我们再来体会一下在本章第二节开头已经论及的这段论述:"什么是翻译? 翻译是两种语言的统一。什么是文学翻译? 文学翻译是两种语言、两种文化的统一,而统一应该是提高。"②也许,我们对许渊冲对于翻译与文学翻译的认识会有进一步的理解。许渊冲并没有片面地强调发挥译语优势的重要性,而是将文学与文化放在一起加以考量,其对文学翻译的理解是建立在对文字、文学和文化的有机联系的认识的基础上的。对于这一认识,文学翻译界也许会有不同的看法,有待于以后的观察与思考。

在上文中,笔者就"文字翻译"和"文学翻译"之辨,以及翻译界对许渊冲的观点的质疑做了梳理与分析,对许渊冲所强调的文学翻译超越文字翻译的本质含义做了探索。那么,接下来的问题就是,在许渊冲看来,何为"文学翻译"? 关于文学翻译,许渊冲有很多论述。就其根本意义而言,许渊冲对于翻译的探索,主要就是对文学翻译的探索,其毕生的理论追求,可以说就是要建立中国的文学翻译流派。就许渊冲的文学翻译理论而言,其思想涉及的内容广泛,按照许渊冲自己的

---

① 许渊冲:《文字翻译与文学翻译:读方平〈翻译杂感〉后的杂感》,见许钧:《文字·文学·文化:〈红与黑〉汉译研究》,南京:南京大学出版社,1996年,第73页。
② 许渊冲:《文学与翻译》,北京:北京大学出版社,2003年,"前言"第1页。

表述,有从认识论、方法论到目的论的种种理论。这里不拟全面展开讨论,而是根据本章的探讨目标,从语言观和译语使用的角度,指出其关于文学翻译的若干重要观点与认识。

一是艺术性与译语的创作地位。对于文学翻译,许渊冲的认识有其独特性:"文学翻译是艺术的最高形式。绘画、音乐、戏剧是不同的艺术。绘画要有悦目的形美,音乐要有悦耳的音美,戏剧要有感人的意美。文学翻译,尤其是诗词翻译,需要意美、音美、形美,所以是综合性的艺术。文学翻译家要像画家一样使人如历其境,像音乐家一样使人如闻其声,像演员一样使观众如见其人,因此文学翻译作品应该是用译语的创作。"①关于文学翻译的性质,许渊冲始终坚持认为,文学翻译的艺术性是第一位的。对此问题,笔者将在讨论许渊冲的翻译美学观时深入展开。而关于如何体现翻译的艺术性,许渊冲固然在鲁迅的启发下,提出"三美"之说,但就其语言观而言,最根本的一条,就是要充分调遣语言手段,发挥译语的优势,他尤其强调要把译语提高到创作的地位。

二是文学翻译的最高目标是成为翻译文学。对许渊冲的翻译思想进行研究,不能忽视其思想的产生、形成与发展的过程。许渊冲对于文学翻译,始终有理想的追求。在《文学翻译与翻译文学》一文中,许渊冲一开头就明确提出:"文学翻译的最高目标是成为翻译文学,也就是说,翻译作品本身要是文学作品。三百年来,在世界范围内,成为文学作品的译作不多。如以英美文学而论,18世纪蒲伯译的荷马史诗《伊利亚特》和《奥德赛》。19世纪费茨杰拉德译的《鲁拜集》,20世纪庞德译的李白和雷罗斯译的杜甫,都曾被编入《英诗选集》,翻译作品

---

① 许渊冲:《文学与翻译》,北京:北京大学出版社,2003年,"前言"第1页。

本身成为文学作品了。但是,一般说来,这些译作多是求真不足,求美有余;而真正的翻译文学应该是既真又美的。"①从目前所看到的关于许渊冲翻译思想的研究论文中可以发现,学界对许渊冲的这段论述重视不够。许渊冲对翻译文学的这段论述,可以帮助我们澄清国内翻译学界对许渊冲"美化之艺术"的不少模糊认识。一方面,作为一个钟情于文学翻译事业的翻译家,许渊冲把文学翻译的目标定位为"翻译文学",有着非常积极的意义。另一方面,在他看来,三百年来真正成为文学作品的翻译作品为数不多,他特别指出一点,那就是《英诗选集》选入的那几种译作,多有求真不足、求美有余的缺陷。最为重要的一点是,许渊冲认为"真正的翻译文学应该是既真又美的"。国内翻译界在对文学翻译真与美的讨论中,对许渊冲的翻译思想往往有一种误解,认为许渊冲对美的追求是以对真的牺牲为代价的。但究其对翻译文学的理解与界定,可以明确,在理论的层面,许渊冲对翻译文学的要求是"既真又美"。就国内的文学翻译而言,他认为"外国文学经过翻译成为中国文学的,英国作品有朱生豪译的莎士比亚,法国作品有傅雷译的巴尔扎克和罗曼·罗兰"②。对于这两位翻译家,许渊冲又认为"朱生豪才高于学,所以译文'信'不足而'雅'有余"③。而对傅雷的翻译,许渊冲有过较为深入的研究。早在1980年,许渊冲就在《外国语》(上海外国语大学学报)发表文章,以"直译与意译"为题,首先对"傅雷的翻译"展开讨论,然后针对《读书》杂志1980年第4期发表的洪素野

---

① 许渊冲:《文学翻译与翻译文学》,见许渊冲:《文学与翻译》,北京:北京大学出版社,2003年,第101页。
② 许渊冲:《文学翻译与翻译文学》,见许渊冲:《文学与翻译》,北京:北京大学出版社,2003年,第101页。
③ 许渊冲:《文学翻译与翻译文学》,见许渊冲:《文学与翻译》,北京:北京大学出版社,2003年,第101页。

的《直译、硬译与意译》一文对傅雷的批评,以傅雷翻译的实际例子为分析基础,指出:"翻译主要是用译文形式传达原文内容的艺术,傅译既然表达了原文的内容,那就是正确的译文。至于传达原文形式,那是次要的问题。如果在传达原文内容的前提下,能够吸收原文的表达形式,那当然更好。如果二者不能兼顾,那就只好舍形式而取内容了。"[①]在对傅雷具体翻译例子的分析中,许渊冲一再指出:"傅雷译法高人一着",其根本原因就是"得力于这个'化'字"。[②] 从许渊冲对朱生豪和傅雷两位翻译大家的分析与评价,以及其对"真"的要求和对翻译中"内容"的重视可以看出,许渊冲对翻译文学的要求是真与美并举。

  特别值得关注的是,许渊冲把文学翻译的最高目标定为"成为翻译文学",在有关的论述中,他最为关注的是两位翻译家的翻译:一位是朱生豪,另一位是傅雷。朱生豪从事的是英译中的文学翻译,而傅雷从事的是法译中的文学翻译,前者主要的翻译贡献是对莎士比亚的戏剧的翻译,而后者主要的翻译贡献是对巴尔扎克和罗曼·罗兰作品的翻译。中国的文学翻译界比较一致地认为,朱生豪和傅雷是中国20世纪文学翻译的代表性译家,他们的翻译具有很大的影响。而许渊冲在对两位翻译家的翻译表示欣赏的同时,有着更远大的目标,那就是要在新的历史时期,对他们的翻译有所超越。95岁高龄的许渊冲几乎每天都在翻译莎士比亚的戏剧。据《中国教育报》,"如今他每天的功课是拿出莎士比亚原版著作和朱生豪译本,重译莎翁全集。莎翁名剧《李尔王》中描写子女见钱眼开一句,朱生豪译为:'老父衣百结,儿女不相识;老父满囊金,儿女尽孝心。命运如娼妓,贫贱遭遗弃。'而许渊

---

 ① 许渊冲:《翻译的艺术》,北京:中国对外翻译出版公司,1984年,第29页。
 ② 参见许渊冲:《翻译的艺术》,北京:中国对外翻译出版公司,1984年,第30页。

冲则译为：'父亲穿破衣，子女就不理。父亲有了钱，子女露笑脸。命运是娼妇，嫌贫又爱富'"①。许渊冲对记者说："翻译时一定要找一个比照的版本。""我要和朱生豪比赛，我的译本肯定会超过他的译本。"②许渊冲的翻译是否真的能超越朱生豪的翻译，不是笔者在此讨论的内容，笔者想指出的是，作为一个翻译家，许渊冲在理论上有对文学翻译的深刻理解，也有对文学翻译理想的一贯追求。如果说95岁高龄的许渊冲每天还在实实在在地努力，试图给当代读者带来一个有别于朱生豪翻译与阐述的莎士比亚，那么，对于傅雷翻译的罗曼·罗兰的《约翰·克利斯朵夫》，许渊冲则以明确的超越意识，在其翻译理念的指引下，重译《约翰·克里斯托夫》，与傅雷"竞赛"。许渊冲认为："每个作家和翻译家都有自己的'局限性'，如能取人之长，补己之短，那就可以使文学创作和文学翻译前进一步，取人之长越多，进步也越大。"③取长补短，是许渊冲文学翻译思想中的一个重要观点。在重译《约翰·克里斯托夫》的序言摘要中，我们看到这段论述："《约翰·克里斯托夫》是译者按照'优势竞赛论'进行重译的。傅雷译本重神似而不重形似，有时，他'在最大限度内''保持原文句法'，新译本却发挥译语优势，用最好的译文表达方式，和他展开竞赛。"④对于许渊冲来说，重译的目

---

① 杨桂青：《翻译家许渊冲：遗欧赠美千首诗》，《中国教育报》，2016年4月21日第4版，http://www.jyb.cn/high/gjrw/201604/t20160421_657817.html，2016年5月25日读取。

② 杨桂青：《翻译家许渊冲：遗欧赠美千首诗》，《中国教育报》，2016年4月21日第4版，http://www.jyb.cn/high/gjrw/201604/t20160421_657817.html，2016年5月25日读取。

③ 许渊冲：《罗曼·罗兰〈约翰·克里斯托夫〉译本序》，见许渊冲：《任尔东西南北风：许渊冲中外经典译著前言后语集锦》，北京：清华大学出版社，2014年，第546页。

④ 许渊冲：《罗曼·罗兰〈约翰·克里斯托夫〉译本序》，见许渊冲：《任尔东西南北风：许渊冲中外经典译著前言后语集锦》，北京：清华大学出版社，2014年，第545页。

的,是提高质量,是建立"世界文学":"我认为重译是提高翻译水平的一个好方法。我曾说过:文学翻译是两种语言文化的竞赛。而重译则是两个译者之间,有时甚至是译者和作者之间的竞赛。其实,文学翻译的最高目标应该是取代原作。"①从许渊冲的相关论述与观点看,从语言的使用入手,发挥译语优势,以"三化"为方法,是提高翻译水平,不断向翻译文学这个目标靠近的准确路径。

三是要实现文学翻译的艺术美,在语言的层面,应该重视修辞。关于翻译,就其操作层面看,主要是语言的转换。狭义的翻译,总是从一词一句入手的。著名翻译家杨绛对此有很好的总结:"翻译包括三件事:(一)选字;(二)造句;(三)成章。选字需经过不断的改换,得造成了句子,才能确定选用的文字。成章当然得先有句子,才能连缀成章。所以造句是关键,牵涉到选字和成章。"②如果说文学是语言的艺术,那么,文学翻译要实现其艺术性,自然就应该讲究语言的艺术。

罗新璋对于文学翻译有深刻的理解,在他看来,"信达雅是文学翻译的要义。就文学翻译的外译中而言,首先是译意,而不宜译形,即译语言形式。其次,译应像写,代原作者命笔,译文中适当运用骈偶之辞,能增益文字的美感,提升文学的品位。最后,文学翻译需精彩的表达,使译文读过之后有余味,余意不尽"③。罗新璋的观点非常明确,其中关于"意"与"形"的区分和"译"与"写"的区分,与傅雷关于文学翻译

---

① 许渊冲:《罗曼·罗兰〈约翰·克里斯托夫〉译本序》,见许渊冲:《任尔东西南北风:许渊冲中外经典译著前言后语集锦》,北京:清华大学出版社,2014年,第551页。

② 杨绛:《失败的经验》,见金圣华、黄国彬:《因难见巧:名家翻译经验谈》,香港:三联书店,1996年,第95页。

③ 罗新璋:《译求精彩方可观》,《东方翻译》,2015年第1期,第64页。

的理解是一脉相承的。特别值得注意的是,罗新璋在翻译中明确提出了要"适当运用骈偶之辞",要有"精彩的表达",这两种说法无疑都在强调"修辞"的重要性,而修辞的目的,就是增益"文字的美感",实现文学翻译的"美"。许渊冲把文学翻译看作"美化之艺术",与罗新璋的文学翻译观念有着根本的一致性。而在语言艺术的层面,许渊冲在其有关文学翻译的探讨中,多有对修辞的讨论,高度评价了修辞学研究对于文学翻译研究与实践的重要价值,如他在《翻译通讯》(今《中国翻译》)1981年第1期上发文,谈《翻译的标准》,阐释了自己对"信、达、雅"的理解:"严复生在使用文言文的时代,所以提出文要古雅;到了使用白话文的今天,'雅'字就不能再局限于古雅的原义,而应该是指注重修辞的意思了。"①在同一篇文章中,他还指出:"从正面说,那就是翻译首先要求忠实准确,主要是忠实于原文的内容,在可能的情况下也要忠实于原文的形式;其次是要求通顺流畅,符合译文语言的习惯用法;最后还要注重修辞,发挥译文语言的优势。"②许渊冲对于修辞的重视,有多重的意义:一是在翻译理论的层面,许渊冲将注重修辞放在发挥译语优势的高度来加以认识,同时强调翻译之雅,修辞为要;二是在翻译实践的层面,许渊冲往往通过修辞手段,去具体实现其翻译之"化";三是在许渊冲看来,修辞本身就是文学性的体现,在文学翻译中,要实现文学性,不能不注重修辞。许渊冲援引法国著名诗人瓦莱里评价马拉美诗作的话说:"他(马拉美)以非凡的成就论证了诗歌须予字意、字音甚至字形以同等价值,这些字同艺术相搏或相融,构成文

---

① 许渊冲:《翻译的标准》,见许渊冲:《翻译的艺术》,北京:中国对外翻译出版公司,1984年,第9页。
② 许渊冲:《翻译的标准》,见许渊冲:《翻译的艺术》,北京:中国对外翻译出版公司,1984年,第11页。

采洋溢、音色饱满、共鸣强烈、闻所未闻的诗篇。一方面,诗句的尾韵、韵迭,另一方面,形象、比喻、隐喻,它们在这里都不再是言辞可有可无的细节和装饰,而是诗作之主要属性:'内容'亦不再是形式的起因,而是效果之一种。"①读许渊冲有关翻译的论述,尤其是有关诗歌翻译与文学经典名著翻译的论述,可以发现其主要集中在对具体的修辞层面翻译的分析,如《翻译的艺术》和《文学与翻译》这两部著作中,就涉及炼字、叠字、对偶、双关、音韵修辞、比喻、拟人等多种形式的修辞翻译。这一方面说明许渊冲对修辞的重视;另一方面也说明在文学翻译中,修辞的翻译是否恰当、精彩,会直接影响文学翻译的效果,事关翻译的成败。在对许渊冲的翻译艺术的相关研究中,可以看到有不少深入的探讨,如张智中在《许渊冲与翻译艺术》一书中,就许渊冲古诗英译的艺术展开了讨论,对许渊冲在翻译中于词汇、句子、篇章与音韵层面的转化艺术做了归纳,其中很多地方涉及的都是修辞层面的翻译。从对许渊冲翻译思想与翻译艺术的研究来看,许渊冲在文学翻译中对修辞的处理确实值得进一步关注和探讨。

  就对许渊冲的翻译语言观的探讨而言,除了上面所探讨的三个大的方面的问题,还有我们目前尚未涉及的风格的翻译问题,因为风格的翻译,在很大程度上,与语言相关。笔者之所以没有就此问题展开讨论,是因为在许渊冲看来,风格的问题在翻译中不是简单的语言问题,而是涉及翻译的理念与翻译方法的问题。他认为:"关于风格问题,有人认为只有'形似'的译文才合原作风格。那么,'神似'的译文合不合原作风格呢?如果认为不合,那不是排斥'神似'的译文吗?如认为合,那还有无必要提出译文风格的问题?我看如果解决了'形似'

---

① 转引自许渊冲:《文学与翻译》,北京:北京大学出版社,2003年,第19页。

和'神似'的矛盾,可能不必研究译文风格了。"①鉴于许渊冲对翻译风格问题的基本认识与立场,在本研究中,笔者还是根据研究的宗旨与目标,对此问题存疑,希望在今后的研究中,做进一步的探究。

在上文中,笔者结合许渊冲对翻译问题的思考,对许渊冲的翻译语言观做了探讨。翻译,就其具体的形式而言,可以说是语言的转换。语言的差异之存在,是翻译产生的根本原因。如何看待语言的差异,如何在翻译中处理语言的差异,这里涉及对语言的认识和对翻译的认识。在本书中,笔者首先对许渊冲的语言观与翻译观的关系做了探讨,在此基础上,通过对语言的关系的考察,对许渊冲提出的"发挥译语优势"的观点的深刻内涵与理论价值进行了发掘,继而对许渊冲强调超越文字翻译,走向文学翻译的立论基础与逻辑关系做了考量,为我们全面理解许渊冲翻译思想做了探索。

---

① 许渊冲:《罗曼·罗兰〈约翰·克里斯托夫〉译本序》,见许渊冲:《任尔东西南北风:许渊冲中外经典译著前言后语集锦》,北京:清华大学出版社,2014年,第552页。

第三章 许渊冲翻译文化观

在上一章中,笔者结合许渊冲的翻译实践与翻译思考,就许渊冲的翻译语言观做了梳理、分析、阐释与论述,指出许渊冲在其翻译探索与研究中,始终特别关注语言问题。实际上,无论是在翻译实践层面,还是在翻译理论层面,翻译观的建立都非常重要。许钧认为:"翻译研究在很大程度上取决于研究者的翻译观,有学者认为,有怎样的翻译观,就有怎样的翻译研究,可以说翻译观直接决定了翻译研究者对翻译的认识深度和研究广度,而翻译观建立的必要基础就是对翻译本质的深刻认识与理解。"① 就此而论,对翻译的科学认识,在很大程度上,决定了一个翻译研究者的研究出发点与探索视野。就翻译活动的产生看,语言的差异是一个根本的因素。如果没有语言的差异造成的交流的障碍,翻译的必要性就无法体现。在翻译的操作层面,狭义的翻译往往落实在一词一句一段的理解与转换上。在这个意义上,翻译的语言问题,是一个翻译者必须面对也必须思考的基本问题。正是基于此,笔者首先选择对许渊冲的翻译语言观进行探究与分析。如在上一章结尾所言,笔者在研究中,从语言观与翻译观、语言关系与差异、文字与文学的内在关系入手,梳理了许渊冲翻译观中与语言转换相关的论述,深入挖掘了许渊冲在语言转换层面对翻译的认识,对其有关翻译语言问题的思考与探索的内在一致性做了分析与阐述。

---

① 刘云虹、许钧:《如何把握翻译的丰富性、复杂性与创造性?——关于翻译本质的对谈》,《中国外语》,2016 年第 1 期,第 96 页。

论及翻译的语言问题,无论是翻译的传统思考,还是翻译的现代阐述,都离不开对译文与原文的关系问题的探讨。在《论翻译》一文中,贺麟指出:"盖译文与原文的关系,在某意义上,固然有似柏拉图所谓抄本与原型的关系。而在另一意义下,亦可说译文与原文皆是同一客观真理之抄本或表现也。就文字言,译文诚是原著之翻抄本,就义理言,译本与原著皆系同一客观真理之不同语言的表现。故译本表达同一真理之能力,诚多有不如原著处,但译本表达同一真理之能力,有时同于原著,甚或胜过原著亦未尝不可能也。"①细读贺麟这段论述,我们可以看到,译文与原文之关系,就其形式而言,主要表现在语言的转换层面,但究其根本,还有往往被翻译论者所忽视的一层关系,那就是原文与译文都指向其意欲表达的世界,也就是贺麟所言的意欲"表现"的真理。因此,若从文字的角度看,译文似乎往往跟在原文之后,亦步亦趋,寻求根本意义上的一致,然而,由于存在除语言差异外的种种差异,故译文在传达原文意义上不可避免地会有所欠缺,即贺麟所言的"诚多有不如原著处"。但是,若从表现真理的能力而言,译文对原文的超越也并非没有可能。从语言表达与真理的揭示的关系入手,贺麟对译文与原文的内在关系的这一具有哲学意义的论说,可以帮助我们进一步理解许渊冲提出的"发挥译语优势"论的合理性:"译文和原文不但可以表现同一客观真理,也可表现同一主观思想,描写同一客观事物,虽然一般说来,译文不如原文,但如果发挥了译语优势,有时也可接近原文,有时甚至可能胜过原文。"②

科学认识译文与原文之关系,探讨翻译的语言问题,要充分考虑

---

① 贺麟:《论翻译》,见罗新璋、陈应年:《翻译论集》(修订本),北京:商务印书馆,2009年,第521页。

② 许渊冲:《文学与翻译》,北京:北京大学出版社,2003年,第266—267页。

语言的转换层面存在的种种障碍和问题,但不能囿于此。对此,许渊冲有非常清醒且深刻的认识。笔者在上一章中,对此已经有所涉及。笔者充分注意到,许渊冲论及翻译时,不仅仅思考翻译的语言转换性,提出要"发挥译语的优势",更是深入一步,提出翻译是"两种文化的统一"的思想。在本章中,笔者拟在对许渊冲的翻译语言观探讨的基础上,结合许渊冲的翻译实践和翻译思考,从许渊冲对翻译与文化的关系的思考、许渊冲在翻译实践中所表现出的文化自觉,以及他所倡导的以翻译促进文化交流、丰富世界文化的思想等方面入手,就许渊冲的翻译文化观做进一步的探索。

第一节 翻译,"应该是两种文化的统一"

在上一章中,通过对许渊冲的翻译语言观的梳理与分析,我们可以从一个侧面看到,许渊冲对语言、翻译与世界关系的认识,在一定程度上决定了其对翻译定义、性质、功能的基本看法。

许渊冲曾经指出:"如果要给翻译下一个比较模糊的定义,那大约可以说:翻译是两种语言文字的统一。一种语言的内容和另一种语言的文字合而为一了,那就可以说是翻译。"[①]这一定义,并非许渊冲对翻译的唯一定义。在笔者看来,许渊冲所提出的这一翻译定义,其根本的出发点在于阐述其对翻译所涉及的语言转换的认识,与他所提出的"译者一也"的论述有着内在的关系。"译者一也"是许渊冲辩证地把

---

① 许渊冲:《文学与翻译》,北京:北京大学出版社,2003年,第73—74页。

握翻译之道时提出的"译经"中的首要认识,有多个层面的含义。第一,在许渊冲看来,从广义上说,原文是作者对自己思想的翻译,所以,翻译就是作者和自己作品统一的关系。① 第二,因为翻译是不同语言文字之间的转化,所以,译文应该在字句、篇章、文化等层面上与原文统一。② 从许渊冲讨论翻译的具体转换的一些文章中,我们可以看到,从理论上讲,当原文的深层内容和译文的表层形式一致时,译文就有可能达到与原文的有机统一。然而,这只是一种理想状态。在真正的翻译实践中,面对各种差异,词汇层面的统一偶尔能做到,句子和篇章层面的完全统一则很难做到。更需要关注的是,翻译不仅仅涉及语言文字层面,而且与语言文字背后的文化密不可分。

从翻译所涉及的"两种语言的统一"这一基本问题出发,许渊冲导向了对翻译所必然涉及的文化因素的思考和探索。王宁认为,"翻译研究首先得涉及文化问题",而要思考翻译所涉及的文化问题,就必须"承认文化的相对性"。③ 王宁就文化的相对性问题,援引了奥斯瓦尔德·斯宾格勒的论述:"……其中每一种文化都以原始的力量从它的土生土壤中勃兴起来,都在它的整个生活期中坚实地和那土生土壤联系着;每一种文化都把自己的影像印在它的材料,即它的人类身上;每一种文化各有自己的观念,自己的情欲,自己的生活、愿望和感情,自己的死亡……在这里,文化、民族、语言、真理、神、风光等等,有如橡树与石松、花朵、枝条与树叶,从盛开又到衰老,——但是没有衰老的'人类'。每一种文化都有它的自我表现的新的可能,从发生到成熟,再到

---

① 参见许渊冲:《文学与翻译》,北京:北京大学出版社,2003年,第152页。
② 参见许渊冲:《文学与翻译》,北京:北京大学出版社,2003年,第152页。
③ 王宁:《文化研究语境下的翻译研究》,见张柏然、许钧:《面向21世纪的译学研究》,北京:商务印书馆,2002年,第533页。

衰老,永不复返。"①斯宾格勒对于文化的相对性的表述,固然有其言说的初衷,这里不拟展开深究,单就对翻译的启迪而言,我们可以说,其最为重要的一点,就是每一种文化的相对性既给翻译造成了重重困难,也为翻译的必要性提出了重要的证据。如果按瑞典汉学家、翻译家马悦然所言,"翻译一个文本就是翻译一种文化"②,那么从理论的层面看,在翻译中如何正确处理语言与文化的关系、如何关注文化因素、如何转换文化因素就成了翻译者必须面对的基本问题。

在上一章中,笔者就许渊冲提出的"翻译是两种语言的统一"这一论述做了较为细致的分析,尤其对"统一"这一观念所涉及的内涵做了阐述,指出在许渊冲看来,两种语言的统一,其重要的意义在于要在翻译转换中解决好矛盾与分歧,达到一种相对的平衡一致的状态。从许渊冲对翻译的认识看,笔者还注意到,在把翻译定义为"两种语言的统一"之后,他紧接着指出:"什么是文学翻译?文学翻译是两种语言、两种文化的统一,而统一应该是提高。"③在另一篇名为《翻译的哲学》的文章中,在"认识论"一节,许渊冲重申了"文学翻译不仅是两种文字的统一,还应该是两种文化的统一"④的观点。他还从翻译实践出发,举李清照的名诗《夏日绝句》,即"生当作人杰,死亦为鬼雄。至今思项羽,不肯过江东"这首诗为例,阐述了语言与文化之间存在的紧密关系,认为在翻译过程中,仅仅从语言的层面去转换,不考虑原诗中的历

---

① 奥斯瓦尔德·斯宾格勒:《西方的没落》,齐世荣等译,北京:商务印书馆,1963年,第39页;转引自王宁:《文化研究语境下的翻译研究》,见张柏然、许钧:《面向21世纪的译学研究》,北京:商务印书馆,2002年,第533—534页。
② Göran Malmqvist, "On the Role of the Translator", *Translation Review*, 2005, 70(1), p. 5.
③ 许渊冲:《文学与翻译》,北京:北京大学出版社,2003年,"前言"第1页。
④ 许渊冲:《文学与翻译》,北京:北京大学出版社,2003年,第73页。

史文化因素,就难以达到翻译的目的、传递出原诗的深层内容。他在文章中写道:"项羽为什么'不肯过江东'呢?因为他'与江东子弟八千人渡江而西,今无一人还',所以他无面目见江东父老。如果不知道这段历史,不了解这个文化背景,那就不能用英语的文字来表达汉语的内容,那就不能翻译。"①从这段论述看,许渊冲对于翻译的理解是多维度的,翻译既是两种语言的转换与统一,更是两种文化的交流与统一。从理论的角度看,许渊冲的认识无疑有深刻的道理。然而,在翻译的实践层面,在将文化翻译的理念具体运用于翻译中,以及处理语言与文化的关系时,则又可能遇到新的矛盾。许渊冲对此有清醒的认识,就李清照那首诗的具体翻译而论,许渊冲认为,如果了解了上述的历史与文化背景,可以把《夏日绝句》翻译如下:

  Be man of men while you're alive,
   And soul of souls if you were dead.
  Think of Xiang Yu who'd not survive
   His men whose blood for him was shed.

  就此诗的具体翻译,许渊冲进一步分析道:"原文的'人杰'被说成是'人中的俊杰','鬼雄'被说成是'鬼中的英魂','不肯过江东'没有译出来,却说是项羽在他的士卒为他流血牺牲之后,不肯苟且偷生。从两种语言的表达方式看,这不能算是两种文字的统一;但从两种语言所表达的内容看来,英语的文字却基本上表达了汉语的内容,也就

---

① 许渊冲:《文学与翻译》,北京:北京大学出版社,2003年,第73页。

是说,两种文化基本上统一了。"①细察许渊冲的上述分析与评说,结合翻译研究文化途径的相关论说,也许可以对理解与探讨许渊冲翻译文化观的基本立场与观点有一个与翻译实践紧密结合的切入点。笔者拟从三个方面加以考察。

一是许渊冲对翻译转换活动所涉及的语言与文化因素之间的内在联系有深刻的认识。刘云虹在论及"翻译批评的文化观"时指出:"翻译不仅仅是两种语言之间的转换,更是两种文化之间的对话。随着翻译研究的深度和广度不断加强,尤其是在全球化和多元文化背景下,翻译的文化属性得到了越来越多的认同与关注。"②笔者在上文中论及,翻译观的建立对翻译实践与翻译理论探索都具有重要性,而翻译观的建立,最为根本的一点,就是要对翻译的属性,或者说对翻译的本质特征有科学和深刻的认识。刘云虹在其论述中提到的翻译学界对"翻译的文化属性"越来越多的认同与关注,应该说是翻译研究在思想观念上取得重大进步的标志之一。而以此为标准去衡量许渊冲的翻译观,可以说许渊冲是国内翻译文化观意识确立较早、立场最为坚定的翻译学者之一。笔者尤为关注到,许渊冲在论及翻译的转换时,从来不把语言与文化割裂开来,而是以其清醒的文化立场,在关注翻译的语言转换的同时,密切关注翻译的文化阐释。

二是许渊冲在翻译的实践层面,能够敏锐地抓住在处理翻译的语言层面和文化层面意义的过程中有可能产生的新的矛盾,具有明确的文化意识。如许渊冲在分析李清照《夏日绝句》的翻译时提到,在翻译中,在文字的层面,没有直接翻译"不肯过江东"一句,而在翻译的文化

---

① 许渊冲:《文学与翻译》,北京:北京大学出版社,2003年,第73页。
② 刘云虹:《翻译批评研究》,南京:南京大学出版社,2015年,第252页。

层面,则将原句的深层含义,即"项羽在他的士卒为他流血牺牲之后,不肯苟且偷生",加以传达。对于这样的处理方式,翻译界可能会有不同的看法,但笔者注意到,许渊冲的理论贡献在于:一方面他能通过实际的例证,说明翻译中应该关注文化因素传达的重要性;另一方面,他能深刻地看到,在处理过程中产生的语言表达形式与内容之间的不一致,反映的是语言与文化之间难以完全统一的现实,需要译者在两者之间做出选择。问题的提出,充分说明了许渊冲具有清醒的文化意识。刘云虹认为,应该"坚持文化观,充分认识到翻译不是一个从文本到文本的封闭过程,对翻译的评价应摆脱以往较为狭隘的文本对比视野,从文化交流与发展的高度评价翻译史和具体翻译活动中诸如翻译策略选择、文化立场、价值重构等重要问题"①。从许渊冲所举的例句和评述看,许渊冲确实如刘云虹所言,走出了从文本到文本的封闭过程,把目光投向了文本背后的文化语境和广阔的历史文化空间,关注语言与文化构成的互动关系,从文化交流的高度去处理翻译中的矛盾。

　　阅读许渊冲探讨中国古典诗词的英译或法译的文章,我们可以看到许渊冲结合具体的翻译实例,从多个方面就翻译文本中语言与文化的传达有可能产生的矛盾展开讨论,提出了一些值得我们思考且有着重要启迪和指导意义的观点。如他在《谈中诗英译的变通问题》一文中,针对吕叔湘"译事之不能不有变通,最显明之例为典故"的有关论述,专门就典故的翻译做了探讨。之所以专门探讨典故的翻译问题,最根本的原因之一,就是典故通常具有深厚、特殊的历史文化含义。但诗中用典,还有美学上的用意,典故往往能给诗增添深邃而悠远的

---

① 刘云虹:《翻译批评研究》,南京:南京大学出版社,2015年,第253页。

意境。在这个意义上,翻译典故,要考虑与处理的因素就比较多,不独是语言的因素,还有文化的因素和美学的因素。面对如此多的因素的介入,翻译者如没有清醒的理论意识和明确的翻译原则,处理起来一定会顾此失彼,难以达成翻译的目标。许渊冲从翻译实际出发,对唐诗英译中的变通现象做了梳理、分析与总结,对最为典型的五种现象做了剖析,提出了自己的处理原则和方法:"在我看来,翻译典故必须变通,句型变通则不必要,对仗译成散行,那是不得已而求次的方法。至于改译专门词语,改变原诗的观点及语气,改变原诗的词语,如果结果更能传达原诗的'意美',那也应该变通。至于和原诗的意义有出入,那就一定要译文更富有'意美、音美、形美',才可以变通,在这个意义上说,译诗已经是再创作了。不过这点非常重要,因为如果变通得好,可以青出于蓝而胜于蓝,使中国诗给外国文化增添异彩。"①从许渊冲提出的处理原则看,许渊冲是充分地考虑到原诗的词语意义、美学意义和文化意义的复杂性的,他对于变通的必要性的论述一方面表达了他的翻译观念与立场,另一方面充分说明了他在处理变通问题时对文化问题的特别关注,如他在上面的论述中,说明变通的最终目的就是要"使中国诗给外国文化增添异彩"。笔者也特别注意到,在上文提及的这篇文章中,许渊冲还从翻译方法的角度,就直译与变通的关系做出了阐述,强调指出:"直译专门词语不能传达原文的'意美'时,需要变通;变通而有损于原文的民族风格或地方色彩时,又以直译为宜。这也可以说是直译和变通的辩证关系吧。"②在这里,我们可以看到,翻译方法的问题,是直译还是变通,不是一个简单的方法的选择问题,而

---

① 许渊冲:《翻译的艺术》,北京:中国对外翻译出版公司,1984年,第110页。
② 许渊冲:《翻译的艺术》,北京:中国对外翻译出版公司,1984年,第100页。

是基于对翻译活动中起影响作用的多种要素的整体考虑和翻译目标定位而采取的。从许渊冲上面的这一论述中,我们还可以发现,在以往对许渊冲的探讨与研究文章中,作者一般都认为许渊冲在翻译中往往采取意译的方法,而事实上,出于对原文民族风格或地方色彩,也即原文所蕴含的异域文化色彩的考虑,他提出了"以直译为宜"的观点。这一立场表明,一如刘云虹所言,"坚持翻译批评的文化观,我们应该清醒地认识到,所谓的'直译'与'意译'之争、'归化'与'异化'之争折射出的不仅是翻译标准的分歧,更是文化态度与文化立场的差异"①。刘云虹曾就翻译的语言与文化两个层面,选择林纾和鲁迅这两个具有代表性的翻译家的翻译为个案,就文学翻译中的文化取向、文化立场与翻译方法的关系进行了富有开拓性的文化批评,指出:"'林译小说'中的增删、改译等'归化'处理绝非单纯的语言或技巧问题,而首先源自于译者所处时代的集体文化立场以及译者本人对翻译对象的文化态度。"②她进一步指出:"林纾的'归化'翻译中蕴藏着深刻的文化内涵,同样,鲁迅对'硬译'主张的坚持也在很大程度上取决于他的政治立场与文化价值取向,带有厚重的政治文化色彩。"③以刘云虹的文化批评观为指导,考量许渊冲有关翻译中语言与文化因素处理的论述,可以帮助我们更进一步了解与理解许渊冲在具体翻译活动中的一些引起争议的处理方法的初衷与立场。

三是许渊冲在充分把握翻译的本质特征的基础上,积极倡导翻译的文化价值观。在上文中,笔者一再强调,要建立科学的翻译观,应该首先对翻译的本质特征有深入和全面的认识。许渊冲在对翻译的认

---

① 刘云虹:《翻译批评研究》,南京:南京大学出版社,2015年,第253页。
② 刘云虹:《翻译批评研究》,南京:南京大学出版社,2015年,第254页。
③ 刘云虹:《翻译批评研究》,南京:南京大学出版社,2015年,第254页。

识中,一是抓住语言,二是抓住文化,可以说这两者关乎翻译活动的根本。就具体的翻译活动来看,文本是翻译的出发点,也是其归宿。许渊冲从认识论的高度,提出翻译是两种语言的统一和两种文化的统一,充分说明其对翻译本质的认识很有见地。而语言与文化的关系非常紧密,以至于有翻译学者认为:"离开语言,翻译学将无从谈论也无以谈论文化。在翻译学看来,语言是文化的主要体现者和依据,撇开语言来谈文化,对翻译学而言,无异于缘木求鱼,那是不可思议的。其所以如此,道理很简单:翻译的操作对象是语言。"[1]基于翻译的操作形式这一特征,"在翻译学视角中,把握住语言,就可以从主体上、大体上把握住了其中含蕴的文化内涵"[2]。就翻译的具体转换来看,语言与文化的关系在某种意义上是互为存在的。但是,仅仅从这一点来认识或界定翻译的文化本质特征,应该说是远远不够的。在许渊冲论述中国古典诗词翻译的文章中,我们一方面可以看到,他在翻译的具体转换层面,特别关注词语的文化内涵和历史背景对于原文的重要性以及在翻译中予以传达的必要性;而在另一个方面,他往往能从封闭的文本中走出来,关注传达的有效性和艺术性,从文化与审美交流的高度去探讨有效的翻译方法,不拘泥于个别词语在形式表达上的得与失,而是追求文化的深刻内涵的传达,强调要在翻译中树立文化的价值观。其重要的表现之一,就是勇于直面翻译中遇到的困难与矛盾。他深刻地认识到,世界上的文化有同有异,进而有长有短。"一种文化的长处就是它的优势,短处就是劣势。如果两种文化的长处相同,优势相等,也就是说势均力敌,那么翻译就不太难,翻译的准确度也比较高。但

---

[1] 刘宓庆:《文化翻译论纲》,武汉:湖北教育出版社,1999年,第4页。
[2] 刘宓庆:《文化翻译论纲》,武汉:湖北教育出版社,1999年,第4页。

事实上,两种文化往往是各有长短,互为优劣的。如果一种文化有的长处,另一种文化却没有,那要取得均势,就要展开竞赛。竞赛时要发挥优势,要在异中求同。"①那么何为"异中求同"呢？还是在那篇名为《翻译的哲学》的文章中,他就"不肯过江东"的翻译解释道:"例如李清照《绝句》中的'不肯过江东',就是汉语所有、英语所无的表达方式,但是不肯苟且偷生却是汉语和英语所共有的思想内容。因此,用'苟且偷生'来取代'过江东',就算是在异中求到了同,也算是改变了译文的劣势,发挥了原文和译文所共有的优势。"②

对许渊冲上面的这些论述,我们也许可以质疑:如果在翻译中,只是采用异中求同的翻译方法,不能传达原文所蕴含的独特的文化价值,那如何能达到翻译跨文化交流的目的？客观而言,如许渊冲所指出的那样,文化有同有异,同是翻译的基础和可能性的保证,而文化之差异,则是翻译的必要性的体现,保存和传达不同的文化因素和内涵,也是翻译的目的所在。如何处理好"同"与"异"的关系,既有理论层面的问题,也有实践层面的难题。许钧在讨论贝尔曼的《异域的考验:德国浪漫主义时期的文化与翻译》一书提出的文化观时指出:"就翻译理论的探讨而言,基于'翻译是一种跨文化的交流活动'这一认识,在关注语言差异的同时,也自然会关注在语言差异之后所存在的文化差异以及在语言中所积淀的文化差异。在翻译的具体操作层面,语言的差异给翻译造成的障碍是直接而具体的,但是若翻译者只囿于语言的差异,而忽视其差异背后及差异中间所存在的文化差异,便有可能在机械的符号转换中,扼杀深层面的'异'所表现的价值和生命力。正是在

---

① 许渊冲:《文学与翻译》,北京:北京大学出版社,2003年,第73—74页。
② 许渊冲:《文学与翻译》,北京:北京大学出版社,2003年,第74页。

这个意义上,有不少翻译研究学者都持这样的观点:与其说是语言的差异造成了不可译的因素,不如说文化的差异是不可译的根本原因。翻译看似是以异语的接触、转换为基本形式,但它所承载的却是不同文化之间的接触、碰撞与交流。"①从这个角度去看,许渊冲提出的异与同的关系,是其翻译文化观的重要组成部分。正是因为文化之间有异有同,对不同的文化而言,就会有许渊冲所说的长与短。从根本的意义上说,有就是长处,无就是短处。以己之短去译他者之长,就会产生许渊冲所说的劣势。而要克服翻译中的劣势,许渊冲提出要进行"文化竞赛",采取"创译"法。就这样,许渊冲从语言和文化的关系入手,提出文化差异有可能造成种种翻译的矛盾,进而提出发挥译语优势,进行"文化的竞赛",用"创译"的方法化解矛盾,推动文化交流,丰富世界文化。

笔者也充分注意到,对许渊冲提出的有些观点,学界有不同的看法,其中最为根本的一点,就是在翻译中如何处理文本中不同的语言表达所体现的文化内涵。对原文本中的具有特别文化内涵的表达方式,如硬译或直译的话,目的语国家的读者难以理解甚至无法理解怎么办?许渊冲在讨论拜伦的一首短诗《我们已经不再有游兴》时,指出了文化含义对于这首诗而言具有的重要性。他指出:"比全诗层次更高的,是在文化层次上的统一。但是中英文化传统不一,要在同中见异,异中求同,更不容易做到,那就不是译者一也,而是译者异也。但是异不能脱离原文的依据,所以又可以说译者依也。艺术的最高境界是从心所欲不逾矩。从心所欲是'异',矩就是'依'。"②从理论的阐述,

---

① 许钧:《翻译论》(修订本),南京:译林出版社,2014年,第195—196页。
② 许渊冲:《文学与翻译》,北京:北京大学出版社,2003年,第134—135页。

到翻译实践中矛盾的处理,许渊冲一方面拓展了我们对翻译的认识,另一方面也给我们未来的探索提出了一些值得进一步思考乃至争论的问题。

第二节 文化自觉与使命的担当

在上文的梳理与分析中,可以看到,许渊冲的翻译文化观与其翻译语言观具有内在的联系。无论是他就具体文本的翻译展开的例证分析,还是他就翻译的语言与文化问题提出的一些观点,他始终能从翻译的本质特征出发,去理解与处理翻译中语言所蕴含的文化因素的转换,而且就翻译中有可能遇到的矛盾,提出了富有开拓性的解决途径。面对许渊冲有关中国古诗词翻译的论述,笔者不禁会想,为什么许渊冲对中国古典诗词的翻译如此津津乐道?为什么许渊冲对中国古典诗词中文化内涵的处理如此关注与用心?为什么许渊冲要在思考翻译的语言问题时强调文化因素的作用?要回答这些问题,不能仅仅从翻译的具体转换层面去考察,而要更进一步,从许渊冲的翻译认识、翻译动机和许渊冲对翻译的文化使命的担当等多个层面加以探究与考量。

在本书的第一章,笔者曾专辟一节,围绕许渊冲的翻译动机与文本选择之间的关系展开论述,指出许渊冲凭着对翻译的热爱,数十年来始终在翻译的第一线辛勤地耕耘,翻译的动机十分明确,其中之一就是要把外国的先进文化输送到中国来,把中国灿烂的文化传播到国外去,使世界文化越来越丰富、灿烂。通过对许渊冲的翻译动机与文本选择之间的深层关系的考察,我们可以看到许渊冲在其长期的翻译实践中,越来越深刻地认识到翻译之于文化的巨大的促进作用与丰富的价值。

从文本的具体转换看许渊冲有关翻译文化的论述,不难发现许渊冲的这些论述主要是就中国古典诗词的英译或法译展开的。但是,许渊冲的这些对具体的翻译转换方法或途径的探讨,往往能深刻地折射出许渊冲的文化意识、文化立场与文化追求。2016年的3月9日,近95岁高龄的许渊冲在《中华读书报》发表了《中国人、外国人,谁能翻译好诗经李白》一文,他针对美国汉学家宇文所安"认为中国绝不该花钱让中国译者把中文典籍翻译成英文,而应该让他这样以英语为母语的译者来翻译"的观点,从文化的高度指出:"这是一个中国文化能不能走向世界、能不能实现中国文化梦的大是大非问题,甚至是一个世界文化的大问题,非认真讨论不可。"①许渊冲在这篇长文中,以《诗经》的《小雅·采薇》中的"昔我往矣,杨柳依依。今我来思,雨雪霏霏"四句和李白的《月下独酌》的英译为例,对外国汉学家的翻译和中国学者,包括许渊冲自己的翻译进行了语言、文化层面的解读与分析,指出了外国人与中国人翻译的不同特点,从对翻译的具体分析中指出了英语与汉语客观存在的差异和特色,各自的长处与短处。但分析与论述的最终目的在于两点:一是在翻译理论的层面,提出中国学派的文学翻译理论有助于指导《诗经》与李白诗的翻译;二是中国译者的翻译有助于推动中国文化走向世界。许渊冲在文章的结尾写道:"总之,中国学派的文学翻译理论,就是孔子在《论语》第二章说的'从心所欲不逾

---

① 许渊冲:《中国人、外国人,谁能翻译好诗经李白》,《中华读书报》,2016年3月9日第18版,http://epaper.gmw.cn/zhdsb/html/2016-03/09/nw.D110000zhdsb_20160309_1-18.htm,2016年5月30日读取。

矩'。从心所欲,就是发挥译者的主观能动性;不逾矩就是不违反客观规律。如'杨柳依依'中国译者译为 willows shed tear 就发挥了主观能动性,英国译者 Legge 译成 fresh and green 是否逾矩却有问题,这是中西文学翻译不同的第一点。第二点是英美译者只求'达意',中国译者还要'传情',如上面所说的'千里目'、'一层楼'。第三点,英美译者的文字只表达意义,中国译者还能创造意义。如李白诗'永结无情游'的译法。如果中国文化走向世界,那世界文化就会更光辉灿烂。"①在许渊冲的论述中,确实可以捕捉到多重含义,而其中最为根本的,就是作为译者,他要通过自己的翻译,让灿烂的中国文化走向世界。为了更全面地了解许渊冲的翻译文化观的思想基础与内涵,尤其是许渊冲在其翻译中所体现的文化意识、文化自信与文化立场,笔者尝试着从以下几个方面加以探讨和进一步说明。

1. 许渊冲的翻译实践具有明确的文化指向。在本书的第一章中,笔者已经对许渊冲的翻译实践历程做了梳理,列举了许渊冲在各个不同的历史时期所翻译的主要作品。在国内现有对许渊冲翻译与翻译理论研究的主要成果中,张智中的成果是很有代表性的。在他出版的名为《许渊冲与翻译艺术》的著作中,张智中对许渊冲的生平,尤其是对许渊冲的翻译生涯做了较为全面的介绍。在他著作的附录部分,张智中还详细梳理了许渊冲的著译活动,从 1956 年开始,一直整理到著作完成的 2004 年。在这之后,又过了 12 年,许渊冲的翻译活动不仅一直没有停止,而且他年事越高,仿佛翻译的热情越高,成果越丰富。从他的翻译历程看,他的翻译工作主要围绕两条主线展开:一是翻译

---

① 许渊冲:《中国人、外国人,谁能翻译好诗经李白》,《中华读书报》,2016 年 3 月 9 日第 18 版,http://epaper.gmw.cn/zhdsb/html/2016-03/09/nw.D110000zhdsb_20160309_1-18.htm,2016 年 5 月 30 日读取。

西方国家,主要是英国和法国具有代表性的经典文学名著;二是翻译体现中华传统文化精华的经典作品,涉及诗、词、曲和戏剧作品。对于许渊冲的译事,鉴于在第一章中已经有较为详尽的梳理和介绍,这里不拟赘言。但要特别指出的一点是,许渊冲半个多世纪的翻译历程,以无可辩驳的事实证明,他的翻译活动有着明确的目标和文化指向:如他自己在不同场合一再宣称的,一方面要把外国先进文化引入中国,另一方面要把中国优秀的文化介绍、传播给世界。

2. 许渊冲在翻译活动中特别关注对文本蕴含的文化意义的阐释与转换。英汉语的语言差异以及中西方的文化差异等多种因素,使得译文和原文之间的关系往往充满矛盾与对立。在翻译过程中,许渊冲尤其关注这些矛盾与对立,注重对文本蕴含的文化意义的阐释与转换。诗词中特定的文化或者历史背景往往成为原诗意蕴难以传递的主要原因,许渊冲十分注意调和文本转换中的不可调和的矛盾,弥补翻译过程中中文诗歌所流失的内容,同时尽量保持原诗的文化特色。

如李白的《苏台览古》是一首怀古之作,是诗人游览时,回想起"吴越之争"有感而作。原文为:"旧苑荒台杨柳新,菱歌清唱不胜春。只今惟有西江月,曾照吴王宫里人。"许渊冲的译文如下:

The Ruin of the Wu Palace

Deserted garden, crumbling terrace, willow green,
Sweet notes of lotus songs cannot revive old spring.
All are gone but the moon o'er West River that's seen,
The ladies fair who won the favor of the king.

这首诗有着浓厚的历史背景,"台"是古代的一种建筑,苏台即指姑苏台，是古代吴国的宫殿，供吴王夫差游乐的场所。本诗意在通过描写残破的吴国宫殿，凭吊古迹，抒发对于古今盛衰交替的感慨。然而译者如果遵照原文形式，在题目中直接将"苏台"译作"Su Palace"，则很有可能让缺乏相关历史信息的西方读者误认为这是"苏"国的宫殿。因而，在此处，许渊冲规避了相关的文化缺失，将"苏台"转化为"吴台"。同样，对于"宫里人"，许渊冲也运用了解释性翻译的策略，将其意译为"受宠的女子"，而并非照搬原文为"宫中的女子"。译者对原文的加工处理，使得文本更容易被英语读者所接受。而在翻译西方读者容易理解的意象时，如"旧苑""荒台""杨柳""菱歌""西江月"等，译者则充分尊重原作，亦步亦趋地采用了直译的方法，充分保留原作鲜明的中国文化特征。

3. 许渊冲在翻译活动中对所译文本有着深刻的文化思考。从翻译实践的角度看，许渊冲具有典范性。他数十年来翻译了数量可观的中国文学与文化经典作品，一方面说明他对中国传统文学和文化有着深深的热爱，另一方面也说明他有着深厚的文化底蕴和文学造诣。在对许渊冲的翻译与翻译思想的研究中，研究者们对许渊冲有关翻译的论述关注较多，对其就翻译的具体转换所提出的一些观点有相当深入的考察。从笔者所掌握的有关资料看，许渊冲在其翻译活动中，特别注意对所译文本的研究与思考，关心读者的理解，关心翻译的传播。作为一个有着明确文化追求的翻译家，他在自己的翻译活动中，充分利用副文本的形式，对所译文本进行阐释与解读，向目标读者介绍文本所蕴含的文化特质与价值。清华大学出版社于 2014 年出版的《任尔东西南北风：许渊冲中外经典译著前言后语集锦》一书，可以说比较全面地汇集了许渊冲为其出版的重要翻译文本所精心撰写的副文本，包括前言、序言、后语、译话等形式，具体有六个方面的内容，分别为古今名著英译前言、古今名著英文前言、古今名著法文前言、古今名著英法译文后语、英国名著译话和法国名著前言后语。此外,该书还附了许渊冲撰写的一篇具有总结性的译论:《中国学派的文学翻译理论》。

关于副文本之于翻译传播的作用,翻译学界有过较为深入的探讨,如高方在对中国现代文学在法国的译介与接受的研究中,就特别指出了副文本的重要价值:"阅读中国现代文学的法文本,我们可以看到大多附有译序、前言、译后记或跋。这些文字或针对原作原作者,对作家、作品进行介绍,或考虑到读者的接受语境和接受能力,对社会文化背景,语言、文化、社会差异加以分析,或针对翻译问题,对翻译障碍、理解难点进行讨论,对法国读者理解作品而言,无疑具有启发性的作用。"①许渊冲在翻译活动中有着明确的文化目标。许渊冲在重要的翻译文本出版时,通常情况下,都会撰写序言、后记等,而且根据不同的目标语读者,用中文、英文或法文撰写。上文提及的《任尔东西南北风:许渊冲中外经典译著前言后语集锦》一书,共收录有序言、后语、译话等51篇,其中用英语撰写的16篇,具体涉及的篇目为:《诗经》英文序、《论语》英文序、《老子道德经》英文序、《楚辞》英文序、《汉魏六朝诗》英文序、《唐诗三百首》英文序、《李白诗选》英文序、《唐宋诗选》英文序、《宋词三百首》英文序、《苏东坡诗词新译》英文序、《苏轼诗词选》英文序、《元曲三百首》英文序、《西厢记》英文序、《元明清诗选》英文序、《毛泽东诗词》英文序与《古诗词三百首》英文序。另外还有《古诗词三百首》法译本序。这些序言与后语,都有一个共同的特征,那就是体现出许渊冲拥有广阔的文化视野与深厚的人文情怀。作为一个翻

---

① 高方:《从翻译批评看中国现代文学在法国的译介与接受》,《外语教学》,2009年第1期,第101页。

译家,许渊冲在其翻译中注入了深深的情感,为传播中国优秀文化而不懈努力,且在翻译转换活动中,心中有读者的期待,有自觉的文化交流意识。在《古诗词三百首》法译本序中,可以看到许渊冲以优美而简洁的法语"概述了诗词的发展,简单比较了中西诗的异同。中国古诗重德,西方史诗重勇;中诗重才子佳人,西诗重英雄美人。唐诗重礼乐,爱自然,反对战争;西诗也爱自然与和平。宋诗更重理趣;明清以降,西方日渐强大;中国仍主刚柔相济的中庸之道。中西应互相取长补短,共同建设太平世界"①。在序中,许渊冲以比较的手段,对中西诗代表性诗人的名篇佳句进行分析,如他对李白与雨果颂自然的有关诗句做了比较后指出:

> Les vers de Hugo comme ceux de Li Bai montrent leur amour de la nature. Si les peuples en Occident et en Orient aiment la nature et la paix comme les poètes, il y aurait un monde pacifique et aucun pays ne recourirait à la guerre. Voilà le rôle important que la poésie et la musique joueraient dans l'établissement de la paix pour le genre humain.②

仔细研读许渊冲撰写的译文副文本,我们一方面会禁不住为许渊冲广博的知识和深厚的文学功底而赞叹,另一方面还会为许渊冲深深的历史与人文情怀所感动。他撰写的副文本,始终有一条贯穿其间的

---

① 许渊冲:《任尔东西南北风:许渊冲中外经典译著前言后语集锦》,北京:清华大学出版社,2014年,第327页。
② 许渊冲:《任尔东西南北风:许渊冲中外经典译著前言后语集锦》,北京:清华大学出版社,2014年,第333页。

文化之脉。许渊冲总是从文化出发,对中西诗歌的重要价值予以肯定,对其美感予以传达。他特别强调中西文化有其特色,应该相互交流、取长补短,共同丰富世界文化。如许渊冲在《任尔东西南北风:许渊冲中外经典译著前言后语集锦》的前言开篇写道:"文学评论指出:中国古代的《诗经》可以和西方同时代的《荷马史诗》相比,不过西方歌颂的是斗争中的英雄人物,中国赞美的是和平时期的劳动人民。中国屈原写追求理想的天路历程《离骚》却比西方但丁神游天堂的《神曲》大约要早一千年。中国的唐诗宋词更是独步世界,因为中世纪的西方没有可以相提并论的作品;即使后来西方的古典主义、浪漫主义、现实主义、象征主义推动了世界文学的发展,但在唐代诗人李白、杜甫、白居易、李商隐的诗作中,已经可以发现这些主义的先声。西方文艺复兴之后,出现了莎士比亚等大家,走在世界前列,但中国也有《西厢记》《牡丹亭》《长生殿》《桃花扇》四大诗剧,不让莎剧独占风光。所以从文学评论观点看来,中西各有千秋,应该取长补短,共同繁荣世界文化。"①许渊冲正是以推动中西文化的交流为己任,通过翻译,让各个不同国家与民族的文化接触、碰撞、交流,进而相互借鉴,共同丰富。从许渊冲所撰写的相关译文副文本中,我们特别能感受到许渊冲对文化的深刻思考和对中西文化特色具有揭示性的展示。在对许渊冲翻译思想的研究中,对其译文副文本所蕴含的意义和价值有必要进行进一步的挖掘和阐释。

4. 许渊冲具有文化的自觉,主张通过翻译,弘扬世界和平文化。在新的历史时期,尤其是在全球化的背景下,许渊冲强调精神文明的

---

① 许渊冲:《任尔东西南北风:许渊冲中外经典译著前言后语集锦》,北京:清华大学出版社,2014年,第1页。

重要性,强调中国文化在世界文化中的地位。许渊冲在不同的场合,尤其是在国际学术研讨会上,就"翻译与文化"问题发表了许多重要观点。在《诗书人生》一书中,附录三就以"翻译与文化"为题,摘录了许渊冲分别在清华大学的演讲、在北京大学召开的"中西文化国际研讨会"①上的讲话的部分内容。在全球化进程不断加快的今天,许渊冲有着清醒的文化意识,明确指出:"现在最主要的任务是什么? 21世纪谈得最多的是'全球化',但'全球化'主要是经济全球化,而忽略了一个重要的'文化全球化'! 而我认为,文化和经济是两翼,就像物质和精神,物质文明和精神文明是两翼。只有物质文明,没有精神文明,就不成了,这'全球化'就不是一个健康的'全球化'。"②许渊冲对全球化的思考,是基于对物质与文明两翼的整体考量的。在他看来,在全球化过程中,有的国家,特别是美国,力量强大了,但是光靠物质文明是不够的,他认为"今天西方文化的流弊,正是暴力横行和色情泛滥,如要矫正暴力,只有宣言和平;如要削弱色情,则可求助于礼乐。在我看来,这是西方有识之士转向东方寻求智慧的原因。所谓全球化,并不只限于西方的经济全球化,还应该包括使东方的文化走向世界"③。许渊冲的这段论述,有着深刻的意义。那么,东方文化,尤其是中国文化如何走向世界呢? 许渊冲认为翻译是一条重要的路径。他在"中西方文化交流:许渊冲学术思想与成就研讨会"上明确提出:"如何使孔子的智慧全球化? 如何使中国的文化成为全球的财富呢? 这就需要翻译的艺术了。无论是把外国的先进文化吸收到本国来,或是把本国的

---

① 该次会议是于2001年10月在北京大学召开的,全名为"中西方文化交流:许渊冲学术思想与成就研讨会"。
② 许渊冲:《诗书人生》,天津:百花文艺出版社,2003年,第453页。
③ 许渊冲:《诗书人生》,天津:百花文艺出版社,2003年,第464页。

先进文化宣扬到外国去,都不能没有翻译,因此到了全球化的新世纪,翻译取得了前所未有的重要意义。这次中西文化交流研讨会正是对中西学术思想及翻译理论进行研究讨论,以便对全球文化有所促进;而把中国先进的文化思想引进到世界文化中去,从某个意义上讲来,也是对1988年巴黎宣言的响应。"①细细研读许渊冲的上述讲话,我们可以深刻地体会到作为一个翻译家和一位翻译学者,许渊冲是从文化的高度,对翻译的价值与功能进行定位的。

许渊冲发表这些谈话的时间,大部分是在21世纪之初。一方面,他看到全球化为全球经济发展带来的积极影响;另一方面,他也清醒地意识到,全球化不能没有世界文化的交流与丰富,而翻译恰恰可以起到重要的作用。许渊冲的这一思想有着深刻的内涵。曾任联合国秘书长的布特罗斯·加利先生,在为许钧的《翻译论》撰写的题词中写道:"翻译有助于发展文化多样性,而文化多样性则有助于加强世界和平文化的建设。"②对比许渊冲和加利关于翻译价值与翻译之于世界和平文化建设的作用的认识与定位,可以看到他们精神的相通和思想的一致性。许钧认为:"维护文化多样性,建设世界和平文化,需要翻译活动所体现的开放与交流的文化心态。人类的社会始终处于不断发展的状态之中,而人类社会越发展,越体现出一种开放与交流的精神。人类社会想要走出封闭的天地,首先必须与外界进行接触,以建立起交流的关系,向着相互理解共同发展的目标前进。不同民族语言文化之间的交流,是一种需要。任何一个民族想发展,必须走出封闭的自我,不管你的文化有多么辉煌,多么伟大,都不可避免地要与其他文化

---

① 许渊冲:《诗书人生》,天津:百花文艺出版社,2003年,第464页。
② 许钧:《翻译论》(修订本),南京:译林出版社,2014年,"扉页"。

进行交流,在不断碰撞中,甚至冲突中,渐渐相互理解,相互交融。而在这样一个过程中,翻译始终起着重要的作用。无论是东方还是西方,一部翻译史,就是一部生动的人类社会的交流与发展史。社会发展到今天,随着全球经济一体化步伐的不断加快,世界各国间的科技、经济、文化等领域的交流日渐频繁,对翻译的需要越来越多,翻译的重要性也日渐凸现。"①以此来审视许渊冲对全球化时代翻译的责任、作用和使命的认识,我们就有可能对许渊冲的翻译文化观的思想基础有更深刻的理解:理解许渊冲为什么从年轻时代起,半个多世纪以来一直致力于翻译活动;理解许渊冲为什么要把自己翻译的重点放在译介中国古典文化的精华上;理解许渊冲为什么积极倡导在全球化时代要以翻译去促进文化的交流。

5. 许渊冲具有双向交流的思想,中国文化走向世界,为的是丰富世界文化。正是基于翻译之于文化交流的重要性,许渊冲才明确了自己翻译的方向,要以自己的翻译为世界文化的发展做出贡献。文化自觉,首先要求译者对他者文化和自己民族的文化有充分的了解。结合当今中国文化"走出去"的语境,应该看到,无论是对拟译文本的选择,还是对翻译方法的选择,对他者与自身的深刻了解都显得非常重要。许渊冲就是这样一位清醒的译者,对于西方文化,他有着深刻的认识。比如,许渊冲在1994年由中国文学出版社出版的英译《诗经》序中,比较了《诗经》与荷马史诗《伊利亚特》,指出:"中国史诗注重真和善,西方史诗注重美和力;前者描写平凡人物的日常生活,歌颂农民和猎人的勤劳,人与自然的和谐关系,是现实主义的作品;后者描写非凡人物的强烈感情,歌颂战士的英雄主义,强调了人与自然的矛盾冲突,是浪

---

① 许钧:《生命之轻与翻译之重》,北京:文化艺术出版社,2007年,第236页。

漫主义的作品。中国史诗显示了热爱和平的保守精神；西方史诗突出了个人奋斗的英雄主义。"①许渊冲就《诗经》与《伊利亚特》的精神与特点做了比较，在此，对许渊冲的判断与结论，笔者不拟做进一步的分析。但在其比较中，我们可以看到重要的一点，那就是许渊冲作为一个非常明确自己的文化使命的译家，选择《诗经》进行翻译，是有所参照的，这种参照就是西方文化。许渊冲在翻译《诗经》时，应该在思索，《诗经》对西方读者而言，到底会带给他们什么新的东西？《诗经》之于世界文化而言，到底会有怎样的不同？会对西方文化的发展有怎样的贡献？就此而言，文化的自觉，在许渊冲的翻译过程中已内化为一种开阔的视野，使其可以基于比较而明确不同文化传统与文学经典的异质，而恰恰正是这种异质性可以进一步丰富世界文化。

从许渊冲翻译中国文化精华的漫长历程与不懈追求中，我们可以清楚地看到其所采取的比较的路径所展现的对文化异质性的关注和对他者文化与自身文化的精神的把握。又如他在1994年在湖南出版社出版的汉英对照本《楚辞》的译者前言中，"比较了《离骚》和荷马史诗《奥德赛》：荷马写的是英雄人物经历的海上风险，他过人的智力和身受的痛苦；屈原写的却是诗人追求理想的天路历程，他高尚的品德和内心的悲哀"②。在与异域文化的接触、交流中，如何深刻把握其异质性与不同点，是至关重要的。作为一名译家，许渊冲深知，要了解自身，就必须对他者有清醒的认识。比较的路径，在某种意义上，是任何一个致力于跨文化交流的译者都必须走的。检视许渊冲所译介的中华古诗词曲，我们可以更为真切地体会到歌德所一贯重视的一点，那

---

① 许渊冲：《诗书人生》，天津：百花文艺出版社，2003年，第381—382页。
② 许渊冲：《诗书人生》，天津：百花文艺出版社，2003年，第382页。

就是通过异域之镜,明照自身,在世界文学之林中,相互借鉴与丰富。可以说,许渊冲有关中华文化精英对外译介的论述与思想所折射出来的民族文化意识并不是狭隘的,而是在立足中华文化的基础之上,倡导中西文化在平等竞赛中得到统一与提高,从而达到使全球文化繁荣的崇高目的。他以自信的胸怀言说着中华文化,希望在世界多元文化交流中确立中华民族的文化身份,同时推动全球文化的繁荣。

2014年,许渊冲在《中国外语》上发表《文学翻译与中国文化梦》一文,当时93岁高龄的他进一步重申了他的翻译动机、文化追求与梦想,再次明确指出:"要实现中国文化梦,对于一个文学翻译工作者来说,一方面要把外国优秀的文学作品译成中文,另一方面又要把中国优秀的文学作品译成外文,使中国文化走向世界,使世界文化更加光辉灿烂。由此可见,文学翻译对实现中国文化梦的重要性。"①他接着说,"如何吸收外国文化,又使本国文化走向世界呢?这就和翻译理论有关系"了,他认为"在中西互译的时候,应该避免劣势,争取均势,最好尽可能发挥译语的优势(Excellence),这就是中国文学翻译的发挥译语优势论或'优化论'"。② 在文章的结尾,他强调说:"我的结论是:中国译论水平之高,不在西方译论之下,可以进入世界文化的先进行列,使世界文化发展得更加光辉灿烂,这就是中国的一个文化梦。"③中国的文化梦,对于不同的人来说有不同的表现形式,而对于翻译家许渊冲而言,他的文化梦,是与中国文化走向世界的复兴之梦融合在一起的。同时,作为一位翻译学者,他的梦想具有独特性,那就是在实践层面,他要通过自己具有创造性的翻译,把中国文化的精华推向世界。

---

① 许渊冲:《文学翻译与中国文化梦》,《中国外语》,2014年第5期,第11页。
② 许渊冲:《文学翻译与中国文化梦》,《中国外语》,2014年第5期,第11页。
③ 许渊冲:《文学翻译与中国文化梦》,《中国外语》,2014年第5期,第18页。

在理论的层面,他希望以他丰富的实践为基础而总结发展出来的中国学派的文学翻译理论可以"进入世界文化的先进行列"。这就是一个在翻译领域耕耘了近八十个春秋的老翻译家和翻译理论家的文化梦。他的这种探索与追求在新的历史时期,在中国文化"走出去"成为国家文化战略的背景下,不仅具有重要的现实意义,更具有深刻的精神价值。

第四章 许渊冲翻译美学观

在前面几章的论述中,笔者对许渊冲的翻译理论与实践的关系做了较为系统的思考与分析,在此基础上,对许渊冲的翻译语言观与翻译文化观做了重点的梳理、分析与阐述。我们可以清楚地看到,许渊冲在长达半个多世纪的翻译实践中,对翻译有着非常明确的选择。就其翻译文本的类型看,无论是英译汉,还是汉译英,无论是法译汉,还是汉译法,他所选择翻译的文本类型基本没有例外,主要是文学翻译,其中包括小说翻译、诗歌翻译、戏剧翻译,还有词曲翻译。如果说,作为一个优秀且有文化自觉的翻译家,许渊冲对翻译的理论思考与其丰富的翻译实践是紧密联系的话,那么,他对翻译文本类型的选择在相当程度上,对其翻译理论的思考也产生了重要的影响。实际上,许渊冲的翻译探索,主要是在对文学翻译的思考基础上展开的。而论及文学翻译,除了上文已经关注并阐述的语言与文化层面的问题,还有一个重要层面的问题,那就是翻译的美学问题。就许渊冲的翻译思想而言,因其独特而丰富的翻译实践,他对翻译的理论探索与思考,在一定意义上,可以说着力最重、关注最为集中的,就是翻译的美学层面。

在翻译美学研究方面,笔者注意到一个非常值得关注的现象,那就是较之西方的翻译学者,中国的翻译学者对翻译的美学问题及其探索尤为重视。有学者甚至明确提出:"我有一个很深的信念:中国的翻译理论体系,完全不必步西方后尘,东西方可以各有千秋,相互借鉴。我们应该有独特的中国气派、中国气质。翻译美学也许正是中国翻译理论独具风华的特征之一。"①刘宓庆提出中国翻译学界应该在翻译美学探索方面为世界的译学研究做出独特的贡献,并不是盲目的,而是基于他对中国的思想、文化与文学艺术的创造性特质的把握。他认为:"中国的经史子集、诗词书画实际上都是直接、间接地记叙、描摹、演绎、探索和阐发了人伦美、道德美、人格美、气质美和自然美。中国人所维护的人伦道德观、经世资政观、治学创业观、为人处事观和诗书礼乐观,可以一言以蔽之,是一种对美的追求,特别是对人格美的追求,对美的精神气质的追求。"②刘宓庆在 20 世纪 90 年代初提出的观点,在今天看来,别有深意。如果我们去追索中国翻译学者在这一方面的思考,不难看到,改革开放之后,随着中国国门的打开,思想的禁锢被挣脱,中国翻译家和翻译学者对中国思想与文化在世界上的传播与影响越来越重视,在翻译理论对世界译学的贡献上也有着自觉的担当与追求。许渊冲早在 20 世纪 80 年代初就意味深长地提出:"我想,中国文学翻译工作者对世界文化应尽的责任,就是把一部分外国文化的血液,灌输到中国文化中来,同时把一部分中国文化的血液,灌输到世界文化中去,使世界文化愈来愈丰富,愈来愈光辉灿烂。"③

在上一章中,对许渊冲的翻译文化观,我们已经做了阐述与探讨,在这里,我们需要进一步指出的是,作为"敢为天下先"的翻译理论家,许渊冲一直倡导中国学者应该为译学的发展做出应有的贡献。在他看来,为尽到中国翻译工作者的责任,在文学翻译中,尤其是中国古典诗词的翻译中,应该在翻译艺术上下功夫,因为若要将中国文化瑰宝的血液输入到世界文化中去,其美学精神与美学价值必须在翻译中得

---

① 刘宓庆:《翻译美学导论》,台北:书林出版有限公司,1995 年,第 2 页。
② 刘宓庆:《翻译美学导论》,台北:书林出版有限公司,1995 年,第 2 页。
③ 许渊冲:《翻译的艺术》,北京:中国对外翻译出版公司,1984 年,"前言"第 iii 页。

到有效的体现与传达。基于这样的认识,他一方面系统地检视自19世纪末以来西方翻译家对中国诗词的翻译,比如他注意到在19世纪末期,英国剑桥大学翟理思(Herbert A. Giles)教授的中国唐诗翻译注重诗体,"词义和韵律巧妙地结合",而后来的阿瑟·韦利(Arthur Waley)等译者"抛弃了老套的脚韵和诗歌用语",采用了"自由诗体和白描手法",到了"20世纪70年代,美国印第安纳大学出版了一本《葵晔集——中国三千年诗词选》",在许渊冲看来,此诗词集虽然"是有史以来规模最大的诗词英译本,但是译文重'形似',诗意不浓,不能给世界文化灌输多少新的血液。因此,我觉得有必要恢复Giles以诗体译诗的传统,改正他不够正确的缺点,把翻译的艺术向前推进一步"。① 另一方面,许渊冲结合自己的翻译实践,积极探索翻译艺术,提出了一系列有关翻译美学的新见,逐步构成了其翻译美学观。在本章中,笔者将重点结合翻译美学的一些基本问题,对许渊冲的翻译美学探索历程进行追踪,就其翻译美学思想的有机构成做一阐发与分析。

第一节 翻译的科学与艺术之辨

关于翻译美学,国内的翻译学者除了对翻译艺术有过深入的思考,自20世纪80年代末开始,就已有学者对翻译美学展开过系统的探索和研究。在20世纪90年代初,奚永吉的《翻译美学比较研究》问世,该书以比较为方法,以美学为理论途径,探讨翻译的价值。关于此

---

① 许渊冲:《翻译的艺术》,北京:中国对外翻译出版公司,1984年,"前言"第ⅲ—ⅳ页。

书,王志刚有评说:"书中通过多种例证,从原作与译作的意象、境界、风格、题旨、修辞等方面,从审美角度进行比较研究,旨在加深对原作与译作的审美认识与感受,从而加强对各种文学现象及其规律的审美判断与传达。"①2000年,奚永吉对翻译美学的探索又获得新的成果,出版了《文学翻译美学比较研究》一书,该书"从语言、文体、艺术性等各个方面,对文学翻译的美学问题进行全面的观照和探索,同时,强调文字、文学之美扎根于文化的深厚土壤才会有丰富的美的内涵,书中跨时代、跨地域的文学翻译美学比较,处处都以跨文化的比较为基础和着眼点,从而赋予了他构建的文学翻译比较美学以深厚的文化内涵"②。

如果说奚永吉对翻译美学的探讨,主要是基于对原作与译作的比较,以丰富的例证来揭示文学翻译中的美学问题的话,那么刘宓庆的《翻译美学导论》则是一部对翻译美学进行系统研究,旨在构建具有中国特色的翻译美学的、具有开拓性价值的著作。关于写作此书的动机与追求,著者刘宓庆有较为明确的交代:"中国人的伦理道德观是美学型,美是中国精神文化之最深厚的土壤。我正是怀着这种信念,写了这部《翻译美学导论》,立意是用美学的基本原理和结构框架来阐释翻译的实质、过程和功能。"③此后,在文学翻译的美学研究方面,中国翻译学界有不少新的成果值得特别关注,如冯建文的《神似翻译学》④、郑海凌的《文学翻译学》⑤、王向远的《翻译文学导论》⑥等。虽然这些著作研究的重点各有不同,但书中都有对翻译美学的探讨。如冯建文

---

① 奚永吉:《翻译美学比较研究》,南京:南京出版社,1992年,王志刚"序",第2页。
② 奚永吉:《文学翻译比较美学》,武汉:湖北教育出版社,2001年,许钧"序",第2页。
③ 刘宓庆:《翻译美学导论》,台北:书林出版有限公司,1995年,第6页。
④ 冯建文:《神似翻译学》,兰州:敦煌文艺出版社,2001年。
⑤ 郑海凌:《文学翻译学》,郑州:文心出版社,2000年。
⑥ 王向远:《翻译文学导论》,北京:北京师范大学出版社,2004年。

的书中,明确提到"神"一说,就属于美学范畴。王向远在其书中,辟专章讨论翻译美学问题,章名为"审美理想论"①。郑海凌更是在把握文学翻译的实质的基础上,提出了"翻译和谐说":

>传统的翻译标准,从"信达雅""神似"到"化境",都过于强调"求真""求信",而"和谐说"则注重"求和""求美"。"和谐说"求美,并不是抛开原作去自由创作,而是在忠实于原作的前提下求美,在"信"与"美"的矛盾对立中把握分寸。通过不断解决两种不同语言、文化之间的"隔"与"不隔"之间的矛盾,达到整体上的和谐一致。"和谐说"以我国古典哲学中的整体和谐观念为理论基础,适合我国译者的审美习惯和思维方式,以翻译中的差异对立为前提,强调这种差异、对立因素在对立统一、转化生成的过程中达到和谐。②

就其所论而言,可以清楚地看到,郑海凌提出的"和谐说"的立论基础与中国传统哲学的美学观具有密切的联系。上述这些有关翻译美学探索的成果,大都是20世纪90年代和21世纪初取得的。而其中所论的一些核心概念,如神韵、神似、美、审美等,构成了中国翻译学者特别关注的对象。就此领域的研究与探索而言,许渊冲在翻译艺术与美学方面的思考是结合其本人的翻译实践展开的。从时间上看,他是改革开放之初率先提出翻译"三美"论的翻译学者。1984年,许渊冲将其在20世纪70年代末以来在国内一些重要学术刊物上发表的有关

---

① 王向远:《翻译文学导论》,北京:北京师范大学出版社,2004年,第119—222页。
② 郑海凌:《文学翻译学》,郑州:文心出版社,2000年,第164页。

翻译标准、翻译矛盾、翻译与创作的关系等的思考文章,结集出版《翻译的艺术》一书。之后,他又结合自己的翻译实践,就翻译的美学问题发表了一系列重要文章,提出了一些备受中国翻译学界关注的新见,有的还引起了论争,在一定程度上推动了中国译学的建设与发展。

论及翻译美学问题,首先必须面对和思考的,也是无法回避的问题,就是翻译界在很长一段时间里一直争论不休的问题:翻译是科学还是艺术?许渊冲对此问题有深入的思考,其论文集取名为"翻译的艺术"就有其深意。就笔者所掌握的材料看,国内凡涉及翻译美学与文学翻译的思考,几乎无一例外,均会对此问题或做出阐述,或表明立场。刘宓庆在其《翻译美学导论》里,就把这一问题立为考察的首要问题。该书的第一章,题为"翻译的科学性",作者开篇这样写道:

> 翻译究竟是科学,还是艺术?关于这个问题的论争,由来已久。引起这一论争的原因,大抵有三:其一是历来对"翻译"一词的界定模糊不清,这个词的涵盖面过于宽泛。"翻译"常用于指翻译实务、翻译实践及翻译活动或过程。有时,"翻译"用于指职业或职务,中国古代称之为"象胥"。在欧洲,翻译还用于指一种服务行业,古代的"翻译"是沟通希腊语、拉丁语和罗曼语(Romance Languages)的一种近乎匠人(craftsman)的行会组织,最早出现在文艺复兴(Renaissance, c1350 - c1650)以前的中部意大利古城佛罗伦斯(Florence)。最后,大约从本世纪五六十年代起,"翻译"又常与"翻译学"(Translatology)混为一谈。这三种概念内涵有近于技艺者,有近于科学者,语义交叉流变,言者听者各取其义,亦莫辨其意。其二,这也是最主要的一个原因,即对翻译的属性分析过于简单、片面,流于非此即彼或以偏概全。简单化的分析往往

是从分析者对翻译的直感或个人的有限经验出发,进行非此即彼的判断和分类,把翻译的科学性和艺术性视为互不相关甚至相互排斥、相互对立的属性。①

刘宓庆之所以在探讨翻译美学问题时,首先要回答翻译是科学还是艺术的问题,其根本原因在于,只有明确了翻译的根本属性,才有可能对翻译有真正的理解,才有可能从根本上去把握翻译艺术。在刘宓庆看来,翻译的科学性与艺术性是并不相互排斥的。在他看来,翻译的科学性是第一位的,"离开了对翻译的科学性的正确认识,就不可能对翻译的实质(双语间意义的对应转换)有一个准确的了解,不可能真正把握翻译艺术性的基本特征,把握以科学的途径获得翻译的艺术性的基本手段"②。但同时,刘宓庆又指出:"翻译既是科学,又是艺术。因此翻译艺术存在于一切翻译活动中。只要一位译者动笔翻译,他就必然要面临一项如何科学地运用思维、分析意义以及如何艺术地选择词语、调整句式的双重任务。"③仔细体会刘宓庆的论述,我们也许可以这样理解他的观点:翻译的根本属性是科学性,但也存在艺术性。而在翻译活动中,以刘宓庆所述,似乎科学与艺术有较为明确的分工,那就是他所说的"运用思维、分析意义"要科学,而"选择词语、调整句式"要艺术。

关于翻译是科学还是艺术之辨,古今中外,确实如刘宓庆所言,有不同意见和观点,法国翻译理论家乔治·穆南在其《翻译的理论问题》一书中也有论及。在该书中,乔治·穆南列举了法国著名翻译家爱德

---

① 刘宓庆:《翻译美学导论》,台北:书林出版有限公司,1995年,第7页。
② 刘宓庆:《翻译美学导论》,台北:书林出版有限公司,1995年,第25页。
③ 刘宓庆:《翻译美学导论》,台北:书林出版有限公司,1995年,第32页。

蒙·加里的观点。爱德蒙·加里是位经验丰富的文学翻译家,他译过许多文学经典和诗歌,基于此,加里明确提出:"文学翻译不是一种语言活动,而是一项文学活动。"①就此,加里还认为,"诗歌翻译是一种诗歌活动,要译诗,译者必须善于表现出诗才。剧作翻译若要达到演出的要求,就不可能是语言活动的结果,而是戏剧活动的成果,不然,语言是译过来了,但因为不注意戏剧艺术,却不能供演出。至于电影译制,更是一种超越了语言学范围的特殊的电影艺术活动,因为对应词语的选择必须尊重演员的口形、语流、动作以及影片的音乐、画面和视像规定的情景,甚至还要考虑到群体观众的社会反应等"②。乔治·穆南对这些观点的合理性给予了充分的肯定,但他还是坚持认为翻译活动隶属于科学认识范畴,尤其是隶属于语言分析范畴。

中外翻译学界对于翻译的科学性与艺术性的认识,可以说至今还没有定论。许渊冲对翻译活动的属性有非常明确的观点,在就《红与黑》的汉译问题与许钧的论争中,他针对许钧对其译文提出的不同意见与观点,明确回应道:

> 李政道在《名家新见》(《光明日报》1996年6月24日)中说得好,"艺术,例如诗歌,……用创新的手法去唤起每个人的意识或潜意识中深藏着的已经存在的情感,情感越珍贵,唤起越强烈,反响越普遍,艺术就越优秀。"我看,艺术当然包括翻译的艺术在内。总而言之,我看我和许钧有三大分歧:

---

① Georges Mounin, *Les problèmes théoriques de la traduction*, Paris: Gallimard, 1963, p. 6.
② Georges Mounin, *Les problèmes théoriques de la traduction*, Paris: Gallimard, 1963, p. 14;转引自许钧:《当代法国翻译理论》,武汉:湖北教育出版社,2004年,第18页。

第一,在认识论方面,他认为翻译是科学,我认为翻译是艺术。他要用科学方法来解决翻译问题,认为翻译的公式是1+1=2,一个字只有一个"等值"的译法;他只重视词的表层形式,更重"形似",更重"直译",结果成了他自己说的斤斤计较于"微观细节"的"文字翻译匠"。我却要用艺术方法来解决翻译问题,认为文学翻译的公式是1+1>2,译字句都要发挥译语的优势(许钧称之为"讹"),更重深层含义,更重"神似",更重"意译",这是我们之间的第一个分歧。①

关于翻译的属性,许渊冲的观点是坚定而明确的。在他看来,"翻译是艺术"。他不仅表明了观点,更值得注意的是,他把这一认识定位为认识论的范畴。关于他与许钧的三个方面的分歧,在此笔者不拟深加论说与分辨。仅就翻译美学的探索而言,许渊冲坚持认为翻译是艺术,有其深刻而缜密的思考。如果我们将刘宓庆、穆南与加里的有关观点做一比较和分析,不难发现就翻译的属性而论,确实如许渊冲所言,形成了意见分歧的两派,一是科学派,二是艺术派。就乔治·穆南而论,我们都知道他的《翻译的理论问题》标志着法国译论的新开端,按照许钧的评价,"乔治·穆南对翻译持科学和客观的态度。对于20世纪50年代初西方的翻译语言学派与文艺学派之争,乔治·穆南身为语言学家,没有贸然投入语言学派的阵营,而是以科学的态度加以分析,认为翻译语言学派与文艺学派不可调和的观点显然与对翻译活动缺乏客观、科学的全面分析有关,它们虽含有各自的合理成分,但都失之片面,走上极端,指出'这两种极端的观点都只是看到翻译活动的

---

① 许渊冲:《谈重译:兼评许钧》,《外语与外语教学》,1996年第6期,第59页。

一个方面,但实际上翻译活动是多方面的'"①。乔治·穆南之所以对翻译的属性如此关注,其重要原因之一,就是在明确了翻译的科学属性之后,就可以正当地将翻译活动纳入科学研究的范围,其构建的翻译的理论问题就具有了科学性的身份。刘宓庆的观点与乔治·穆南有相通之处,他坚持认为"翻译具有明显的综合性,它既是科学,又是艺术,其中科学性是其基本属性,艺术性是它的属于第二位的属性"②。由此看来,翻译的科学派虽然都强调翻译具有科学性,但并没有完全否认或排斥翻译的艺术性。其中重要的原因之一,就是翻译是一种复杂而且丰富的活动。而许渊冲与他们的观点完全不同,他坚持认为翻译是艺术,原因是多方面的。

首先,确实如乔治·穆南所说,翻译活动是多方面的,比如加里所说的文学翻译,尤其是诗歌翻译、戏剧翻译、电影译制等。我们特别注意到,许渊冲丰富的翻译实践基本上都集中在文学翻译方面,而且其中很大一部分是中国诗词曲的翻译。如果说许渊冲的翻译思想是他在长期且丰富的翻译实践中所形成的话,那么其翻译活动的类型对其翻译思想的形成,尤其是对其翻译美学思想的形成,具有不可忽视的影响。更确切地说,许渊冲所说的翻译,有着明确的指向,那就是文学翻译。而我们通常所说的翻译,很大一部分不属于许渊冲所指的翻译范围。在新的历史时期,谢天振认为翻译活动发生了根本的变化。他在多个学术研讨会上指出,在当今时代,翻译活动的变化是根本性的,主要表现在翻译的主流对象发生了变化,传统典籍、文学名著退居边缘化的地位,取而代之的是实用文献、虚拟文本等。翻译的方式也发

---

① 许钧:《当代法国翻译理论》,武汉:湖北教育出版社,2004年,第41页。
② 刘宓庆:《翻译美学导论》,台北:书林出版有限公司,1995年,第8页。

生了变化,由历史上的个人文化行为逐步演变为团队合作行为,且口译的比重越来越大。翻译的工具、手段也同样发生了变化。这方面的变化主要体现在翻译软件、语料库等现代科技手段对翻译的介入。翻译如今的这些变化,尤其是实用文献的翻译,包括科学文献、政策法规、技术材料、商业文书等,显然不在许渊冲所说的翻译范围之内。因此,许渊冲所说的"翻译是艺术",其明确所指是:文学翻译是艺术。

其次,许渊冲从认识论的高度,将翻译定位为艺术,有其理论的系统考量。从他对许钧的回应中,可以清楚地看到,如果翻译是科学,在他看来就必然要"用科学方法来解决翻译问题",如果翻译是艺术,那么,就会用"艺术方法来解决翻译问题"。也就是说,在许渊冲看来,翻译的科学与艺术之定位,不仅仅是认识论的问题,而且从认识论出发,还直接影响翻译的方法论。何为翻译的科学性?刘宓庆认为翻译的科学性主要体现在两点:一是"翻译运作的'存在实体'即原语具有不以人的主观臆想为转移的语义内涵",二是"翻译运作主要凭借抽象思维,辅之以形象思维,也就是俗语所说的'科学思维',而不是'艺术思维'"。① 据此,翻译的转换依靠的是概念、推理与逻辑。许渊冲提出翻译是艺术,其重要的原因之一,就是要破除这样的认识,从根本上把文学翻译活动纳入艺术活动范畴,那么思维方式就不是刘宓庆所说的"科学思维",而是"形象思维"了。在笔者看来,也许正是基于这样的认识,许渊冲才坚持文学翻译要遵循艺术规律,以艺术的方式来处理翻译问题。

最后,许渊冲提出翻译是艺术,还有其更为深刻的考虑,那就是强调翻译具有创造性。在许渊冲看来,翻译的艺术性,在很大程度上,体

---

① 刘宓庆:《翻译美学导论》,台北:书林出版有限公司,1995年,第10页。

现翻译有着创作的某些特征。在《翻译的艺术》一书中,他收入了一篇具有探索性的文章《文学翻译等于创作》。在翻译学界,对翻译与创作的关系有不少探讨,认识也在不断加深。从初期的"翻译是模仿"的观点,到许渊冲所明确提出的"文学翻译等于创作"的思想,可以说,对于翻译的创造性,学界从来没有停止过思考。许渊冲在20世纪80年代初提出的这一观点,具有重要的开拓性与探索性。在这篇文章中,许渊冲开宗明义,援引郭沫若的话,指出:"文学翻译'与创作无以异','好的翻译等于创作,甚至超过创作',因此,文学翻译须'寓有创作精神'。"①在这篇文章中,许渊冲还阐明了茅盾于1954年8月18日在全国文学翻译工作会议上所做的报告《为发展文学翻译事业和提高翻译质量而奋斗》中的主要精神:"把文学翻译工作提高到艺术创造的水平,是我们今后要努力的一个目标。"②在此基础上,许渊冲在文中没有对"翻译等于创作"的观点进行纯学理的探讨与阐述,而是从英译汉、法译汉、汉译英、汉译法等四个方面,以国内外一些著名翻译家独特而丰富的翻译实践和具体文本为例,进行细致而深刻的分析,旨在揭示文学翻译的创作性,最后提出了有关文学翻译创造性的四个重要观点:

  一、文学翻译要"忠实于原作的意图"(详见《谈法译汉》);
  二、要"运用适合原作风格的文学语言"再现原作,就是我所说的"发挥译文优势"(详见《谈英译汉》);三、诗词翻译要创造性地传

---

  ① 许渊冲:《文学翻译等于创作》,见许渊冲:《翻译的艺术》,北京:中国对外翻译出版公司,1984年,第202页。
  ② 茅盾:《为发展文学翻译事业和提高翻译质量而奋斗》,见罗新璋、陈应年:《翻译论集》(修订本),北京:商务印书馆,2009年,第578页。

达原作的"意美、音美、形美"(详见《谈汉译英》);四、"好的翻译等于创作",但并不是"随心所欲"的翻译而是"从心所欲,不逾矩"(详见《谈汉译法》)。①

在许渊冲的翻译美学思想的形成过程中,这篇文章特别值得关注。一方面,他以"我国的文学翻译家郭沫若、茅盾、瞿秋白、朱光潜等对创造性的翻译"②的有关论述为依据,对文学翻译的创造性思想做了较为系统的阐述与总结;另一方面,在此基础上,他在此后的翻译实践与翻译理论的探索中,对这篇文章中提出的观点又有了深化,有的甚至有一定的修正。从上文他所提出的四点中,可以看到在译作与原作的关系方面,他对传统的"忠实"观在总体上还是持肯定的态度的。关于风格,他用的是"再现"一词。在其后的有关翻译创造性的探索中,其思想也在不断发展,在后文中,笔者将进行更为细致的讨论。

从翻译是艺术,到强调翻译的创造性,对于许渊冲翻译美学观的形成,具有特别的意义。在实践的层面,其有助于提高文学翻译的质量,如茅盾所言,"我们对于提高翻译质量的要求,是以艺术的创造性的翻译为目标的"③。在理论的层面则有助于拓展对翻译本质的认识,进而推动文学翻译理论的发展,尤其是对翻译美学的探索。实际上,无论中外,对文学翻译的艺术性、创造性的认识在很长一个时期内都是比较保守的。著名翻译家余光中在《翻译和创作》一文中为翻译的

---

① 许渊冲:《文学翻译等于创作》,见许渊冲:《翻译的艺术》,北京:中国对外翻译出版公司,1984年,第223页。
② 许渊冲:《文学翻译等于创作》,见许渊冲:《翻译的艺术》,北京:中国对外翻译出版公司,1984年,第222—223页。
③ 茅盾:《为发展文学翻译事业和提高翻译质量而奋斗》,见罗新璋、陈应年:《翻译论集》(修订本),北京:商务印书馆,2009年,第578页。

创造性一直被轻视或者忽视而感到遗憾:"希腊神话的九缪斯之中,竟无一位专司翻译,真是令人不平。翻译之为艺术,应该可以取代司天文的第九位缪斯尤瑞尼亚(Urania);至少至少,也应该称为第十位缪斯吧。对于翻译的低估,不独古希腊人为然,今人亦复如此。一般刊物译文的稿酬,往往低于创作;教育部审查大学教师的学力,只接受论著,不承认翻译;一般文艺性质的奖金和荣誉,也很少为翻译家所设。这些现象说明了今日的文坛和学界如何低估翻译。"①余光中从历史和现实两个方面指出翻译被低估的现象。这一现象的出现,虽然有多重原因,但其中最为重要的,是对翻译的艺术性和创造性认识不清,甚或对翻译的观念有谬。余光中认为:

> 流行观念的错误,在于视翻译为创作的反义词。事实上,创作的反义词是模仿,甚或抄袭,而不是翻译。流行的观念,总以为所谓翻译也者,不过是逐字逐词地换成另一种文字,就像解电文的密码一般;不然就像演算代数习题一般,用文字去代表数字就行了。如果翻译真像那么科学化,则一部详尽的外文字典就可以取代一位翻译家了。可是翻译,我是指文学性质的,尤其是诗的翻译,不折不扣是一门艺术。②

对于余光中所指出的这一错误的流行观念,许钧在对翻译的研究中,也有明确指出。他在论及翻译本质特征之一"翻译的创造性"时指

---

① 余光中:《翻译和创作》,见余光中:《余光中谈翻译》,北京:中国对外翻译出版公司,2002年,第30页。
② 余光中:《翻译和创作》,见余光中:《余光中谈翻译》,北京:中国对外翻译出版公司,2002年,第30页。

出:"翻译的创造性是人们长期以来忽视的一个本质特征。在人们传统的认识中,翻译是一种简单的语言转换活动,只要精通两门语言,整个转换便可轻易进行,就像把一只瓶里的液体倒入另一只形状不同的容器中。翻译的机械性可从一些传统的比喻中得到显示,类似于翻译是'再现'、是'摹本','如翻锦绮,背面俱花'等等说法,都从一个侧面说明翻译在一个相当长的历史时期,往往被视作一种机械性的语言转换活动,其创造的性质被完全遮蔽。"① 在许钧看来,"把翻译视作机械的语言转换行为的传统观点客观上遮蔽了翻译的创造性,由此而进一步导致了翻译在实践中出现的许多困难得不到妥当的解决"②。对翻译实质的认识和对翻译的观念的认识,对社会理解翻译、正确评价翻译的价值具有重要的意义。许渊冲之所以一再坚持翻译是艺术,并在此基础上大胆地提出"翻译等于创作"的论断,自然有其破除历史上陈旧或错误的翻译观念的考量,但更为重要的是,为文学翻译的求美之根本在理论上寻找合法性,进而为其在实践中的美学探索开辟可能的途径。

第二节　文学翻译的艺术重在求美

在上文中,笔者结合翻译美学必须首先回答的翻译属性问题,也即翻译的科学性与艺术性问题,对许渊冲的翻译艺术性与创作性之观

---

① 许钧:《翻译论》(修订本),南京:译林出版社,2014年,第49页。
② 许钧:《翻译论》(修订本),南京:译林出版社,2014年,第49—50页。

点产生的实践背景、理论基础及其意义做了探讨。那么,在明确了文学翻译是艺术之后,会紧接着追问:翻译的艺术性追求的是什么?在文学翻译活动中,如何体现翻译的创造性?

  在文学翻译的审美活动中,凡是有经验的译家,对翻译的艺术性均持肯定的态度。但是,在很多翻译家或者翻译理论家看来,翻译艺术的创造性与创作是有区别的。著名日本文学翻译家李芒在与许钧的文学翻译对谈中,非常明确地指出,文学翻译的创造性,是一种"再创造",须以再现原作为前提。① 他还以中国的日本文学翻译界的某些具有倾向性的问题为例,对某些脱离原文的"再创作"提出批评:"日本文学翻译中主要带倾向性的问题,其一是不分具体情况把一节原文整个打乱,重新加以组合(如果确实有此必要的话,当然并无不可)。或者为了凑足译者理想的形式,随意外加词语,称其名曰'再创作'。这样,译得好些的,充其量只能做到与原作大体上差不太多。假如译者误解了原文,再创作的结果就不堪设想了。'差不太多',也是差;'不堪设想',那就离谱过远了。"②李芒在此提出的问题,应该说是翻译实践层面的问题,与许渊冲所主张的翻译创作的观念有很大的差别。实际上,无论中外,在很多译家看来,翻译艺术在很大程度上是一种从属的艺术。贝洛克曾经指出:"翻译一直是一种从属的、第二性的艺术。由于这种原因,人们从不把翻译看成是创造性的工作,对翻译的衡量也就造成了负面的影响,使人们低估翻译的价值,降低翻译的标准,从而从根本上毁灭翻译艺术。这还使人们不了解翻译的性质、翻译的重

---

  ① 参见李芒、许钧:《翻译,再现原作的再创作》,见许钧等:《文学翻译的理论与实践:翻译对话录》(增订本),南京:译林出版社,2010年,第36页。
  ② 参见李芒、许钧:《翻译,再现原作的再创作》,见许钧等:《文学翻译的理论与实践:翻译对话录》(增订本),南京:译林出版社,2010年,第20页。

要性以及翻译过程中存在的困难。"①贝洛克在这里提出了一个非常重要的问题,那就是翻译艺术的从属性,在他看来,这一观念长期以来产生了不可忽视的负面的影响。从这一观念出发,对翻译的本质、翻译的价值的认识就会产生理论意义上的遮蔽,在实践的层面会不利于对翻译障碍的认识,不利于产生具有创造性质的译文。但是,对于翻译理论界来说,在考量翻译的艺术性和创造性的时候,不能回避译作与原作的关系。刘宓庆在其《翻译美学导论》一书中,就从译作与原作的关系出发,提出了这样一个观点,那就是翻译的艺术性具有"依附性"。他认为:

> 翻译不是文艺创作。翻译者不能脱离原语的种种艺术要素,自行其是。从事文艺创作可以"神与物游","登山则情满于山,观海则意溢于海,我才之多少,将与风云而并驱"(《文心雕龙·神思》)。翻译不容神思于山海,恰恰相反,翻译者厕身其中的是一块荆棘丛生的方寸之地,脚下布满了陷阱。"方寸之地见功夫",是翻译艺术的显著特点,也就是我们所说的依附性。翻译必须密切与原文对应契合,翻译者必须与原作者"亦步亦趋",翻译艺术的妙理,全在这方寸之地的亦步亦趋中,力求做到与原作者一样或情满于山,或意溢四海。翻译者的才情,也在"神与物游",不过这个"物"不是江河山水,而是眼前这既实实在在又朦朦胧胧的原文:实实在在,是原文的语言结构,文句安排;朦朦胧胧,是作品的风格神韵,作者的风骨情怀。翻译者永远不可能乘兴之所至,挥

---

① 转引自廖七一等:《当代英国翻译理论》,武汉:湖北教育出版社,2001年,第333页。

洒自如,他受到"方寸之地"的限制,原作的"情、志、意"的限制。①

刘宓庆在这里所讨论的是翻译的艺术性特点,即翻译艺术的依附性。他是在讨论"翻译的艺术性"一章中提出这个问题的,在他看来,翻译有个前提,就是须以原文为依归。就此而言,他区分了创作者的自由与翻译者的限制,前者神与物游,面对的是世界,是山水大海与风云,而后者则只有方寸之地,那就是"原文"。鉴于此,刘宓庆多次用了"必须"一词来规定翻译者的行动,那就是对"原文"必须亦步亦趋。而且,翻译艺术之妙,恰恰在于翻译者要在受到限制的"方寸之地",通过亦步亦趋,来尽可能地"做到与原作者一样或情满于山,或意溢四海"。由此来观翻译的艺术,确实如刘宓庆所言,翻译艺术具有依附性。

以刘宓庆所强调的这一翻译艺术的依附性为参照,再反过来去看在上一节所援引的许渊冲有关翻译艺术性的那段文字,可以发现两者有一定的共同点,那就是两者都非常重视译作与原作的关系。许渊冲在那段文字中四次提到了"原作"一词,而且还用了"忠实""再现"这样一些带有传统翻译思想色彩的术语,这充分说明了翻译活动不可能离开原作,更不能背离原作,就此而言,许渊冲是有着清醒的意识的。但是,如果说翻译的艺术性的基本特征是"依附性",那么,译作就是对原作依附性的产物,从根本上看,翻译就成了贝洛克所批评的"从属的、第二性的艺术",刘宓庆所强调的"亦步亦趋"便成了正当的要求。而恰恰在这一点上,许渊冲的思想与刘宓庆的观点有本质的区别。

---

① 刘宓庆:《翻译美学导论》,台北:书林出版有限公司,1995年,第32—33页。

两者的重要区别之一,在于观念上,刘宓庆强调翻译的艺术性是第二性的,具有依附性,而许渊冲强调翻译的艺术性是本质性的。由此去看译作与原作的关系,则可能会有很大的不同:按照前者的观点,译作依附于原作,是从属性的,因此对原作"亦步亦趋"是译者必须遵守的行为准则;而在许渊冲的思想里,译作固然要"忠实",要"再现",但许渊冲不是要依附于原作,而是增加了译者的自由。笔者特别注意到,许渊冲要忠实于原作的"意图",而不是"原文","意图"一词与"原文"一词有着重要的差别,其用意在于要突破原文的语言层面的束缚,进入原作的深层,指向原作,也即原作者的意图。关于译作与原文之关系,许钧也有过深入的思考与讨论。在《试论译作与原作的关系》一文中,许钧指出:"对翻译而言,原作的语言是非要变形不可的,这是翻译的出发点之一。但原作作为原作者的言语产物,有其独特的本质,而我们在翻译时所力求要做到的,正是要把这种特质以另一种语言建构起来,大到整体的和谐,小到细节的真实。然而在这个建构的过程中,译者正是要在打破语言层面的障碍时,透过原作的语言层面,指向原作所意欲表现的世界。这个原作所意欲表现的世界,可以因作品而异,包含多方面的内容,如人性与神性、现实世界与超验世界、仿自然与超自然等因素,又如现实与情感、物质与精神等方面。这一切方面,都可以构成原作者指向的源,而译作与原作的关系中,最为本质的就是这种同源的指向。语言表层的同等或同一,不是翻译所要达到或所能达到的,而译作与原作的同源性,确保了译作与原作不可能割断的血缘关系。"[①]许钧的这段话,从很大程度上说明了许渊冲的观点的重要性。实际上,在文学翻译过程中,翻译者仅仅对原文这一"方寸之

---

① 许钧:《历史的奇遇:文学翻译论》,南京:南京大学出版社,2015年,第46页。

地"亦步亦趋是不够的,而且事实是,翻译者也不可能只面对原文,要达到许渊冲所说的艺术性,还要指向原作者的意图,指向原作所意欲表达的世界。此外,笔者还注意到,许渊冲在谈到"再现原作"时,还提出要"发挥译文优势"。就此而言,许渊冲的思想有着现代诠释学的参照。伽达默尔曾经就翻译的任务说过:"赫尔默斯是神的信使,他把诸神的旨意传达给凡人——在荷马的描述里,他通常从字面上转达诸神告诉他的消息。然而,特别在世俗的使用中,Hermēneus(诠释)的任务却恰好在于把一种用陌生的或不可理解的语言表达的东西翻译成可理解的语言。翻译这个职业因而总有某种'自由'。翻译总以完全理解陌生的语言,而且还以对被表达东西本来含义的理解为前提。谁想成为一个翻译者,谁就必须把他人意指的东西重新用语言表达出来,'诠释学'的工作就总是这样从一个世界到另一个世界的转换,从神的世界转换到人的世界,从一个陌生的语言世界转换到另一个自己的语言世界。"①以伽达默尔的观点来看许渊冲关于"发挥译文优势"的思想,不难看到,作为译者,对原文亦步亦趋是无法完成翻译的根本任务的,一定要从原文中走出来,"转换到另一个自己的语言世界",而发挥译文的优势的意义,就在于此。

除了上述的差别,许渊冲还提出了一个重要的观点:文学翻译,特别是诗词翻译,要有创造性。那么,这一创造性的任务是什么呢?从美学的角度看,文学翻译艺术要创造什么呢?对此问题,许渊冲不仅有深入的思考,而且结合自己的翻译实践和中外翻译家的翻译经验,予以了非常明确的回答:

---

① 转引自洪汉鼎:《理解与解释:诠释学经典文选》,北京:东方出版社,2001年,第2页。

科学研究的是"真",艺术研究的是"美"。科学研究的是"有之必然,无之必不然"的规律;艺术研究的却包括"有之不必然,无之不必不然"的理论。如果可以用数学公式来表示的话,科学研究的是 $1+1=2, 3-2=1$;艺术研究的却是 $1+1>2, 3-2>1$。因为文学翻译不单是译词,还要译意;不但要译意,还要译味。只译词而没有译意,那只是"形似":$1+1<2$;如果译了意,那可以说是"意似":$1+1=2$;如果不但是译出了言内之意,还译出了言外之味,那就是"神似":$1+1>2$。①

许渊冲对于翻译艺术性的认识是非常彻底的,他不仅认为文学翻译是艺术,而且认为文学翻译理论也是关于艺术的理论。如果说艺术研究的是"美",那么,不言而喻,艺术所求的也是"美"。翻译艺术的创造性,也就在于"美"。许渊冲的这一思想观点,在其长期的翻译实践中得到不断的总结,在与许钧的对话中,他明确了自己的翻译美学主张,将其有关翻译美学的思考与探索,归纳为"美化之艺术":

我的文学翻译理论可以概括为"美化之艺术"。一、"美"指意美、音美、形美"三美";用英文来说,就是 best words in the best order。Best words 指具有意美、音美的文字,best order 指具有形美和音美的次序。语言学派不谈美,下焉者只谈"形似",上焉者也只谈"意似",却不谈"神似",不谈"创造性"。二、"化"指等化、浅化、深化"三化";一句话,就是化为原作者用译语的创作。三、

---

① 许渊冲:《译者前言》,见许钧:《文字·文学·文化:〈红与黑〉汉译研究》(增订本),南京:译林出版社,2011年,第254页。

"之"指知之、好之、乐之"三之";使读者知道原作说了什么,对译作有兴趣,译作对读者有吸引力。四、"艺术"指"从心所欲,不逾矩"。"三美"是本体论,"三化"是方法论,"三之"是目的论,"艺术"是认识论。这就是"美化之艺术"。①

从许渊冲上述的文字可以看到,较之于 20 世纪 80 年代初提出的一些观点,特别是在《翻译的艺术》一书中提出的有关"三美"与翻译和创作的关系的观点,应该说,许渊冲对翻译美学的思考有了一些新的特征:一是越来越趋于整体的思考,趋于系统的研究;二是思考越来越严密;三是无论是对外译汉,还是对汉译外的思考,都特别强调他上面提出的"美化之艺术"的思想。

笔者在上文中就翻译的本质特征问题,对许渊冲就翻译艺术性与创造性提出的主要观点做了梳理与分析,在此基础上,对其理论与实践的价值做了阐述。讨论翻译美学问题,总体而言,对翻译的审美客体、审美主体、审美手段与审美效果的探讨应该是重点。而最为关键的一个词,就是"美"。许渊冲在《再谈中国学派的文学翻译理论》一文中对其有关翻译美学的思考做了探源性的阐述。文中,在对孔子与老子的相关思想做了分析之后,许渊冲这样指出:"从老子的本体论(或矛盾论)和认识论(或优化论)和孔子的实践论(或方法论)和艺术论看来,两人的思想是相通的,是可以互相补充的。如根据老子的矛盾论看来,可以说文学翻译的主要矛盾是'信'与'美'的矛盾;而根据孔子的艺术论看来,则可以说主要是科学和艺术的矛盾,科学求真,艺术求

---

① 许渊冲、许钧:《翻译:美化之艺术——新旧世纪交谈录》,见许钧等:《文学翻译的理论与实践:翻译对话录》(增订本),南京:译林出版社,2010 年,第 39 页。

美,所以和老子的说法基本一致。如何解决这个主要矛盾呢?老子说:'道可道,非常道。'应用到文学翻译上来,可以说翻译之道,不一定是大家常说的'对等'之道(常道),而可能是创新之道,优化之道。"① 在这里,许渊冲再次强调了科学与艺术的矛盾,而且认为"科学求真,艺术求美"。值得我们关注的是,在这里,许渊冲并没有把两者完全对立起来,而是借助老子的思想,提出走出传统的常道,即"'对等'之道",采用创新之道与优化之道。

翻译艺术求美。美,是文学翻译的关键。如果如许渊冲所论,翻译须走创新之道与优化之道,那么创的应该是哪些方面呢?许钧指出:"自上个世纪五十年代以来,翻译学者在有关理论的指导下,从各种不同的途径对翻译进行了深入的研究,取得了许多成果,其中最为重要的一点,便是从翻译的历史作用、语言重构、文化发展等各个方面揭示出翻译具有创造的性质。从翻译的全过程看,无论是理解还是阐释,都是一个参与原文创造的能动过程,而不是一个消极的感应或复制过程。由于语言的转换,原作的语言结构在目的语中必须重建,原作赖以生存的'文化语境'也必须在另一种语言所沉积的文化土壤中重新构建,而面对新的文化土壤,新的社会和新的读者,原作又进入了一个崭新的接受空间。正如德里达所说的:'翻译在一种新的躯体、新的文化中打开了文本的崭新历史。'而翻译的创造性充分地体现在一个广义的翻译过程的各个阶段之中。在翻译界流行的'翻译是艺术'之说,所强调的正是翻译的创造性。"② 就翻译艺术的创造性而言,翻译学者张泽乾与许渊冲的观点一致,他的观点很有代表性,也很有

---

① 许渊冲:《再谈中国学派的文学翻译理论》,《中国翻译》,2012年第4期,第84页。
② 许钧:《翻译论》(修订本),南京:译林出版社,2014年,第50页。

针对性,对我们理解许渊冲的思想具有参照意义:"作为创造的艺术、审美的艺术的翻译艺术,其最基本的方面仍在于实践性,因此,创造美可以说乃是翻译艺术的本质特征。"①

翻译活动具有实践性,创造美是文学翻译家审美活动的目标所在。许渊冲在长期的翻译活动中,最为着力的,就是对美的探胜。应该说,许渊冲早期对翻译艺术的思考,是有多方面的考量的。他从翻译标准入手,对"雅"所包含的美学也有过探讨,他指出:"'雅'就是文字古雅。严复在使用文言文的时代,所以提出文要古雅;到了使用白话文的今天,'雅'字就不能再局限于古雅的原义,而应该是指注重修辞的意思了。"②修辞之美,涉及翻译艺术之创造的多个层面,这里不拟深入讨论。在讨论翻译方法,也即对翻译界长期以来争论不休的直译与意译问题进行思考时,许渊冲首先以傅雷的翻译为例,探讨翻译的"神似"与"化境"。在《翻译的标准》这篇文章中,他开篇就援引了傅雷与钱钟书那两段已被翻译界熟悉并常常引用的论述。一是傅雷在1963年给罗新璋的信中所说:"愚对译事看法实甚简单:重神似不重形似;译文必须为纯粹之中文,无生硬拗口之病;又须能朗朗上口,求音节和谐。"③值得注意的是,许渊冲在引用傅雷的这段论述时,省略了一句话。这句话傅雷以分号隔开,后一小句是"至节奏与 tempo,当然以原作为依归"④。就傅雷的论述而言,其中提到的节奏与 tempo,与上

---

① 张泽乾:《翻译经纬》,武汉:武汉大学出版社,1994 年,第 159 页。
② 许渊冲:《翻译的标准》,见许渊冲:《翻译的艺术》,北京:中国对外翻译出版公司,1984 年,第 9 页。
③ 傅雷:《论文学翻译书》,见罗新璋、陈应年:《翻译论集》(修订本),北京:商务印书馆,2009 年,第 772 页。
④ 傅雷:《论文学翻译书》,见罗新璋、陈应年:《翻译论集》(修订本),北京:商务印书馆,2009 年,第 772 页。

文中提到的"神""纯粹之中文"以及"音节和谐",都属于美的范畴。翻译审美所包含的这些要素,许渊冲是完全认同的,但他在引用时,却略去后一小句,恐怕是因为傅雷谈到节奏与 tempo,提出"当然以原作为依归"。也许以原作为"依归"这一观点,许渊冲是不认同的,下文中,笔者将会就此做进一步的探索。至于钱钟书的那段话,许渊冲的引用也具有很强的参照性:"文学翻译的最高理想可以说是'化'。把作品从一国文字转变成另一国文字,既能不因语文习惯的差异而露出生硬牵强的痕迹,又能完全保存原作的风味,那就算得入于'化境'。"[1]如果对比傅雷与钱钟书的这两段论述,可以看到,讨论的重点在于将原文转化为译文的美学要求:一位是强调译文要"纯粹",另一位是要求避免露出"生硬牵强的痕迹",其根本的要求是一致的,那就是译文要具有"自然"的美。至于傅雷提出的节奏、和谐的语言、神韵等,这对许渊冲后来提出的一些翻译美学的观点具有不可忽视的影响。

就在同一个时期,许渊冲明确提出了"三美"的主张。这一主张最早见于他所翻译的《毛泽东诗词四十二首》英、法文格律体译本,该译本由当时许渊冲所供职的洛阳外国语学院油印。全文为许渊冲为该译本所作的序言,后来做了文字修改后刊载于《外语教学与研究》1979年第2期,题为《如何译毛主席诗词》。这篇文章写道:

  有个外国作家说过:Prose is words in the best order; Poetry is the best words in the best order.(散文是井然有序的文字;诗是井然有序的绝妙好词。)我觉得"绝妙好词"就是具备意美、音美、形美的文字。

---

[1]　钱钟书:《林纾的翻译》,《中国翻译》,1985年第11期,第2页。

毛主席诗词是具备意美、音美、形美的艺术高峰。翻译毛主席诗词也要尽可能传达原诗的三美。①

这简单的两句话，含义丰富而明确。除了第一句，许渊冲说"有个外国作家说过"，至于是哪一位，他没有明确指出。在后来的文章中，他多次引用过一句英文的表述，叫"the best words in the best order"。这句话译成汉语就是"井然有序的绝妙好词"。在《唐诗三百首》英译本序中，许渊冲明确了这位作家，更确切地说，这位诗人的名字："一般说来，诗是具有意美、音美、形美的文字，就是英国诗人柯尔律治（Coleridge）说的 the best words in the best order（见《英诗格律及自由诗》）。"②许渊冲在上述两句话中，表达了三个基本要点：一是意美、音美、形美首先是在文字层面；二是意美、音美、形美也是美学价值的具体体现；三是要翻译好被他视为具备意美、音美、形美的艺术高峰的毛主席诗词，就必须传达原诗词的"三美"。

继这篇文章后，许渊冲又在《唐诗英译》的序言里再论意美、音美、形美的问题。在其后的翻译实践和理论探索中，"三美"是他不断践行的美学原则，也是他不断阐述的思想。在许渊冲的美学思考里，"三美"属于本体论范畴，是翻译的本体问题。那么，"三美"到底是指哪些方面？其内涵是什么呢？

笔者特别注意到，许渊冲在早期一谈再谈"意美、音美、形美"的问题，都是以其具体的翻译实践为基础的，一是根据其对毛泽东诗词的英译与法译，二是根据其唐诗英译。一方面，他对毛泽东诗词与唐诗

---

① 许渊冲：《如何译毛主席诗词》，《外语教学与研究》，1979年第2期，第1页。
② 许渊冲：《〈唐诗三百首〉英译本序》，见许渊冲：《任尔东西南北风：许渊冲中外经典译著前言后语集锦》，北京：清华大学出版社，2014年，第47页。

有着艺术价值的判断,如在这两篇文章中,他把毛泽东诗词定位为"艺术高峰",把唐诗定位为"我国文学宝库中的精华,在世界文学史上的地位也是非常高的"①。另一方面,他在对"三美"的具体思考中,对何为"三美"做出阐释,对在翻译中如何做到"三美"加以探究。在这个意义上,可以说,许渊冲所论的"三美",既有对翻译本体的考量,也有对审美客体的感受与认识,更有对原作审美价值的具体传译。可以说,许渊冲在这里抓住了文学翻译,特别是诗歌翻译的最本质的问题,那就是文学翻译的审美活动的基本特征。

在文学翻译的审美活动方面,许钧曾在严复提出的"信、达、雅"的基础上,对翻译活动的层次做了探讨。在他看来,文学作品,包括小说、散文、诗歌等的翻译是审美活动。他指出:"文学翻译活动的审美层次是客观存在的。就文学而言,文学的功能是以'美感为中心的动力系统'。诚然,文学也有认知和表感等职能,但都是统一在审美的领域,通过情感的中介实现的。换言之,它们都离不开美感作用,一部作品倘不能给人以美感,那么它的一切社会职能就无法实现。比如诗歌吧,有人曾把诗歌的本质特征归结于一个'美'字。一首诗之所以称得上诗,是因为它有'诗意',而这种诗意指的正是'诗给人的强烈美感',这也就是说,凡不能给人以美感的不称其为诗歌。这样看来,成功的文学翻译是绝不可能忽视传达文学作品的美的。可见,审美层次构成了文学翻译的最高且关键的一个层次。"②许渊冲把审美、传达美当作他诗歌翻译的主要任务。他在初谈"意美、音美、形美"的那篇文章中,

---

① 许渊冲:《再谈意美、音美、形美:〈唐诗英译〉序言》,见许渊冲:《翻译的艺术》,北京:中国对外翻译出版公司,1984年,第62页。
② 许钧:《翻译层次论》,见许钧:《从翻译出发:翻译与翻译研究》,上海:复旦大学出版社,2014年,第11页。

在具体讨论"三美"之前,提出"三美的基础是三似:意似、音似、形似。意似就是要传达原文的内容,不能错译、漏译、多译"①。除了美学上的考虑,笔者认为许渊冲把"三美"的基础定为"三似",是考虑到译作与原作的关系,也就是说在许渊冲看来,译作与原作构成的是"似"的关系,而不是等同的关系。许渊冲以此切入对"三美"问题的思考,是有其深刻的道理的。许钧认为:"在以往的研究和思考中,我们常有一种倾向,即从静态的意义上对译作与原作进行比照。目的也往往比较单一,那就是通过比照,来确定译作对原作的忠实程度,且以忠实的程度来确定一部译作的价值。然而,当我们换一个角度,就译作与原作的关系加以更进一步的思考时,我们便会发现,许多根本性的问题是不能单从译文与原文的比照中回答的。首先涉及的,便是译作与原作的理想关系与现实关系之间,存在着需要认真思考的问题。译作与原作之间,是否存在着理想的等同的关系?换言之,译作是否等于原作?相对于原作,译作是否有着相对独立、具有自身价值的生命形态和生命历程?对这些问题的回答,从根本上来看,取决于人们的语言观。"②许渊冲的"三似"已经突破了传统的翻译"等同"观、"模仿"观,此论中的"似"是个动词,与傅雷提出的文学翻译重"神似"不重"形似"中的"似"显然有关。许渊冲提出"三似"为"三美"的基础,是要维持或者保证译作与原作的承继关系与血缘关系。但是,许渊冲没有止于译作与原作的"似",而是更进一步,要达到"美"。这里的"美"一词,不仅仅是静态意义上的美的价值、美的要素,还有其动态的意义,也即把文学翻译视作创造美的过程、不断生成美的过程。

---

① 许渊冲:《如何译毛主席诗词》,《外语教学与研究》,1979年第2期,第1页。
② 许钧:《试论译作与原作的关系》,见许钧:《从翻译出发:翻译与翻译研究》,上海:复旦大学出版社,2014年,第49页。

罗新璋曾经就翻译的创造性做过深刻的思考，在《释"译作"》一文中，他阐述了"译"即"作"的观点，此观点与许渊冲一致，即"翻译等于创作"。但在实际翻译中，如何达到"作"？罗新璋指出："而'译而作'，且译且作，倾注出'艺术家的心灵，这个心灵提供的不是外在事物的复写，而是心灵自己的内心生活'（黑格尔）。译而优者，全靠心灵去领悟、去阐释、去创造。假如原作是件艺术品，翻过来后，也该还它一件艺术品。译而且作，不认为信字当头，美即在其中矣。——美需要创造，译作之美需要翻译家去进行艺术创造。"①以罗新璋的观点来看，许渊冲恰恰就是在践行罗新璋所说的创造"美"的翻译艺术之根本原则。如此去看，"美"之道是译而作的本质诉求。两位翻译家关于翻译艺术的观念以及对译而作的倡导反映出，他们对美之道的理解是相通的。而正因为相通，所以罗新璋对许渊冲的翻译美学主张与具体实践是赞同的。在有关《红与黑》的汉译讨论中，罗新璋对此表达了明确的立场，他在给许渊冲的信中写道："治史，才学识；治译，也要靠才学识。没有创造力的译文，总没有生命力。生命就是创造；创造，才是生命。'魂归离恨天'，曲终奏雅，译得好，我就没有想到。想到，我也会用。"②读此信，一方面，我们可以看到罗新璋与许渊冲在翻译观念上的一致；另一方面，也可以看到他们在翻译方法上的共同取向。而从生命的意义上去理解许渊冲的"美"之主张，其体现的文学翻译的本体意义便不难理解了。

从本体的意义上去把握许渊冲提出的"三美"论，这是基础。但在

---

① 罗新璋：《释"译作"》，见罗新璋：《译艺发端》，长沙：湖南人民出版社，2013年，第114—115页。

② 罗新璋：《复许渊冲》，见罗新璋：《译艺发端》，长沙：湖南人民出版社，2013年，第92页。

具体翻译的层面,许渊冲提出的意美、音美、形美,到底又作何解呢?就该主张的源头而言,许渊冲明确说明此"三美"得之于鲁迅。对此,笔者在绪论部分已经有了明确的说明。为便于分析,这里再次引述他在《毛泽东词〈长沙〉译文研究》中写的关于鲁迅"三美"的观点:"鲁迅先生在《自文字至文章》中说:'诵习一字,当识形音义三:口诵耳闻其音,目察其形,心通其义,三识并用,一字之功乃全。其在文章,……遂具三美:意美以感心,一也;音美以感耳,二也;形美以感目,三也。'译诗不但要传达原诗的意美,还要尽可能传达它的音美和形美。"①

首先是意美。对于意美,许渊冲没有从理论的高度去做一界定,而是根据他在讨论中所用的具体例子,对比原文与译文,去看原作的美,以及如何在译文中传达美、创造美。从笔者目前所掌握的材料看,许渊冲对意美的认识是多方面的。笔者在上文中多次强调,许渊冲的"三美"论是在诗词翻译的基础上提出的,所以其例证也大都选自诗词。从他列举的例子看,意美既可以表现在"有声有色、捉摸不定的绝妙好词"中,如毛泽东的"待到山花烂漫时"中的"烂漫","五岭逶迤腾细浪,乌蒙磅礴走泥丸"中的"逶迤";也可以表现在"历史的原因或联想"产生的效果中,如"故人西辞黄鹤楼,烟花三月下扬州"这样的"千古丽句";还可以是巧妙的双关产生的无尽遐想;更有通过谐音所激起的绵绵情愫或深远意境,如"春蚕到死丝方尽"。按照鲁迅的说法,"三美"自文字到文章,具体表现为其美感作用于心、耳与目。由此而观之,从词汇到篇章,译者都有感受原作之美、传达原作之美的任务。奚永吉对翻译美学有比较系统的研究,他认为:"翻译是一门艺术,文学

---

① 许渊冲:《毛泽东词〈长沙〉译文研究》,见许渊冲:《翻译的艺术》,北京:中国对外翻译出版公司,1984年,第134页。

翻译理所当然属于审美活动范围。随着文学艺术的发展,使得美学范畴也相应丰富和复杂起来,许多范畴,如形神、动静、虚实等等,都进而用于文学翻译艺术,甚至出现了更多新的美学范畴,并运用于解释文学翻译艺术,例如意象、意境、情景、意趣、比兴等。"①许渊冲从诗词翻译中总结出的"美"之道,其意义并不仅仅限于诗词翻译。在奚永吉看来,"翻译家以及翻译评论家总是推敲自己的和别人的作品中的词意的选择、词类的转化、句式的变换等等,殊不知译者笔下的各种技巧和方法无不包孕着美学的内涵。一部优秀的翻译作品具体表现一个译者审美的情感,引起和激发读者同样的审美情感体验"②。

其次,关于音美,许渊冲有一定的界定。在其最早提出"三美"观点的那篇文章中,许渊冲这样写道:"诗要有节调、押韵、顺口、好听,这就是诗词的音美。毛主席的诗词讲究平仄;译成英语可以考虑用抑扬格和扬抑格,也可以用抑抑扬格或扬抑抑格;译成法语却要注意停顿(césure)。中国诗主要是七律和五律;七律译成英语可以考虑用亚历山大体,也就是指每行十二个音节的抑扬格诗句;五律可以考虑用英雄体,也就是指每行十个音节的抑扬格诗句。这是个人的主观意见,能否做到,要看客观实践。"③除了上述诗词格律韵律等严格意义上的"音美",许渊冲认为还有一个应该特别关注的要素,那就是"节奏"问题:"传达唐诗的'音美',除了押韵和重复的问题之外,还有一个重要的问题,就是如何翻译唐诗的节奏。"④节奏是文学创作中一个重要的

---

① 奚永吉:《文学翻译比较美学》,武汉:湖北教育出版社,2001年,第1011页。
② 奚永吉:《文学翻译比较美学》,武汉:湖北教育出版社,2001年,第1011页。
③ 许渊冲:《如何译毛主席诗词》,《外语教学与研究》,1979年第2期,第3页。
④ 许渊冲:《再谈意美、音美、形美:〈唐诗英译〉序言》,见许渊冲:《翻译的艺术》,北京:中国对外翻译出版公司,1984年,第71页。

审美要素,其重要性不独为诗词创作所有,对小说创作和散文写作都非常重要。对于节奏之于文学创造的重要性,中外文论有不少论述,不少重要批评家和作家都强调节奏对于美的创造。亚里士多德在《诗学》中有论:"音调感和节奏感的产生是出于我们的天性。"①法国著名作家福楼拜认为"一句好的散文句子应该像一句好的诗句,不可替换,同样有节奏,同样悦耳"②。在中国,许多作家都谈到节奏之于创作的重要性,贾平凹的观点具有代表性:"唱戏讲究节奏,喝酒划拳讲究节奏,足球场上也老讲控制节奏,写作也是这样呀。写作就像人呼气,慢慢地呼,呼得越长久越好,一有吭哧声就坏了。节奏控制好了,就能沉着,一沉就稳,把每一句每一字放在合宜的地位。"③在贾平凹的这段话中,笔者特别注意到"把每一句每一字放在合宜的地位"这句表述,与许渊冲援引的"英国诗人柯尔律治(Coleridge)说的 the best words in the best order",看来是完全相同的。与节奏相关的,还有傅雷所说的 tempo,也即旋律,在文学创作中,都是创造美的重要因素。就其根本而言,许渊冲所说的"音美",确实包含鲁迅所指的"感耳"之用,他结合毛泽东诗词的翻译,提出"要传达毛主席诗词的音美,可以借用英美诗人喜见乐用的格律,选择和原文音似的韵脚,还可以借助于双声、叠韵、重复等方法来表达原文的音美"④。实际上,对于文学翻译而言,"音美"还可以被视作音乐性之美,不仅对诗歌的翻译,而且对小说、散文的翻译,都具有指导性。

---

① 亚里士多德:《诗学》,陈中梅译注,北京:商务印书馆,1996年,第47页。
② Gérard Desson & Henri Meschonnic, *Traité du rythme: Des vers et des proses*, Paris: Armand Collin, 2005, p. 202.
③ 贾平凹:《关于写作的贴心话:致友人信五则》,《文学报》,2014年12月11日第18版。
④ 许渊冲:《如何译毛主席诗词》,《外语教学与研究》,1979年第2期,第5页。

最后是"形美"。许渊冲主要还是从实践的角度来展开思考的。在谈毛泽东诗词翻译论及"三美"的文章中,许渊冲在以下几个方面涉及"形美":一是从用词的角度,他具体提出"译文形容词对形容词,名词对名词,动词对动词,短语对短语,也可以传达原文的形美"①。二是从句长和修辞的角度,他认为"关于诗词的形美,还有长短和对称两个方面,最好也能够做到形似,至少也要做到大体整齐"②。这里所说的对称,还有诗歌中的"对仗":"传达'形美',除了句子长短之外,还有一个重要的问题,就是如何翻译原诗的'对仗'。"③三是从"形式"的角度,如他举了王建的《望夫石》为例:"望夫处,江悠悠。化为石,不回头。山头日日风复雨,行人归来石应语。"在他看来,"这首诗运用民歌故事做题材,采用的又是民歌形式,所以应该尽可能传达民歌的'形美'"④。许渊冲论及"形美"的文字不是很多,但仅仅从上述三点来看,我们若细加体会,也许有几点值得我们特别注意:首先是在翻译中体现"形美",或者说在翻译中创"形美",比较困难,在他的相关表述中,"最好也能够做到形似,至少也要做到大体整齐"这一要求说明"形美"创造之难。其次是"形美"是诗歌翻译中尤要关注的,比如"对仗"与"对称"等方面。最后是"形美"还有"形式"之义,如民歌形式。就此而言,许渊冲所言的"形美",已经在很大程度了超出了鲁迅所言的"形美",恰恰在这一点上,我们可以说,许渊冲在文学翻译艺术中倡导"三美",其意义是开拓性的,其思考也是开放性的。

---

① 许渊冲:《如何译毛主席诗词》,《外语教学与研究》,1979年第2期,第4页。
② 许渊冲:《如何译毛主席诗词》,《外语教学与研究》,1979年第2期,第5页。
③ 许渊冲:《再谈意美、音美、形美:〈唐诗英译〉序言》,见许渊冲:《翻译的艺术》,北京:中国对外翻译出版公司,1984年,第73页。
④ 许渊冲:《再谈意美、音美、形美:〈唐诗英译〉序言》,见许渊冲:《翻译的艺术》,北京:中国对外翻译出版公司,1984年,第72—73页。

在文学翻译中对美的创造方面,许渊冲所强调的"三美"论,确实如他自己所言,具有本体论的价值。如笔者在上文中所分析的那样,"美"在许渊冲的"三美"论中,具有美的创造的根本指向,而这与罗新璋的"创造,才是生命"这一论述具有本质上的一致性。就此,我们也许可以得出这样的结论:翻译艺术重在"美",根本在于创造"美"。

第三节 美之创造之路与"化"之法

如果如许渊冲自己所说,"三美"是其翻译的本体论,那么,在具体的翻译活动中,如何实现"三美",在文学翻译中如何完成美的创造,便是一个必须回答的问题。

在许渊冲有关"三美"的论述与讨论中,笔者发现,他虽然对"意美、音美、形美"做了相对独立的论述、分析与例证,但他始终强调"意美、音美、形美"这三者是不可分割的一个整体,且在翻译中,要注意处理好以下两方面的关系。

一是处理好"三美"与"三似"的关系,笔者在上文中已经就此做了分析,在这里不再做详细的讨论,仅想指出一点:在许渊冲的翻译美学探索中,"似"是一种基础性的要求,是最低要求,真正的文学翻译,不能止于译作与原作的相似,而要更进一步,那就是"美",赋予译作以生命。

二是要处理好"三美"之间的关系。在讨论毛主席诗词与唐诗的翻译时,他多次强调要辩证地处理好三者的关系,比如他在《如何译毛主席诗词》一文中指出:

在三美之中,意美是最重要的,是第一位的;音美是次要的,是第二位的;形美是更次要的,是第三位的。我们要在传达原文意美的前提下,尽可能传达原文的音美;还要在传达原文意美和音美的前提下,尽可能传达原文的形美;努力做到三美齐备。如果三者不可得兼,那么,首先可以不要求形似,也可以不要求音似;但是无论如何,都要尽可能传达原文的意美和音美。①

在这段论述中,许渊冲不仅强调了三者之间的关系,更值得我们关注的是,他对创造美的方法也做了探讨,提出三者不可兼得时,"首先可以不要求形似,也可以不要求音似"。那么应该如何去解决这个问题呢?

关于文学翻译美的创造,许钧认为,第一步是要感受原作的美。他指出:"在翻译的审美层次,译者首先是个欣赏者,第一步是审美,领悟原作的美学特征。文艺作品的文字、韵律、节奏、结构等形式因素,是翻译者最初接触到的审美因素,通过审美感官可以直接感知,并在感知各种形式因素的基础上,欣赏者借助想象力唤起相应的艺术形象。应该看到,在感知与想象这一审美过程中,译者审美能力的高低直接影响原作美的传达。试想若原作的美都感受不到,怎能谈得上传达呢?比如音韵美,它是生成艺术意境的重要手段之一,虽然在诗歌翻译中得到一定重视,但在小说甚至散文翻译中往往被人们所忽视。"②感受原作美,固然很重要,但第二步,传达原作的美,也同样重要。

---

① 许渊冲:《如何译毛主席诗词》,《外语教学与研究》,1979年第2期,第6页。
② 许钧:《翻译层次论》,见许钧:《从翻译出发:翻译与翻译研究》,上海:复旦大学出版社,2014年,第12—13页。

如何在译作中传达原作的美？对这一问题，中外译家有不同的理解和答案。其理解和答案的不同，在很大程度上，往往源于翻译观念的不同。如笔者在上文中多次援引的刘宓庆的观点，他强调翻译的艺术性具有依附性，在对翻译艺术的特征做了一番分析之后，进而对传达原作美的方法进行了探讨，最后做出了如下概括："我们在剖析了翻译的一般艺术特征以后，就可以就翻译的艺术手段进行多方面的探讨。在本章中，我们仅将翻译的艺术手段作一个大体的概括，即一是摹仿，二是变通。"①关于变通，这里不拟展开讨论，单就"摹仿"而言，许渊冲显然持不一样的观点。在前文中，笔者已经论及许渊冲对于"三似"与"三美"之间的关系的主张。我们知道，许渊冲的翻译美学主张，在一定程度上受到傅雷的"神似"论的影响，但同时又不止于"神似"之说。刘宓庆认为，"'神似重于形似'的真谛是在艺术表现上不追求浅表层的、单纯的形似，而是以神驭形，神形兼备为理想，以达至摹写外物与主观审美理想相契合的精神特质，也就是刘勰所说的'情采'：神动于中而生情，情发乎外而多采。古代艺术家讲求意到，推崇虚实相生相济，得之象外而无迹可求，不着一字尽得风流，才是神似观照下的形似"②。以此去看，"神"与"形"深刻的关系中的"形"，不是指浅表层面的"形"。许渊冲对此是心领神会的，其所言的"三似"，就是明证。但鉴于翻译活动的特殊性，加之他坚持艺术性是文学翻译的本质属性的主张，他更倾向于钱钟书的"化境"之说。在《"三美"和"三似"的幅度：〈唐宋词选〉英、法译本代序》中，他结合唐诗宋词的英法译过程与具体实践，对这一思想有如下明确的表达：

---

① 刘宓庆：《翻译美学导论》，台北：书林出版有限公司，1995年，第53页。
② 刘宓庆：《翻译美学导论》，台北：书林出版有限公司，1995年，第95页。

钱钟书教授说过:"文学翻译的最高标准是'化'。"我认为翻译甚至可以说是"化学",是把一种语言化为另一种语言的艺术。大致说来,至少可以有三种化法:一是"等化",如前面讲的"南北东西"的英、法译文。二是"浅化",如"平林漠漠烟如织,寒山一带伤心碧"的法译文。三是"深化",如"还与韶光共憔悴"的英、法译文。三种化法,都可以发挥译文的语言优势。不过"化"也有个限度,"浅化"不能太不及,"深化"不能太过。傅雷说过:"即使最优秀的译文,其韵味较之原文仍不免过或不及。翻译时只能尽量缩短这个距离,过则求其勿太过,不及则求其勿过于不及。"这样说来,"化"的限度在哪里呢?我个人的意见是:只能化成原文内容所有、原文形式所无的译文,不能化成原文内容所无的东西。如果要用语言学家乔姆斯基的语汇来解释,可以说是只能化成原文深层所有而表层所无的东西。①

在论及翻译艺术的方法时,对于许渊冲的"三化"论,目前译界远远没有达成一致的认识。许钧在有关《红与黑》汉译的讨论中,就"三化"问题提出这样的疑问:

"化"法使用得当与否,会直接影响到效果的好坏。什么时候应该"等化",什么时候应该"深化",什么时候又应该"浅化",是译者随意掌握,还是有一定的度?最好的方法是"等化",还是"深

---

① 许渊冲:《"三美"和"三似"的幅度:〈唐宋词选〉英、法译本代序》,见许渊冲:《翻译的艺术》,北京:中国对外翻译出版公司,1984年,第82—83页。

化"或"浅化"?①

许钧的本意不是否定"化",而是讨论如何"化",如何在文学翻译中处理好"化"的度。但是,讨论许渊冲的"三化",在探讨具体方法前,有三点需要予以关注。

一是笔者在上文中已经有所涉及的"化"的本质。许渊冲认为翻译在某种意义上说,就是"化学","化"是翻译之道。关于这一点,许渊冲有独到的见解,具体就文学翻译而言:"可以说翻译之道,不一定是大家传说的'对等'之道('常道'),而可能是创新之道,优化之道。"②实际上,许渊冲结合自己法汉、汉法、英汉、汉英的丰富翻译实践,深感西方译学界有学者提出的翻译"对等"论、翻译"等值"论,不太适合且难以解决英汉、法汉翻译提出的问题和构成的障碍。他在《谈"比较翻译学"》一文中指出:"美国译论家把翻译当成科学,所以提出'动态对等'、'等效'、'等值'等等理论。其实,西方译论家的理论出自他们的翻译实践,他们的实践多是西方语文之间的翻译;由于西方语文都是拼音文字,而且多有历史渊源,所以不难做到'对等'、'等值'或'等效'。"③从西方语言到汉语,距离太远,一路颠簸,存在种种差异,而种种差异又构成重重障碍,要想如钱钟书所说,在翻译中不露生硬牵强的痕迹,"又能完全保存原作的风味",唯有改变翻译观念,从求对等,到求相似,再到求"化境"。本雅明在《译者的任务》中,有一段意味深

---

① 许钧:《"化"与"讹":读许渊冲译〈红与黑〉有感》,见许钧:《文字·文学·文化:〈红与黑〉汉译研究》(增订本),南京:译林出版社,2011年,第176页。

② 许渊冲:《〈唐诗三百首〉英译本序》,见许渊冲:《任尔东西南北风:许渊冲中外经典译著前言后语集锦》,北京:清华大学出版社,2014年,第577页。

③ 许渊冲:《谈"比较翻译学"》,《外语与翻译》,1994年第3期,第8页。

长的论述:"翻译远非两种僵死的语言之间了无生气的对等,在所有文学形式中,她担负着密切关注原作语言的成熟过程及其自身语言的分娩阵痛的特殊使命。"①以此来理解许渊冲的"三化"论,其意义便不仅仅限于其翻译的具体方法的价值了。

二是许渊冲提出翻译"化学",可以说是抓住了翻译的关键。翻译之"化"确实无处不在,而关于化之道的争论也无处不在。如"异化"与"归化"之争,这是国际上长期存在的关于翻译方法的两种最为集中的观点。面对翻译文本,尤其是面对翻译文本中存在的各个层面的差异,译者应该如何对待和处理?这一根本性的问题,涉及翻译的方方面面,如语言方面、文化方面,还有本章所讨论的美学方面。关于针对差异而采取的方法,翻译理论界有很多的探讨,也有很多不同的观点,但有一点几乎是一致的,那就是"化"之道,只是看译者的立场如何,是看重"异"还是注重"归"。于是,"异化"与"归化"成了翻译中看似对立的两种方法。

三是不能脱离许渊冲对文学翻译艺术性和创作性的定位,孤立地去看"三化"。比如,在回答许钧有关"三化"无常,不免失度的质疑时,他这样回答道:"他认为'化无定法','深浅无常',难以掌握。我却认为只要自问译文是否使自己'知之、好之、乐之'就能掌握。所谓'知之',就是知道原作说了什么;所谓'好之',就是喜欢译文怎么说法;所谓'乐之',就是'说什么'(what)和'怎么说'(how)使你感到乐趣。这种乐趣如果引起共鸣,就把一国创造的美转化为全世界的美,与全世界共享,那是世界上最高级的善(叔本华语)。"②关于"三化",在翻译中

---

① 本雅明:《译者的任务》,周晔译,见周晔:《本雅明翻译思想研究》,上海:上海译文出版社,2011年,第351页。

② 许渊冲:《谈重译:兼评许钧》,《外语与外语教学》,1996年第6期,第59页。

到底如何去做？什么时候应该"深化"？什么时候应该"等化"？什么时候应该"浅化"？面对这些具体的问题，许渊冲在他的有关"三化"的论述中，没有给予具体的回答。但从上面他对许钧的回答中，我们可以看到，其"三化"方法的使用，需要考虑两个重要的方面：一是要考虑文学翻译目标所在，以许渊冲的观点，那就是创造美，离开这一目标，就不能从根本上去采取有效的方法；二是要考虑读者的接受，一部文学翻译作品，其价值要得到实现，那就是要有读者，要让读者喜欢，产生共鸣，因此翻译中要采取何种方式，需要考量的重要因素之一，就是读者的期待、读者的接受。

从上文中，我们可以看到，许渊冲提出的"三化"之论，是其有关翻译美学思考的重要组成部分。就总体而言，其提出的"深化""等化"与"浅化"，应该说不是具体的翻译方法。在其讨论具体翻译的文章中，他结合"三化"，探讨了多种具体的翻译方法。比如他结合翻译王建的《调笑令》传达"意美"，提出："传达'意美'的方法可以采用换词、加词、减词、拆词、合词、正词反译、前后倒置等等。"[①]这是具体翻译方法和技巧的探讨，需要结合具体实例才能说明，这里不拟展开讨论。笔者首先关心的是，他为什么认为"化"主要有"深""等"与"浅"三道呢？在研读许渊冲探讨"三化"的相关文献与材料后，笔者发现，许渊冲谈"三化"，有一个我们不能忽视的前提，那就是对翻译的障碍，或者说对翻译限度的关注和思考。实际上，"对等论""神似论"或者"化境论"的提出，都是因翻译的障碍而起，差异的存在导致了翻译不可能完全对等、完全等值。著名学者范存忠说过："严格地说，译品最好能和原作品相

---

① 许渊冲：《"三美"和"三似"的幅度：〈唐宋词选〉英、法译本代序》，见许渊冲：《翻译的艺术》，北京：中国对外翻译出版公司，1984年，第82页。

等——内容相等,形式相等,格调相等,只是所用的语言不同。这就是马建忠所说的译品和原著完全一样,而读者看了译品能和看原著一样,但这是一个不可能完全实现的理想。为什么?原因之一就是两种语言(任何两种语言)之间,总是存在着差距。"①同与不同,差距或者差异,往往成了翻译家关注的重点。傅雷就特别关注差异与不同的问题。许钧在其《翻译论》中指出:"差距,即差异,亦即我们常说的'不同',傅雷对之理解更为深刻,在给多位友人谈翻译的书信中,他一再强调'不同'之于翻译理想的障碍。"②许钧把傅雷先后写给林以亮和罗新璋的信中所强调的"差距"或"东方人与西方人的思想方式"的"基本分歧"上升到语言、思维的差异的高度来认识。在其对"差异"的分析中,许钧尤其提到了 1951 年 9 月,在《高老头》重译本的序中,傅雷就一个翻译者在具体的翻译活动中所能遭遇的差异指出了种种"不同":"两国文字词类的不同,句法构造的不同,文法与习惯的不同,修辞格律的不同,俗语的不同,即反映民族思想方式的不同,感觉深浅的不同,观点角度的不同,风俗传统信仰的不同,社会背景的不同,表现方法的不同。"③在许钧看来,"这一连十一个'不同',都是傅雷在翻译之中有着切肤之感的。若细加分析,这十一个'不同',早已超出了范存忠和许多翻译家所一再强调的'语言'层面的差距,它们实际上已经涉及了翻译活动所可能涉及的方方面面以及有可能影响翻译活动的一些主要因素,如语言层面的词汇、句法,文字表现层面的'修辞

---

① 范存忠:《漫谈翻译》,见张柏然、许钧:《译学论集》,南京:译林出版社,1997 年,第 13—14 页。
② 许钧:《翻译论》(修订本),南京:译林出版社,2014 年,第 228 页。
③ 傅雷:《〈高老头〉重译本序》,见罗新璋、陈应年:《翻译论集》(修订本),北京:商务印书馆,2009 年,第 623 页。

格律'、'表现方法',文化层面的'风俗传统信仰',社会层面的'社会背景'。傅雷能深刻地抓住这多层面的不同,充分地证明了他已经对译者所遭遇的困难及障碍有了清醒的认识,更为难能可贵的是,傅雷还透过这多方面的'不同',看到这些'不同'之间所产生的相互影响,认识到语言层面与社会、文化及思想方式之间的差异的互动关系"①。

对于傅雷所指出的这些差异或者不同,翻译经验丰富的许渊冲也有着深刻的认识。这些差异的存在,说明译作要和原作完全对等或者等值是不可能达到的,傅雷认为会出现两种情况,这就是许渊冲在其论"三化"的论述中特别指出的两点:较之原文,会出现过与不及。过与不及,如要以西方的翻译理论术语加以表述,那就是"超译"与"欠译"。摆在我们面前的情况是:对等,如范存忠所言,是理想的状态,在实际翻译中,部分的对等也是客观存在的,于是"等化"也就有了部分的可能。过与不及,是翻译者需要避免的,但由于差异的存在,拿傅雷的话说,译者只能尽可能去缩短译文与原文之间的差距,傅雷基于对翻译的理解,提出了神似重于形似的原则。而许渊冲则在其基础之上,吸收了钱钟书的"化境"说,在翻译中,以创造美为目的,以"化"之道去克服傅雷所说的距离,由此,便针对过与不及这两点,提出了"深化"与"浅化"。由此可见,暂且不论许渊冲的"三化"在翻译中如何具体使用,如何把握好度,首先我们应该看到,许渊冲的"三化"是在全面把握与认识翻译中的矛盾的基础上提出的,有很强的针对性。

实际上,"三化"论还有一个重要的方面值得我们加以关注与思考,那就是许渊冲的有关思考在很大程度上得之于傅雷的"神似说",

---

① 许钧:《翻译论》(修订本),南京:译林出版社,2014年,第229页。

同时又试图有所突破。对于傅雷的"神似说"之本义与精髓,罗新璋的理解应该是最为深刻的,他指出:

> "神似",也即"传神",顾名思义,就是传原文的精神,透过字面,把字里行间的意蕴曲达以出。《周易·说卦》里有言:"神也者,妙万物而为言者也。"以论翻译,不妨套用这句话的格式:"神似者,妙悟原文而为译者也。"因为各种文字各有特色,有许多难以互译的地方,而翻译绝不是直线式的字当句对,而是多层次的传神达意。所谓"重神似而不重形似",是指神似形似不可得兼的情况下,倚重倚轻,孰取孰弃的问题。这个提法,意在强调神似,不是说可以置形似于不顾,更不是主张不要形似。就在写《重译本序》前几个月,傅雷在致林以亮函里称:"我并不说原文的句法绝对可以不管,在最大限度内我们是要保持原文句法的。"神似形似,浑然一致,是为胜境;但不能两全时,则不要拘泥字面,死于句下。为了颇得神气,可以略于形色。神似,当然不是捕风捉影,望文生义,而是基于对原文的透彻理解,深切领悟。只有妙悟原文,才能"离形得似",即所谓不求貌同,正由神合![1]

罗新璋对傅雷"神似"论的解读,对我们理解许渊冲的"三化"论具有重要的启迪作用。罗新璋曾将费道罗夫的"等值翻译论"与傅雷的"神似"论,也即"传神"论做比较。费道罗夫在其《翻译理论概要》一书中对翻译之等值做了如下定义:"翻译的等值就是在表达原文思想内

---

[1] 罗新璋:《我国自成体系的翻译理论》,见罗新璋、陈应年:《翻译论集》(修订本),北京:商务印书馆,2009年,第11—12页。

容的完全准确和作用上、修辞上与原文完全一致。"罗新璋认为,费道罗夫的"等值翻译论"与傅雷的"传神说"是完全不同的两种翻译观,在他看来,其不同,主要根源就在"美学思想"方面:"传神说与等值论,表现为两种不同的翻译观点,实际上反映出不同民族之间不同的翻译美学思想。"①就其根本而言,许渊冲之所以秉承傅雷的翻译思想,就在于许渊冲深深把握了文学翻译的本质属性是美之创造。而要达到此目的,对等不可能,"似"也权衡"神"与"形"之间的得与失,于是便生出了"化"的道路。

在上文中,笔者对许渊冲提出"三化"的依据做了探讨,同时也指出理解许渊冲的"三化"要考量读者的期待与接受。就此而言,许渊冲提出的"知之、好之、乐之"与"三化"的具体实践便构成了直接的关系。许渊冲本人对此有明确的表达:"'浅化'的目的是使人'知之','等化'的目的是使人'好之','深化'的目的是使人'乐之',这'三之'是我翻译哲学中的'目的论'。"②正如许渊冲所说的,翻译方法要视翻译目的而定。从上文他的论述中可以看到,他在翻译中始终有对读者的考虑,而从"知、好与乐"三者来看,翻译的任务也有不同层面,如认知、达意与审美。在许渊冲看来,此三者都已顾及,但"深化"是最为重要的。而要做到"深化",又非要"创造"不可。法国翻译学者阿尔比曾就诗歌翻译问题提出了多种翻译方法,袁筱一对阿尔比的诗歌翻译进行研究时指出:"阿尔比借助艾菲姆·埃特肯德(Efim Etkind)的诗歌翻译理论,指出在诗歌的诸多矛盾(如句法与音节、音节与韵律、音与意、诗歌

---

① 罗新璋:《我国自成体系的翻译理论》,见罗新璋、陈应年:《翻译论集》(修订本),北京:商务印书馆,2009年,第18页。
② 许渊冲:《译者前言》,见许钧:《文字·文学·文化:〈红与黑〉汉译研究》(增订本),南京:译林出版社,2011年,第255页。

传统与诗人独创之间的矛盾等等)中,根据所抓主要矛盾的不同,诗歌翻译大致可分为六种:信息性翻译、解释性翻译、暗示性翻译、近似性翻译、再创造性翻译及模仿性翻译。信息性翻译重新表达了诗歌的主要内容,但是已经丧失了所有的艺术特征;解释性翻译将翻译与解释分析结合起来,成为历史及审美研究的附属产物;而暗示性翻译提供了一些诗歌中原有的审美因素,但是相对到诗歌整体的审美主旨则毫无表现,译者只着力于激起译诗读者的想象力并期待读者自己去抓住诗歌的总体精髓;而近似性翻译只是表现出了原诗的一些方面,却忽略了另一些,如保留了韵律,却忽略了音节;而模仿性翻译的情况往往出现在译者自身便是诗人的时候,他所做的不是再度创作原诗,而是借原诗来表现自己。在埃特肯德看来,这些都不是真正的诗歌翻译,真正的诗歌翻译是'再创造性翻译',它重建'原诗整体,并且保留下了原诗结构'。"[1]阿尔比列举的六种诗歌翻译,道出了诗歌翻译中有可能采取的各种途径。笔者注意到,这些不同的途径,实际上是在不同的翻译观念作用下产生的。这六种诗歌翻译,与翻译模仿论、翻译等值论、翻译阐释论和翻译近似论或多或少都有一定的关联,而埃特肯德强调"再创造性翻译"是真正的诗歌翻译之道,这与许渊冲的诗歌翻译论是相通的。阿尔比对六种诗歌翻译的分析与解释,道出了诗歌翻译中存在的问题,其中的"信息性",就是我们所说的以认知为目的的翻译,而近似性翻译,就是追求形似的翻译。"再创造性翻译",可以说是抓住了诗歌翻译的本质,许渊冲所致力于建立的"美化之艺术"的着力点,就是"再创造"。需要注意的是,在许渊冲提出这一翻译美学主张时,一方面,他特别关注翻译的限度,另一方面他也特别重视翻译中的

---

[1] 许钧:《当代法国翻译理论》,武汉:湖北教育出版社,2004年,第84页。

矛盾。前几章中的讨论已经涉及有关翻译的限度与矛盾的问题,在此章中,不拟再展开讨论。

第四节 "从心所欲,不逾矩"

论及翻译美学,不能忽视翻译的审美主体。刘宓庆在《翻译美学导论》中,专辟一章,论及"翻译的审美主体"。在该章中,刘宓庆还是从审美主体的属性入手,讨论审美主体问题。如笔者在上文中所指出的,刘宓庆认为翻译的本质属性是科学性,艺术性具有依附性。在此思想的主导下,他逻辑地区分了翻译审美主体的两个属性:一是"受制于审美客体",二是"翻译者的主观能动性"。① 就译者受制于审美客体而言,刘宓庆主要指出了在诗歌方面,译者受制于原语形式美可译性限度,受制于原语非形式美可译性限度,受制于双语的文化差异,受制于艺术鉴赏的时空差。译者在文学翻译中,受制于原作,这是翻译界具有的共识。但是,如何对待这些限制,翻译家与翻译学者在实践与理论的层面有不同的看法与主张。

翻译中译者的受制问题,事实上就表现在翻译创造中的"再"字上。许渊冲在其对翻译的思考中,对翻译的限度与原作对翻译的限制是有清醒的意识的。在有关《红与黑》的讨论中,许钧曾就译者再创造的度的问题致信许渊冲,在信中,他这样写道:

---

① 参见刘宓庆:《翻译美学导论》,台北:书林出版有限公司,1995年,第245、251页。

翻译的创作性，主要是指变易原作的文字的艺术性劳动。这一点恐怕没有异议。但翻译家的再创作有别于作家的创造，作家创造可以"从心所欲"，但翻译家的再创造则要"不逾矩"，对这个"矩"字的理解，可以是多方面的。其中包括严复的"不倍原文"的意思，您认为文学翻译要"从心所欲"，不然就"抹杀了文学翻译的创造性"，就限制了翻译家"辉煌的发挥"。如果说"从心所欲"是指发挥翻译家的想象力和创造性的话，那是有道理的，但这种"从心所欲"是有限制、有要求的，那就是"不逾矩"，有个度的问题。①

许钧提出的这一问题，一是涉及译作与原作的关系问题，二是涉及译者在翻译中如何既考虑刘宓庆所说的"受制"，又发挥译者的主观能动性的问题。许渊冲的思考是基于对文学问题艺术性的考虑的，在他的翻译思考中，有两点值得我们特别关注，在上文的讨论中，笔者已经有所分析，这里择其要点予以重申。

第一是译作与原作的关系。在上文中，笔者已经指出许渊冲在看待译作与原作的关系时，看重的是译作的创造性。他认可译作与原作有关系，但认为不是依附的关系，所以在翻译中，不是处处要以原作为"依归"，而是强调在新的语言与文化语境中，通过创造，赋予译作以新的艺术生命。从这个意义上说，在许渊冲的翻译思考中，原作是译作的起点，而不是译作的终点。如果一切以原作为"依归"，那就必然追求等值，那就不可能在翻译中去赋予原作新的生命。

第二是作为译者，如果以创造美、创造新的艺术生命为追求，那

---

① 许钧：《关于〈红与黑〉汉译的通信（一）：许钧致许渊冲》，见许钧：《文字·文学·文化：〈红与黑〉汉译研究》（增订本），南京：译林出版社，2011年，第36页。

么,应该奉行"从心所欲,不逾矩"的原则。而对于"从心所欲,不逾矩"这句话的理解,译界在不同的翻译理念下,有不同的侧重点。在上文中,许钧提出"从心所欲,不逾矩",即要发挥译者的创造性,但必须"不逾矩"。而许渊冲持不同的观点,他在《中国学派的文学翻译理论》一文中,对他的观点做了明确的阐述:

> 文学翻译不是科学,而是艺术,因为"从心所欲"是发挥主观能动性,发挥创造力,是艺术,是积极标准;"不逾矩"是不违反客观规律,是科学,是消极标准。中国译论研究"从心所欲"的自由王国的问题,西方译论研究"不逾矩"的必然王国的问题,所以中国高于西方。[①]

许渊冲这里所说的中国译论,指的是他一直致力于构建的"中国学派的文学翻译理论"。我们讨论的不是中国译论与西方译论孰高孰低的问题,而是想指出,许渊冲对于"从心所欲,不逾矩"这一原则的阐述,与其翻译美学观是完全一致的,而他认为"不逾矩"是文学翻译的低标准,"从心所欲"是文学翻译的高标准的论说,对于肯定译者在文学翻译中的主观能动性,是具有积极的意义的。

明确了以上两点,再结合我们在上文中对许渊冲的翻译美学观的梳理和分析,我们可以看到其思想的发展轨迹与基本观点:一是许渊冲在本质上,把文学翻译,特别是诗歌翻译视为艺术。二是文学翻译艺术的基本属性是创造性。三是艺术创造的是美,结合诗歌翻译,便

---

① 许渊冲:《中国学派的文学翻译理论》,见许渊冲:《任尔东西南北风:许渊冲中外经典译著前言后语集锦》,北京:清华大学出版社,2014年,第591—592页。

是"三美"之创造。四是美的创造,须对翻译本质有深刻的认识,文学翻译不求等值,也不能限于"似",应该进入"化境",于是生出"三化"之说。五是在翻译中要处理好"化",必须关注翻译之目的,从知、好与乐三个层面去考虑读者的接受。六是翻译的审美主体要发挥主观能动性,应从积极的角度去奉行"从心所欲,不逾矩"这一原则。

第五章 许渊冲翻译思想特质及其译学贡献

在前面四章的论述与分析中,笔者对许渊冲长达近八十年的翻译历程做了回顾与梳理,对其翻译动机、翻译选择、翻译贡献做了较为全面的分析与评述,尤其结合许渊冲丰富的翻译实践,试图就其翻译探索、翻译思考及其翻译思想的形成过程与发展特点做尽可能客观而简要的评价与考量,进而就许渊冲的翻译实践与译学探索之间的互动关系做了探讨。在此基础上,笔者对许渊冲在其长期的翻译实践与翻译思考中形成的译学思想的主要方面展开讨论,借助译学研究最新成果的有关路径,从文学翻译活动所包含的语言、文化和美学等三个最为基本的层面入手,对许渊冲的翻译语言观、翻译文化观和翻译美学观分别做了探索与研究。

在研究过程中,一方面,笔者为许渊冲文学翻译活动的丰富性和独特性所吸引和折服,为他半个多世纪以来始终致力于翻译事业,即便高龄仍然充满激情,重译莎士比亚的不断超越的精神所感动;另一方面,笔者也深深感觉到许渊冲对翻译的思考涉及了翻译活动的方方面面,要对其思想的来源、翻译观念的形成、主要观点的提出、思想的发展等,既具有整体的把握,又有深刻的剖析,面临不少困难。如笔者在前面几章的研究中所试图揭示的,许渊冲对翻译的思考,既具有很强的针对性,许多观点是从翻译实践中总结提炼出来的,同时也具有系统性,他对文学翻译的本质、影响翻译活动的要素、翻译的矛盾、翻译的方法、翻译的接受、读者的期待、翻译的目的等,都有思考。若要梳理清楚其中的关系,把握其思想发展的脉络,确实困难重重。但在研究中,笔者始终把握住两点:一是把握其翻译实践与翻译思考之间的互动关系,二是把握许渊冲翻译思想各部分之间的内在联系,尽可能使本研究呈现出探索的特点。实际上,笔者在研究中,并不是以全面构建许渊冲的翻译思想为主要目标,而是以追寻许渊冲的翻译思想轨迹、揭示其翻译思考的独特性、发掘其翻译思想的内在价值为主要任务。从这个意义上来说,本研究与过去对许渊冲翻译与翻译思考进行研究的相关博士学位论文或专题研究具有一定的差别,其价值也在于此。

为了达到本研究的既定目标,在本章中,笔者拟在前文有关许渊冲翻译思想三个重要方面的分析与研究的基础上,对许渊冲翻译思想的核心内容之间的关系、许渊冲翻译研究的特点、许渊冲的翻译思考对译学探索的贡献及其影响做进一步的探讨。

第一节 许渊冲翻译思想的"中国"之根

在上文中,我们已经看到,从 20 世纪 70 年代末开始,许渊冲就结合其翻译实践,对翻译的基本问题和翻译方法展开思考,可以说许渊冲是国内改革开放以来,最早对翻译进行实践探索与理论思考的学者之一。

我们知道,无论在西方,还是在东方,早期对翻译的思考一般都是结合具体的翻译实践展开的,而且大都是经验的总结。许钧指出,在历史上,翻译家们对翻译的认识与思考,一般都是从两个角度展开的:一是"以翻译的得失与困难来论翻译",二是"以翻译的方法与技巧的探讨来认识译事"。① 关于前者,许钧认为,"翻译家身体力行,在翻译过程中,对翻译之难多有深切体会,他们对翻译的认识也多从译之得失而悟得。东晋、前秦时的高僧、翻译家道安的'五失本'、'三不易'之说最具代表性"②。关于后者,许钧指出:"根据目前翻译研究界所掌握的资料,在20世纪之前,翻译家们在留下的讨论翻译的各种文字中,涉及最多的是怎么译这个问题。他们囿于各自的翻译实践,将实践中所遇到的问题进行归类,从语言转换的角度,提出种种如何翻译的方法与技巧。怎么译?可以说这是从古代到近代的各国翻译家苦苦思索的一个永恒的主题。他们结合自己的翻译,从具体的作品的传译中摘取例子,或总结自己的经验,或提出自己的困惑,有的为只言片语,有的则已相当系统。正是他们的探索以及在探索中总结的经验,为后人的翻译提供了种种参照,使翻译事业得以不断前进。也正是通过他们的这些宝贵经验,译界的后人得以梳理出'直译'与'意译'这两条贯穿于整个翻译史的主线。玄奘提出的'五不翻',赞宁提出的'六例',已为人们所熟知,这些很有针对性的译事方法与原则,为认识翻译提供了具体的路径。"③对于许钧提出的这两个方面,翻译学界的认识是基本一致的。但是,翻译学界也有持不同的观点的学者,如翻译家罗新璋"于浏览历代翻译文论之余,深感我国的翻译理论自有特色,在世界译坛独树一帜"④。

就总体而言,西方学者也基本认为,在20世纪50年代之前,学界

---

① 许钧:《翻译论》(修订本),南京:译林出版社,2014年,第30—31页。
② 许钧:《翻译论》(修订本),南京:译林出版社,2014年,第30页。
③ 许钧:《翻译论》(修订本),南京:译林出版社,2014年,第31—32页。
④ 罗新璋:《我国自成体系的翻译理论》,见罗新璋、陈应年:《翻译论集》(修订本),北京:商务印书馆,2009年,第1页。

缺乏对翻译的科学研究。乔治·穆南在其《翻译的理论问题》一书中，就试图通过建立翻译的基本理论问题，从翻译的可行性、合法性与有效性三个方面入手，结合语言学的基本问题和研究成果，去探讨翻译的核心理论问题。在研究中，他发现："关于翻译活动的科学研究，更令人奇怪的是：任何一部完整的哲学论著都将语言理论包括在内，但是语言理论却从不把翻译作为语言活动加以研究列入自己的范围。翻译是一种特殊的但是也普遍的语言活动，也许对语言和思维的研究都有一定启示。最近问世的有关语言学综合研究的重要著作对这一点也只字不提。翻译作为语言现象和独特的语言问题至今无人过问。在费尔迪南·德·索绪尔、叶斯柏森、萨丕尔、布龙菲尔德的论著中，难以寻找到四五处提及翻译的只言片语，被提及时，翻译事实上也往往只起个旁注的作用，用于论证与翻译毫不相关的某个观点，几乎从未就翻译而论及翻译。"[①]乔治·穆南的看法比较符合翻译研究历史的状况。华裔美国学者欧阳桢也基本持同样的看法："回顾翻译理论史时，我们不得不承认，在现代人对语言的本质和结构有深彻的了解之前，根本就没有理论可言。前人所提出的翻译理论，不外是一些对个别语言特征的见解、对上层社会的语言应否翻成通俗语言的讨论、对某些译本中的用词是来自本土语或外来语的探讨、对应该直译或意译的永无休止的论争……简言之，前人的翻译理论是集中在语用学或翻译的技巧上的。"[②]西方学者一般都倾向于认为，科学意义上的翻译研究，最早是从语言学途径入手的，其发展的主要标志是苏联的费道罗

---

① Georges Mounin, *Les problèmes théoriques de la traduction*, Paris: Gallimard, 1963, p. 11.
② 转引自陈德鸿、张南峰:《西方翻译理论精选》，香港：香港城市大学出版社，2000年，第257页。

夫于1953年发表的《翻译理论概要》一书。在该书中,他明确提出翻译活动在其本质上属于语言活动,认为翻译研究,首先应该从语言学的角度加以研究。可以说,在西方,从一开始,翻译研究就被打上了语言学研究的深深的烙印。

从中国翻译研究发展的历史看,情况有所不同,罗新璋的观点尤其值得重视。在他看来,"我国的译论,原作为古典文论和传统美学的一股支流,慢慢由合而分,逐渐游离独立,正在形成一门新兴的社会科学学科——翻译学。而事实上,一千多年来,经过无数知名和不知名的翻译家、理论家的努力,已经形成我国独具特色的翻译理论体系"[1]。对于罗新璋的观点,学者有不同的声音,但是有一点是需要关注的,那就是西方翻译理论的源头与中国有差异。在很大程度上,中国的翻译理论的源头,如罗新璋所言,是中国古典文论与传统美学。从这一视角出发,我们若对许渊冲的翻译思考与探索做一考察,不难看到许渊冲的翻译思想的显著特征之一,就是其对翻译的思考与探索深深根植于中国的学术传统,尤其是传统美学的沃土之中。

在本课题的研究过程中,尤其在本书的第一章中,笔者就许渊冲的翻译实践与翻译思考,做了简要的梳理、分析,对其翻译思想也做了探源性的研究。笔者特别注意到许渊冲的翻译思考与其翻译实践密不可分。如果说许渊冲的翻译思想的显著特征之一,是深深根植于中国的学术传统,尤其是传统美学的沃土之中,那么笔者也特别注意到,贯通其翻译实践与翻译理论探索两个方面,且一直推动其前行的力量,就是"中国",其出发点与落脚点也是"中国"。

---

[1] 罗新璋:《我国自成体系的翻译理论》,见罗新璋、陈应年:《翻译论集》(修订本),北京:商务印书馆,2009年,第19页。

许渊冲的翻译思考,其动力源自其具体的翻译实践,其翻译思考针对的是他遇到的实际翻译问题,要解决的是中国翻译面临的实际问题。作为翻译家,许渊冲长期以来一直致力于英译汉、法译汉、汉译英与汉译法。就其翻译所涉及的语种而言,无论国际还是国内,确实如他所言,"唯一人"。就其翻译所涉及的文本而论,如笔者在上文中多次指出的,涉及的基本是文学翻译,有小说、诗歌、词曲、戏剧等,而且所翻译的基本上都是经典。对许渊冲翻译实践的这两个方面,以前的研究多多少少都有关注与揭示。但如果我们进一步思考,就能看出,其翻译实践的中心是"汉"。无论是20世纪70年代末、80年代初对翻译问题的思考和研究,还是其后对翻译越来越系统的探索,许渊冲始终没有离开汉语、汉译。从其早期的翻译思考看,以1984年出版的《翻译的艺术》中的论文为例,我们从一篇篇文章中去梳理,可以看到他在翻译中遇到的究竟是哪些具体问题,或者从另一个角度看,许渊冲到底是从哪些具体问题入手,对翻译进行思考的。在这里,为了说明上面提出的有关观点,仅择要分析与阐述如下。

一是从汉语的特点,特别是中国翻译的具体实践出发去思考翻译问题。许渊冲在《翻译中的几对矛盾》一文中提出:"翻译涉及两种语言的内容与形式的统一或矛盾,情况复杂,而主要是解决原文的内容和译文的形式之间的矛盾。"[①]他从鲁迅的《汉文学史纲要》一书中得到启示,把握汉语具有意美、音美与形美三大优点,但同时也注意到"汉语表达力不如英语的地方,是语法不如英语精密,语汇的词性不像英语那么分明,词形也不像英语那样可以变化,不能加个词缀就构成一

---

① 许渊冲:《翻译中的几对矛盾》,见许渊冲:《翻译的艺术》,北京:中国对外翻译出版公司,1984年,第1页。

个新词"①。在这里,我们看到,在具体的翻译实践中,如何在语言的层面把握出发语与目的语的特点及其价值,是非常关键的一步。许渊冲在其翻译思考中,往往以此为出发点,在把握出发语与目的语的特点及其价值的基础上,去探讨英汉、汉英、法汉、汉法翻译中遇到的障碍,寻找有效的方法,克服两种语言差异给翻译造成的困难。同时,他还善于从具体的翻译方法的层面入手,上升到翻译理念、翻译策略的高度去进行提炼,提出具有指导意义的翻译原则。我们看到,无论是英译汉、法译汉,还是汉译英或者汉译法,许渊冲所关心的落脚点都是汉语,是中国文化:一是西方的文学作品如何进入汉语,如何在中国的文化语境中获得其新的生命?二是中国的文学经典如何进入西方语言,在英语、法语或其他语种所处的文化语境中得到有效的接受?世界上语言众多,不同语言之间的关系不同,差异不同,给翻译造成的障碍自然也就不一样,因此,克服障碍的具体方法也必然会有别。笔者注意到许渊冲在《中国学派的文学翻译理论》一文中所说的一段话:"世界上的语言很多,翻译种类也一样多,一个人不可能全部都有实践经验,只能选择几种最重要的,有代表意义的语文进行研究。现在世界是有十三亿人用中文,还有不到十亿人用英文,中文和英文是世界上用得最多的语言,也是最重要的两种语文。其次,中文和英文之间的差距很大,因此代表意义也大。据计算机统计,英、法、德、俄、西等西方国家的语文之间的差异不大。两种语言之间约有90%可以找到对等词,而中文和英文之间的差距却大得多,据统计只有40%~50%的对等词。因此,只研究西方文字之间的翻译不可能得出有重要国际意义的

---

① 许渊冲:《翻译中的几对矛盾》,见许渊冲:《翻译的艺术》,北京:中国对外翻译出版公司,1984年,第2页。

翻译理论,只有能进行中英互译的译者才有可能解决这个问题。"①对许渊冲的这一段话,学界可以有不同的理解,对其中提出的有关对等词的百分比的依据也可以进一步商榷,对提出具有国际意义的翻译理论的可能性也可以持不同观点,但结合许渊冲半个多世纪以来的翻译实践与翻译思考,笔者认为他提出的特别重要的一点就是:翻译的实际问题应该是思考翻译问题的出发点,"文学翻译的知识来自实践,没有翻译的实践,不可能得到翻译的知识;文学翻译的理论是理性认识,不但是来自实践,还要经过实践的检验,才能证明理论是不是正确的"②。从上面的表述中,可以看到,许渊冲对于翻译的思考,是从实践出发的,他特别关注汉语的特点,关注汉语与英语之间的差异,关注差异背后的文化、审美等因素。对他来说,这是一种具有理论自觉的探讨,用他自己的理论术语说,他坚持的是中国翻译学派的"实践论"。

正因为从实践出发,所以他在翻译的探索中,往往以翻译的实践例子来分析问题、发现问题、说明问题。在许渊冲撰写的有关翻译理论思考的文章中,我们可以看到大量的翻译实例,有英美文学和法国文学名著汉译的例子,也有中国诗歌词曲英译法译的例子,有国内历史上已经得到公认的著名翻译家所做的翻译的例子,也有从许渊冲自己所从事的文学翻译文本中选择的大量句子。通过这些实例的分析,许渊冲往往能从中找出某种规律,进而将之上升为方法与理论,用以指导实践。在许渊冲与多位翻译家的论著中,我们也同样可以看到许

---

① 许渊冲:《中国学派的文学翻译理论》,见许渊冲:《任尔东西南北风:许渊冲中外经典译著前言后语集锦》,北京:清华大学出版社,2014年,第576页。
② 许渊冲:《中国学派的文学翻译理论》,见许渊冲:《任尔东西南北风:许渊冲中外经典译著前言后语集锦》,北京:清华大学出版社,2014年,第576页。

渊冲的实践观。在他看来,翻译理论的探讨,应该坚持翻译的本体,坚持翻译的实际。正因为如此,他在何为翻译研究的重点这一问题上始终坚持自己的立场与观点。如翻译学界有的学者提出在中国的翻译研究中,在很长一个历史时期内,"怎么译"始终是研究的重点,而忽视了对翻译本质特征的探讨,很少关注翻译与文化、翻译与社会之间的关系,往往"讨论的核心就是解决'怎么译'的问题,或者说得更具体些,也就是'怎样译才能译得更好'的问题"①。对这些观点,许渊冲有高度的学术敏感性,他注意到学界对这样的观点持赞同的态度,尤其是注意到学界对"怎么译"这一问题的研究态度不一,看法不清,他借助有关《红与黑》汉译大讨论的契机,特别是针对王东风对《红与黑》翻译讨论的评价意见②,明确提出,对于翻译研究而言,研究"怎么译"应该始终是主要的任务。他以明确的立场提出,有学者认为"中国翻译研究落后,因为还在研究'怎么译'的问题。而所谓许钧和国际研究的先进,是因为他们把翻译和文化,政治和社会联系起来了。对不对呢?在我看来,翻译研究主要应该是研究'怎么译',翻译和文化、政治、社会的关系,无论如何,也只不过是处在次要的地位。如果研究了翻译和文化等的关系,结果却是把坏译文说成好译文,如许钧调查的结果那样,把风格不对等的郝译和语义不对等的郭译,说成是得到读者欢

---

① 许渊冲:《也议〈红与黑〉汉译大讨论》,《外语教学理论与实践》,2012年第2期,第70页。

② 许渊冲注意到王东风在《外语教学理论与实践》2011年第2期的第22—23页上说,许钧有关《红与黑》的读者大调查"先进之处,是吸取了在当时来说正处于国际翻译研究前沿的一种研究方法……即对同一原著的不同译本展开所谓的'译本研究'(translation studies),考察译本之间的差异及其背后的文化成因……那场调查可以说是中国翻译研究之文化转向的第一炮"。"此外,许钧的调查报告中把翻译与文化、政治和社会相联系,这在当时的中国翻译学界也同样是很超前的。"

迎的译文,那无论如何,也是颠倒黑白,混淆是非的结果,是翻译界的冤假错案"①。

在本课题的研究中,笔者多次论及有关《红与黑》汉译的讨论,对许渊冲与相关翻译家、翻译学者的论争也有评论与分析。在这里,笔者不对两方的观点做进一步的分析与评价,只是想指出两点:一是许渊冲之所以强调研究"怎么译"的重要性,其中非常根本的原因,就在于上文所论及的,许渊冲的翻译思考具有很强的实践针对性,对此,翻译学界的认识比较趋于一致。同时,对于研究"怎么译"在翻译理论研究中的重要性,不少学者都提出要予以特别关注,刘云虹就指出:"'怎么译'虽然不能涵盖翻译研究的全部内容,但对于实践性极强的翻译学科而言,翻译方法无疑是研究中必须着力解决的根本问题,与'翻译的本质'、'翻译的价值'等翻译学经典议题有着同样重要的地位。"②刘云虹的这一观点,有助于我们理解许渊冲为何在其翻译探索中赋予"怎么译"的研究以头等重要的位置。二是许渊冲在强调研究"怎么译"是主要任务的同时,并不反对研究翻译与社会、文化等的关系,相反,如笔者在本书第三章中所分析的那样,他在翻译思考与研究中,有很强的文化意识。关于这一点,在后面论及许渊冲的翻译思考的前瞻性和译学贡献时,将会更进一步展开讨论。有必要说明的是,翻译活动丰富而复杂,有关翻译的思考可从不同层面展开,许钧在与许渊冲的交流与探讨中,强调讨论乃至论争的目的是希望能进一步推动翻译研究,深化对翻译的认识。在致许渊冲的信中,许钧这样写道:"近年来,我国翻译理论研究有了长足的发展,但也应该看到,在许多重大问

---

① 许渊冲:《也议〈红与黑〉汉译大讨论》,《外语教学理论与实践》,2012年第2期,第70页。

② 刘云虹:《翻译批评研究》,南京:南京大学出版社,2015年,第180页。

题上远未达成一致的意见,比如文学翻译中无法避免而又最为棘手的原作风格再现问题,还有译作是否应该超越原作的问题。对于您提出的'发挥汉语优势'的观点,译界至今也还有许多不同的意见。我想,翻译是人类交流中最现实也最为复杂的活动之一,对它的认识存在种种分歧是必然的。研究翻译,应该允许采取不同的途径,您在《〈意译论〉前言》中提到的语言学派的译论自然有其存在的理由。一种理论有否存在价值,主要体现在它对实践有否指导意义。应该说,语言学派的译论和文艺学派的译论对我们进行翻译实践都有一定启迪,如语言学派译论中对语义的探讨,就不无指导意义。我觉得,目前我国尚未形成成熟、系统的文艺学派译论,在理论探讨上,如能听到不同的声音,应该是个好事。"①以此去审察、认识与理解许渊冲的有关观点,我们在看到许渊冲的相关翻译思考具有实践性的同时,不难发现,在中国翻译学界普遍吸收与借鉴西方译论的背景下,许渊冲能发出不同的学术声音有其必要性和重要的理论价值。

二是从中国学术传统中去寻找翻译的理论资源。如果说许渊冲的翻译思考与探索针对性很强,实践性也很明确,那么,在处理与思考中国翻译的具体实践中遇到的问题时,许渊冲又是通过何种理论途径进行探索的呢?

我们知道,翻译与创作的关系,是翻译理论探索的一个重要内容,但无论是创作还是翻译,都有一个表达的问题。就许渊冲的翻译实践而言,英法作品译成汉语,有汉语表达的问题,汉语作品译成法语或英语,也有汉语表达转换的问题。而不同语言有不同的特点,这些不同

---

① 许钧:《关于〈红与黑〉汉译的通信(一):许钧致许渊冲》,见许钧:《文字·文学·文化:〈红与黑〉汉译研究》(增订本),南京:译林出版社,2011年,第35—36页。

的特点,在本质上体现了持不同语言的人的不同思维特点与语言特点。在这一方面,中国有一些学者就中国人与狭义上的西方人的思想方式曾做过比较与思考,如傅雷结合其对中西方语言和中西方人思维的思考,指出:"中国人不是不讲形而上学,但不像西方人抽象,而往往用诗化的意境把形而上学的理论说得很空灵。"①傅雷还说过:"中国人的思想方式和西方人的距离多么远。他们喜欢抽象,长于分析;我们喜欢具体,长于综合。"②别的暂且不论,但傅雷指出的中国人与西方人之间的思想方式的差距,抽象与具体,分析与综合,这样的差距在各自的文学创作中必然会有所反映。以此去观之,中国人思维上的特点,在诗歌、词曲、戏剧的创作中,自然有其体现。许渊冲在其长期的翻译实践中,对中国古典诗词曲的特点尤为关注。在本书的第一章中,笔者已经就许渊冲的翻译做了梳理,这里不再重复,而更想指出的是,许渊冲的翻译实践一方面给他的翻译思考提供了丰富的资料,另一方面,他通过翻译实践进行的翻译思考又对他的翻译实践有指导的作用。就目前掌握的材料看,许渊冲每次翻译出版中国古诗词曲,都会以前言、序、后语等副文本形式,对翻译中遇到的问题展开思考。笔者没有做过完整的统计,但仅 2014 年清华大学出版社出版的许渊冲著《任尔东西南北风:许渊冲中外经典译著前言后语集锦》,就收入了"古今名著英译前言"15 篇,"古今名著英文前言"16 篇,"古今名著法文前言"1 篇,"古今名著英法译文后语"5 篇,"英国名著译话"5 篇,"法国名著前言后语"9 篇。如笔者在第四章探讨许渊冲的翻译美学观时已经注意到的那样,中国经典诗歌、词曲、戏剧在创作层面,无论立意、修辞

---

① 傅雷:《致傅聪》,见怒安:《傅雷谈翻译》,沈阳:辽宁教育出版社,2005 年,第 67 页。
② 傅雷:《翻译经验点滴》,见怒安:《傅雷谈翻译》,沈阳:辽宁教育出版社,2005 年,第 10 页。

还是格律、韵味,都有许多特点,而这些特点,尤其是在形式的层面上,给翻译有时造成了难以逾越的障碍。仔细研读许渊冲所写的这些前言后语译话,一方面可以清楚地看到在上文中笔者所指出的许渊冲翻译思考的实践基础;另一方面也可以看到,许渊冲在思考与解决翻译中遇到的问题时,没有像当代绝大多数翻译学者那样,把目光投向西方,从西方的译论中寻找方法或答案,或从西方的学术传统中去寻找提出其主张的理论依据,而是往往从中国的传统思想,尤其是中国古典文论与美学思想中去寻找其理论的根据。

关于上述的这一点,国内翻译学界在对许渊冲翻译主张及其主要观点的研究中,或多或少都有涉及。但是,笔者要追问一个在笔者看来不能回避的问题,那就是为什么许渊冲所走的翻译探索之路与改革开放以来绝大多数的翻译学者有所不同,而是从中国学术传统中去寻找理论资源呢?

应该看到,在中国当代的翻译理论研究中,许渊冲对于中国学术传统的坚持与弘扬,并不是特例。在上文中笔者多次论及的罗新璋就是一个杰出的代表,他对中国从古至今有关翻译的思考做了系统的梳理、严密的考证与深刻的分析,提出了"我国自成体系的翻译理论"的论断。对此,虽然翻译学界有不同的声音,尤其是对"具有中国特色"的翻译理论的"具有中国特色"这几个字有不同的意见乃至反对的意见,但罗新璋对从中国古典文论与传统美学中发展起来的中国翻译理论进行系统的探索,其贡献是重大的。同样,张柏然也在其长期的翻译教育与翻译研究中,在多个场合呼吁要重视对中国传统译论的挖掘、阐述、继承与创新。笔者注意到,张柏然有感于中国传统译论在近代西方文化的冲击下成为"旧"与"古"的代表,觉得中西学术的对话要有自身的立场,对西方译学话语的借鉴也要以我国的传统译论为基础。他把立足于继承之上的借鉴与创新看作建立中国译学的正路,并在此基础上向译界同行们发出了"中国译论要有中国味"的呼吁。①张柏然还和他指导的博士生张思洁一起撰文,在《中国传统译论的美学辨》一文中以支谦的"因循本旨,不加文饰"、道安的"案本而传"、傅雷的"神似"、钱钟书的"化境"为例分析了中国传统译论的哲学、美学渊源,认为这些译论"皆与我国的传统诗、文、书、画论有着难割难舍的联系",蕴含着丰富的美学思想,具有显著的美学特点:以中和为美,讲求和谐;尚化虚为实,讲求含蓄;重感性体悟,讲求综合。②通过罗新璋与张柏然的翻译探索与有关论述,我们再去看许渊冲对于翻译的思考与研究,看许渊冲在其翻译探索中对于中国传统翻译思想的继承与创新,对其中的因由,罗新璋一针见血地指出:"把外文翻成中文,两种语言不同,文化传统不一,适合于彼国的翻译理论,未必就切合我国的翻译实际。"③罗新璋的论述,可以说在很大程度上为我们理解许渊冲的翻译研究之路提供了关键的参照。但笔者看到,罗新璋只是注意到了"外文翻成中文"这一翻译实际,而许渊冲的翻译实践还有另一个维度,那就是"汉译英"与"汉译法",而且在这一方面,许渊冲翻译的基本上是中国文化的精粹,是代表中国诗歌、词曲与戏剧创作最高成就的一些经典作品。要翻译这些作品,就必须理解这些作品的创造之道、创作方法与创造价值。一方面,汉语与英语或法语之间的差异极大,汉语是表意文字,英语和法语是拼音文字,各自

---

① 张柏然:《中国译论要有中国味:代序》,见张柏然、许钧:《译学论集》,南京:译林出版社,1997年,第1—2页。
② 张柏然、张思洁:《中国传统译论的美学辨》,见张柏然、许钧:《译学论集》,南京:译林出版社,1997年,第85—95页。
③ 罗新璋:《我国自成体系的翻译理论》,见罗新璋、陈应年:《翻译论集》(修订本),北京:商务印书馆,2009年,第17页。

创作所依据、所发挥的语言特点与价值就会不同,在很大程度上会出现不同的创作方法,也会有不同的创作效果,如中国诗歌创作的"赋比兴",其方法、效果和表达形式,与西方诗歌就有很大不同。另一方面,如笔者在上文中提及的傅雷关于中西方思维的差别的论述,其中抽象与具体的不同思维方式对文学创作也有着重大的影响,中国诗歌追求空灵的境界,致力于意境的营造,重形象、重联想、重共鸣。而要在翻译中体现这些精神,传达其效果,在西方的翻译理论中就很难找到转换的依据和可行的方法。如果细心去阅读许渊冲所撰写的有关中国诗歌、词曲与戏剧英译与法译的前言或后语,就可以发现许渊冲在翻译中特别关注的就是上述的一些问题,而要解决这些问题,他不能不从中国的传统艺术理论,尤其是传统美学理论中去寻找理论的资源与依据。

在本书的有关章节中,笔者已经就许渊冲的翻译思想做了探源性的思考与分析,在这里,笔者仅想提请翻译学界注意,以许渊冲的宋词的英译实践为例,来看看许渊冲是如何从他对宋词的理解、认识、评价入手,对具有代表性的宋词大家的风格、价值与特点加以把握,进而参照中国传统美学,根据从鲁迅的有关论述中形成的"三美"论,对在翻译中遇到的问题,尤其是中国宋词创作给英译造成的困难,进行分析,然后采取有效的途径,发挥汉语优势,尽可能将其译成富有"三美"的绝妙好词的。在许渊冲的《任尔东西南北风:许渊冲中外经典译著前言后语集锦》一书中,有一篇题为《〈宋词三百首〉英译本序》,在这篇序中,许渊冲一开始就指出:"如果说'创造美是最高的乐趣',那么,古代的中国诗人可以算是享受过美好人生的了。因为早在两千多年以前,中国就创造了美丽的《诗经》和《楚辞》;以后,中国又创造了更美丽的唐诗和宋词。而在四者之中,最美丽的要算后来居上的宋词,因为宋词所表达的思想感情,有时似乎比唐诗还更深刻、更细致、更微妙。"①从词的起源、发展,到词的高峰,从欧阳修、范仲淹、苏轼、周邦彦、岳飞,到李清照、陆游、辛弃疾,许渊冲从理念、形式、特征与表现力等多个层面做了精要的分析与概括,为其翻译应该关注的关键点做了重要的探索,也为他在翻译中如何着力于"三美"的创造提供了理论与实践层面的双重依据。从这个意义上说,许渊冲在其翻译思考与探索中,注重从中国的学术传统中去吸取理论资源和依据,有其必要性,更有其必然性。而许渊冲的翻译探索与翻译思想,正是从上述的中国之根中渐渐生长、形成与发展起来的。

第二节　许渊冲翻译思想的前瞻性

探讨许渊冲的翻译思想,关注其深深根植其间的中国学术传统、古典文论,尤其是传统美学对其的影响,我们可以更清楚地看到许渊冲翻译思想的理论基础,也可以更好地理解他在理论上的必然追求,那就是致力于创建中国学派的文学翻译理论。对于这一点,笔者在下文中还要论及。在本节,笔者想在梳理与追踪其翻译思想形成与发展的基础上,就其翻译思考中所包含的前瞻性做一些分析与探索。

在书中,笔者多次论及,自改革开放以来,许渊冲的翻译探索可以说一直处于理论开拓的前沿。我们知道,国际翻译学界一般都认为,

---

① 许渊冲:《任尔东西南北风:许渊冲中外经典译著前言后语集锦》,北京:清华大学出版社,2014年,第67页。

严格意义上的翻译研究开始于20世纪50年代。关于我国的翻译理论研究探索和发展的历程与主要贡献,许钧与穆雷曾在新中国成立60周年之际发表《探索、建设与发展》一文,指出:"新中国成立60年来,翻译研究和翻译学的学科发展之路经历了风风雨雨,大致可以划分为两个重要时期,即1949年至1978年的前30年和改革开放以来的后30年。翻译活动历来与国家、民族重大的政治、历史与文化事件相生相伴,与社会的发展密切相关。"[①]关于第一个时期,许钧与穆雷根据比较可靠的材料,认为"从1949年至改革开放前这30年发表的近400篇翻译研究论文看,绝大部分发表于新中国成立后的前10年。从发表文章所涉及的领域看,主要集中于翻译实践经验总结、翻译批评、翻译教学探讨和翻译人物介绍等几方面。除了对翻译实践中一些重要问题的探讨外,还有对苏联翻译理论的译介和探讨,研究者展现了一定的国际视野。总的来说,这一时期的翻译研究多紧密结合翻译实践,针对翻译的实际问题展开讨论。从文章的选题看,研究工作明显受到主流意识形态的影响。翻译理论研究的视野相对狭窄,理论探讨深度不够"[②]。而对于改革开放之后的第二个时期,他们在文中强调指出:"改革开放以后,随着中国国际地位的迅速提高,翻译实践与翻译研究也步入快速发展的轨道。对外交流的繁荣极大地提高了对翻译的需求,新的翻译高潮为翻译研究提供了广阔的空间和丰富的实例,翻译活动与翻译思考形成充分的互动,翻译研究从对翻译标准的思考,到对俄苏翻译理论的介绍,进而到对西方翻译理论的引进,再到对中国

---

① 许钧:《从翻译出发:翻译与翻译研究》,上海:复旦大学出版社,2014年,第212页。
② 许钧:《从翻译出发:翻译与翻译研究》,上海:复旦大学出版社,2014年,第213—214页。

传统译论的反思,开拓了汉译外研究、典籍翻译研究、口译实践及其教学研究、翻译工具研究等新的研究领域,不断提出新的研究课题。"①学界普遍认为,这两位学者对中国翻译理论研究基本状况的梳理与分析,是完全符合实际情况的。笔者特别注意到两位学者指出的改革开放之后中国翻译理论探索的基本轨迹,其中尤其提到"汉译外研究"与"典籍翻译研究"。可以说,就中国翻译理论研究的发展而言,这两个领域的开拓是具有重大意义的。

　　回顾中国翻译理论研究所走的路,在上面提出的"汉译外研究"与"典籍翻译研究"这两个研究领域,我们不难看到许渊冲在其中起到了开拓性的作用,其翻译思考与研究充分显示了前瞻性。

　　首先,许渊冲翻译思想的前瞻性表现在对"中译外"研究的重视与开拓。就翻译研究而言,梳理中西方的翻译理论探索的历程,我们会看到一个事实:无论是在早期还是在现代,翻译的思考活动往往与翻译活动密切相关,对翻译的认识也是在丰富而复杂的翻译活动中不断获得、加深的。傅勇林与朱志瑜对此有深入的思考,他们联合撰文指出:"中国译学研究大致与其翻译史同步,据可稽考的文献记载,自后汉明帝永平八年(公元 65 年)佛籍传入中国,迄今已走过了 2000 余年的历程。桓帝建和初年(公元 147 年)安息国王子安世高'白马驮经'东来,开佛籍汉译之先河,其后译事大兴,译论迭出,曾为中国文明的递嬗演进作出过独特的贡献。伴随着几次意义深远的译事高潮(汉武帝使张骞通西域首启西域译事、两汉之际至元初逾 1200 年佛籍翻译大兴、明末清初实学翻译流行、五四新文化运动至 20 世纪 30 年代中

---

① 许钧:《从翻译出发:翻译与翻译研究》,上海:复旦大学出版社,2014 年,第 214 页。

叶西学东注、80年代西学翻译热），中国译学也在反思与求索的过程中不断提高。时值世纪之交，着眼于中国译学研究在下一个世纪的更大发展，似有必要在清理总结本世纪中国译学研究既有成绩的同时，也参考西方译学迄今（尤其是近20年）已取得的进展，并借此在学术范式的意义上反思中国译学的现状与未来，以期在下一个世纪能为中华文明和世界文明的发展作出更大的贡献。"①这两位学者是站在为中华文明与世界文明的发展做贡献的高度来讨论译学研究的，其翻译的文化立场是显而易见的。他们认为，中国的译学研究大致与翻译史同步，这一点也是学界有目共睹的。同时，从他们所列举的中国的几次译事高潮来看，"佛籍翻译""西学东注""西学翻译"等，基本无一例外，全都是由西到东，是外译中的翻译活动。

　　如果像两位学者所言，中国译学的发展大体与中国翻译史同步的话，我们还可以更进一步，看到中国翻译活动的基本走向"外译中"，也大致决定了中国翻译研究的基本走向与内容。就翻译史的研究而言，学界关注的主要就是"外译中"这一走向。可以这么说，在世纪之交，当中国译学界在普遍思考中国译学的发展之路时，少有学者关注中国文学、中国文化典籍外译活动的历史及其有可能给翻译研究提出的理论与实践两个层面的问题。张柏然与许钧主编的《面向21世纪的译学研究》收录了国内包括香港翻译界很有代表性的51位学者的45篇译学研究论文，基本上集中反映了自改革开放以来中国翻译学界在翻译研究探索中所取得的重要成果。编者指出："在此世纪转换之际，作为对逝去的岁月的思考，更是为了较系统地总结特别是改革开放以来

---

① 傅勇林、朱志瑜：《学术范式：西方译学的启示——世纪之交关于中国译学研究的理论思考》，见张柏然、许钧：《面向21世纪的译学研究》，北京：商务印书馆，2002年，第87页。

我国译学领域的实践经验和理论成果，回答译学界普遍关心的一些重大理论与实践问题，对未来的走向作一些积极的探讨，我们组织、编纂了这部《面向 21 世纪的译学研究》的文集。"[1]文集中的论文确实如编者所言，"文章的作者们结合自己的研究心得，对译学或作理论性的元思考，或作学科分支性的研究，抑或作应用性的研讨，都力图从特定的学术视角对各个专题进行准确的诠释，注重抓住一些关键性问题和环节，找准症结，在总揽实际和翔实的资料分析的基础上，提出切实可行的对策与思路；并依据现状，提出今后的主要研究任务和一些前瞻性的思考"[2]。就在这里，笔者看到了主编提出的"前瞻性的思考"一语，其中的文章对翻译研究的前瞻性思考是多方面的，这里不拟赘述。但就其所收录的文章而言，如果以现在的目光来看，当时的翻译学界对中国翻译活动的未来走向或者流向少有思考，也很难预测到或想到近十年来在中国会如此迅速地出现"中译外"的高潮，以及伴随这一新兴的翻译走向而对中国文学与中国文化外译进行的越来越广泛与深入的研究。

对"中译外"活动予以关注和研究，就这一方面的前瞻性而言，《面向 21 世纪的译学研究》文集中有两位作者的论述值得我们特别关注。一位是王宁，他在《文化研究语境下的翻译研究》一文中指出，在新的世纪，要实现中西方文化的对话，"翻译就是一个不可或缺的媒介。但是长期以来的中国文化（主要是文学）翻译却形成了一种明显的逆差，即把外国（尤其是西方）文化翻译介绍到中国无论从质量上或数量上

---

[1] 张柏然、许钧：《编者絮语》，见张柏然、许钧：《面向 21 世纪的译学研究》，北京：商务印书馆，2002 年，第 1 页。

[2] 张柏然、许钧：《编者絮语》，见张柏然、许钧：《面向 21 世纪的译学研究》，北京：商务印书馆，2002 年，第 1 页。

说来都大大胜过把中国文化翻译介绍到国外……就翻译本身来说,我们的外翻中力量大大强于中翻外,尤其是近几年来的经济大潮更是有力地冲击着外语教学和翻译人员,致使他们中的许多人不屑花费时间打好基本功,不去努力把中国文化及其精髓文学作品翻译介绍到国外,或者本身就根本不具备这方面的能力"[1]。王宁从文化交流的高度,指出了中西交流中中译外的逆差,强调中译外与中译外人才培养的重要性,具有重要意义。

以王宁在 21 世纪初指出的问题和提出的观点来加以衡量,许渊冲的翻译实践和翻译理论探索,便充分凸显出其特点与重要性。在《面向 21 世纪的译学研究》一书中,许渊冲撰写了一篇具有独特意义的文章《译学要敢为天下先》。在文章中,许渊冲论及了自严复以来中国译学思想和理论的发展,最后提出了自己的译学思想及主要理论思考。需要特别关注的是,许渊冲在其文章的前言部分,重申了他在多个场合提出的观点:"在我看来,现在世界上有十多亿人用中文,又有十多亿人用英文,所以中、英文是世界上最重要的语文。中、英文之间的差距远远大于西方语文之间的差距,因此,中英互译的难度远远大于西方语文之间的互译。"[2]许渊冲提出这一观点,主要是想说明如下事实:一是在他看来,世界上没有一个外国人能做到中外互译,而在中国有不少可以中外互译的翻译家,他本人更是有丰富的实践和宝贵的贡献,出版了中译英与中译法的文学经典 40 余部。二是翻译理论要有助于指导与解决翻译实践问题,所以,没有中英互译的实践,就不可

---

[1] 王宁:《文化研究语境下的翻译研究》,见张柏然、许钧:《面向 21 世纪的译学研究》,北京:商务印书馆,2002 年,第 538—539 页。

[2] 许渊冲:《译学要敢为天下先》,见张柏然、许钧:《面向 21 世纪的译学研究》,北京:商务印书馆,2002 年,第 34 页。

能提出解决中英互译问题的理论。① 基于这两点考虑,许渊冲明确了中国译学发展的任务,提出译学要敢为天下先。以此来看,许渊冲半个多世纪以来,尤其是改革开放以来,对中国思想经典、文学经典与艺术经典的外译实践,是一种自觉的实践,有其明确的理论追求。从这个意义上来看,许渊冲可以说是我国改革开放以来具有自觉的实践与理论追求的翻译家与翻译学者,他对中译外的关注、对中译外的重要性的强调,同时,他对中译外的研究以及这一研究对于推进世界译学建设的意义的认识,无疑充分显示了他的前瞻性。

其次,许渊冲翻译思想的前瞻性表现在提出文化翻译的"双向交流"观。随着全球化进程的加快和中国综合国力的增强,中国文化"走出去"的呼声越来越迫切,而中国文化要"走出去",翻译是必经之路。就此而言,中国思想、文化与文学经典的外译,是中国文化"走出去"的具体保证与体现。在上文中,笔者就许渊冲对中译外的关注与提倡所体现的译学研究的前瞻性做了简要的分析与阐述。其中笔者已经注意到,许渊冲之所以在其翻译研究中一直非常关注中译外的研究与方法探讨,一方面是由于其翻译实践的需要,另一方面,更深层的原因是许渊冲有着文化自觉与文化自信,更有着通过翻译推动世界优秀文化建设的理想追求。

在本书的第三章中,笔者已经就许渊冲的翻译文化观做了较为系统的梳理、分析与阐述。我们都知道,自20世纪50年代以来,翻译研究经历了语言与文化转向。张柏然指出:"在文化交流与碰撞日益频繁的今天,译学对于民族文化与世界文化的建设,对于不同民族之间

---

① 许渊冲:《译学要敢为天下先》,见张柏然、许钧:《面向21世纪的译学研究》,北京:商务印书馆,2002年,第34—35页。

的相互理解和沟通,都起着重要的作用。译学研究必然与文化研究紧密联系在一起。我们只有联系文化来研究译学,才能对译学的意义与作用有深入的了解。从'文化'概念出发,超越从前种种'从翻译学认识翻译学'或'从某一哲学派别认识翻译学'等把翻译学看成一组孤立地利用概念、实验技术等认识过程的老路,而从文化哲学、文化语言学、民俗学等学科角度入手,把翻译学看成是一种在特定的社会文化背景下进行的特殊活动方式,利用大量相关材料,把它的研究对象、运用的概念、提出的命题、包藏的隐喻、理论的演进等等,统统纳入或还原到一定的文化背景下加以整体地分析与理解、揭示它们与文化之间内在关系及由此而具有的文化特征,把握住'翻译学的文化性格',以回答'翻译学是什么'这一翻译学的根本问题。"①在张柏然的这段论述中,有两点特别值得注意:一是译学研究应该关注文化问题,二是翻译研究应该重视文化研究途径。以此来观许渊冲的翻译研究与探索之路,不难看到,许渊冲在其翻译研究历程中,始终关注文化问题。从他早期对翻译艺术的探讨,到他后期对中国学派的文学翻译理论的构建,他对翻译的使命与翻译者肩负的责任,一直有着自觉的担当。

从翻译的本质看,翻译是一种跨文化的交流活动。对翻译与文化的关系,翻译之于文化交流与文化建设的重要性,翻译学界自20世纪80年代以来,有着深入的探讨。如法国的翻译学者安托瓦纳·贝尔曼有着明确的翻译文化观,他在《异域的考验:德国浪漫主义时期的文化与翻译》一书中,把翻译与文化构建结合起来对德国浪漫主义时期的翻译活动进行考察,提出:"翻译研究的领域是宽广的,只要它能冲破

---

① 张柏然、许钧:《编者絮语》,见张柏然、许钧:《面向21世纪的译学研究》,北京:商务印书馆,2002年,第5页。

文本转换过于狭窄的框子,并且能在总体上将语言和文化结合起来。"①国内文化翻译学者王克非在其代表性研究著作《翻译文化史论》中提出:"文化既是人类创造的价值,又具有民族、地域、时代的特征,因此不同文化需要沟通。这种沟通离不开翻译,因为语言文字是文化的最重要的载体。可见,文化及其交流是翻译发生的本源,翻译是文化交流的产物,翻译活动离不开文化。"②实际上,语言与文化在翻译中是不可分离的,对翻译的研究自然不能离开对语言与文化的思考与探索。王宁认为:"翻译研究总是包含这样两个方面的研究:研究把以一种语言为载体的内容转换为另一种语言形式的狭义的字面翻译;研究把以一种语言为载体的文化内涵转换为另一种文化形式的广义的文化翻译。前者在很大程度上受到语言形式的束缚,着眼于具体的操作技巧;而后者则有着较大的能动性阐释的张力,其目的在于从翻译文本出发进行文化阐释和意义建构。"③从上面三位学者的论述看,翻译与文化的关系是一种内在的关系、互动的关系,对于翻译与翻译研究而言,其落脚点在于一方面要在翻译实践中处理好语言与文化的关系,处理好语言转换与文化转换的关系;另一方面则要在翻译研究中,冲破文本转换过于狭窄的束缚,从翻译文本出发,对翻译活动所进行的文化阐释与意义建构加以探索。以此为衡量,我们再去看看许渊冲所走的翻译与翻译理论的探索之路,可以发现,无论是对语言与文化的关系的思考,以及在翻译中对语言形式和文化内涵的处理,还是在

---

① Antoine Berman, *L'épreuve de l'étranger: Culture et traduction dans l'Allemagne romantique*, Paris: Gallimard, 1984, p. 24.
② 王克非:《翻译文化史论》,上海:上海外语教育出版社,1997年,第2页。
③ 王宁:《文化研究语境下的翻译研究》,见张柏然、许钧:《面向21世纪的译学研究》,北京:商务印书馆,2002年,第528页。

理论研究中对翻译的文化使命的阐述方面,许渊冲都有较为系统与深刻的探索。如笔者在上文中多次指出的,早在 20 世纪 80 年代初,在国内的翻译研究基本上还处于对翻译的实践总结阶段,对翻译的思考大都处于语言的层面时,许渊冲就前瞻性地指出了中国翻译工作者的责任以及翻译所肩负的使命:"中国文学翻译工作者对世界文化应尽的责任,就是把一部分外国文化的血液,灌输到中国文化中来,同时把一部分中国文化的血液,灌输到世界文化中去,使世界文化愈来愈丰富,愈来愈光辉灿烂。"①

我们都知道,翻译之于文化,在历史的发展过程中,由于权力、意识形态与文化的影响,其作用并不完全都是积极的,有时会是消极的,甚至会对目的语国家的文化产生破坏。特贾斯维尼·尼朗贾纳对此有过深刻的思考与揭示,他在《为翻译定位:历史、后结构主义和殖民语境》②一书中就讨论了殖民状态下不对称的权利关系对翻译的影响。韦努蒂在讨论翻译对于文化身份的塑造作用时强调指出:

> 翻译以巨大的力量构建着对异域文化的再现。对异域文本的选择和翻译策略的制定,能为异域文学建立起独特的本土典律,这些典律遵从的是本土习见中的美学标准,因而展现出来的种种排斥与接纳、中心与边缘,都是与异域语言里的潮流相背离的。本土对于拟译文本的选择,使这些文本脱离了赋予它们以意义的异域文学传统,往往便使异域文学被非历史化,且异域文本通常被改写以符合本土文学中当下的主流风格和主题。这些影

---

① 许渊冲:《翻译的艺术》,北京:中国对外翻译出版公司,1984 年,"前言"第 iii 页。
② Tejaswini Niranjana, *Siting Translation: History, Post-Structuralism, and the Colonial Context*, Oakland: University of California Press, 1992.

响有可能上升到民族的意义层面：翻译能够制造出异国他乡的固定形象，这些定式反映的是本土的政治和文化价值，从而把那些看上去无助于解决本土关怀的争论与分歧排斥出去。翻译有助于塑造本土对待异域国度的态度，对特定族裔、种族和国家或尊重或蔑视，能够孕育出对文化差异的尊重或者基于我族中心主义、种族歧视或者爱国主义之上的尊重或者仇恨。从长远来看，通过建立起外交的文化基础，翻译将在地缘政治关系中强化国家间的同盟、对抗和霸权。①

当今的时代，是全球化的时代，韦努蒂所指出的问题，在今天并没有消失。联系到中国的现状，我们看到在全球化不断加快的进程中，中国文化走向世界成了国家战略。这一战略的实施，离不开翻译。如笔者在上文中所指出的，许渊冲前瞻性地看到了中国文化在新的世纪将越来越受到世界的瞩目，身体力行地积极投身于中国文化与文学经典的英译与法译，并进行了深刻思考，提出了一系列具有创新性的翻译观点。在翻译所承担的文化交流的使命中，我们看到，许渊冲所提出的中国文学翻译工作者的责任是非常重大的。以此为出发点，我们还可以看到，许渊冲对于翻译的作用的强调，与那些视翻译为同谋，将翻译作为一种权力关系，把翻译当作推行自己的文化、谋求韦努蒂所指出的"霸权"的思想截然相反，他认为翻译应该有助于丰富世界文化。如果世界各国的翻译工作者能像许渊冲所希望的那样，每个民族通过翻译，把自己优秀的文化血液输送给别的民族，把别的民族的优

---

① 劳伦斯·韦努蒂：《翻译与文化身份的塑造》，查正贤译，刘健芝校，见许宝强、袁伟：《语言与翻译的政治》，北京：中央编译出版社，2001年，第359—360页。

秀的文化血液吸收到自己的民族文化之中,那么,世界文化如他所说,一定会"愈来愈丰富,愈来愈光辉灿烂"。为了实现这一理想,许渊冲在他的多篇论述翻译的文章中,前瞻性地提出了翻译中的双向交流的观点。在翻译中,有两种语言的接触,许渊冲提出要充分认识不同语言的特点,发挥各自语言的优势。在翻译中,更有两种文化的接触、交流、碰撞与交融,许渊冲又提出了文化竞赛的观点,提倡相互吸收长处。就翻译的跨文化交流的本质而言,许渊冲一直身体力行所从事的翻译实践与翻译思考,都充分地展现了其思想的前瞻性,展现了其思想的深刻内涵,表明了他对于翻译所肩负的丰富世界文化、维护文化多样性的使命有着深刻的理解与自觉的担当。这里,笔者想再援引许渊冲的一段论述,予以证明:"21世纪是全球化世纪。所谓全球化不应该局限于经济一体化,还应该包括文化方面在内;具体说来,就是把全球的先进文化引进到本国,也把本国的先进文化推向世界。中国文化有几千年的悠久历史,先进部分应该融入世界文化,成为全球文化的一部分,使全球文化更加光辉灿烂。"[①]

最后,许渊冲翻译思想的前瞻性还表现在对翻译之"道"的辩证把握。许渊冲的翻译实践有着明确的文化诉求,这一点笔者已经论及。就翻译和翻译理论探索而言,对翻译的认识是最为根本的。一个人对翻译的本质的认识,一方面可以影响他在具体翻译实践中对翻译方法的选择和翻译策略的使用,另一方面可以影响他对翻译过程、翻译矛盾、翻译主体作用和翻译价值的认识与把握。从这个意义上说,对翻译之"道"的认识与研究,是考察一个人的翻译思想的重要途径。

对翻译之"道",可以有不同的理解。探讨翻译之"道",不能不明

[①] 许渊冲:《译笔生花》,郑州:文心出版社,2005年,第23页。

确翻译所肩负的使命。有学者指出:"促进世界各国的文化相互理解与了解,进而促进其交流与对话,维护文化的多样性,共同创造人类的灿烂文化,应该是翻译的使命所在,此乃翻译之大道。"①在上文中,笔者已经就此做了探讨,对许渊冲的翻译思想中所体现的历史使命感与前瞻性做了论述,这里不再赘述。

翻译之"道",还有另一层深刻的意义,那就是翻译到底如何进行,也就是翻译规律的探索。许渊冲对翻译的认识是深刻的,对翻译之"道"一直进行积极的探寻。关于对翻译本质的认识,陆永昌认为:"长期以来,我们的翻译定义就是不同语言之间的转换,或者如国外的'等值'、'对等'、'等效'、'功能对等'等,核心都是'转'、'换'或者'等',因此替换的现象较为普遍,结果,翻译本身作为跨文化的手段,在翻译过程中无形地造成了新的隔阂、新的文化障碍。"②对翻译的这种认识,在翻译实践中可以导致直接的结果。许钧认为:"由于把翻译看成是一种纯语言的替换,往往会导致两种不可取的翻译方法:一是追求所谓的对等,采取的往往是过于机械的直译和硬译,结果是译犹不译;另一种追求的是所谓的等效,采取的往往是过于自由的意译或胡译,结果是随意替换,大而化之。这两种翻译方法实际上代表着两种翻译立场,前者对原文本盲目忠实,亦步亦趋,不敢越雷池一步,后者则无视原文本'异'的特质,以'归化'的名义,自由替代原作独特的生命要素。目前中国译界有两类特别需要引起警惕的译文:一是西化严重,在用词和结构上有可能破坏汉语生态平衡的翻译,二是大而化之,过于美化、有违原作精神的翻译。这两种翻译与以沟通与交流为使命的翻译

---

① 许钧:《译可译　非常译:谈翻译之道》,见许钧:《生命之轻与翻译之重》,北京:文化艺术出版社,2007年,第135页。
② 陆永昌:《翻译:不能再增文化障碍》,《译林》,2006年第3期,第212页。

之大道是背道而驰的。"①面对这样的矛盾,许渊冲基于对翻译历史的深刻理解与对翻译本质的把握,提出了翻译的"优化论":"归化和异化都不是翻译的关键,关键只是'优化',就是发挥译语优势,充分利用最好的译语表达方式。如果归化的方式最好或最优,那翻译就该归化;如果异化的方式最优,那就该异化。这就是归化和异化的竞赛,看哪种译法胜利,胜利的就是'优化'。"②对许渊冲的这一具有辩证观的优化之说,许钧有进一步的分析与评价:"从积极的意义上看,许先生提出的'优化论'对化解翻译界长期以来水火不相容的'异化'与'归化'之矛盾具有启迪意义,它令我想起了北京大学孟华教授的观点:在中外文化交流中,翻译具有传递'相异性'的功能,即翻译'可在一国的文化传统中,亦即在一个民族的身份认同中植入相异性因素'。要发挥翻译传递'相异性'功能,就必须尊重原作的'异质'生命,而要在民族身份认同中植入相异性因素,则必须经历一个'本土化',即'归化'的过程。'异化'和'归化'于是不再是目的,只是一种手段,关键是要通过有效的策略,将相异性因素植入目的语文化体系中,使之被认同,以目的语文化的'认同性'来激活'相异性',达到更新目的语文化传统,丰富目的语文化的目的。如此看来,只有更深刻地理解翻译的使命与目的,才能合理使用方法与策略。"③

对翻译之"道"的把握,许渊冲无论在形而上的意义上,还是在形而下的实践层面,都有深入的思考与认识,而且对两个方面都有着逻

---

① 许钧:《译可译 非常译:谈翻译之道》,见许钧:《生命之轻与翻译之重》,北京:文化艺术出版社,2007年,第136页。
② 许渊冲:《译笔生花》,郑州:文心出版社,2005年,第21页。
③ 许钧:《译可译 非常译:谈翻译之道》,见许钧:《生命之轻与翻译之重》,北京:文化艺术出版社,2007年,第136页。

辑和辩证的把握。关于这一点,许渊冲根据老子的《道德经》的思想与表达,提出的这段关于翻译之道的论述,就是最有力的证明与诠释:"译可译,非常译;忘其形,得其意。得意,理解之始;忘形,表达之母。故应得意,以求其同;故可忘形,以存其异。两者同出,异名同理:得意忘形,求同存异;翻译之道。"①

第三节　许渊冲的译学贡献

探究许渊冲的翻译思想的特质及其翻译观的深刻内涵,揭示其翻译思想的前瞻性,在一定程度上,自然会凸显其理论探索给翻译实践与翻译理论研究带来的积极意义。笔者想结合上文的研究,就许渊冲的译学贡献做进一步的思考与总结。

对于许渊冲翻译思想的贡献,学界已经有过不少研究与论述。在上文中,笔者结合相关章节的研究,对许渊冲的翻译思想的产生、发展与内涵做了较为细致的梳理、分析与阐述。就许渊冲的译学贡献而言,在笔者看来,需要从翻译实践与理论探索两个层面来思考。也就是说,这里所指的译学贡献,既包括许渊冲的翻译思想对翻译实践的指导意义,也包括许渊冲的翻译探索对译学建设的贡献。下面,主要从四个方面来展开讨论与总结。

1. 许渊冲翻译思想具有理论的构建性。全面检视许渊冲的翻译思考与探索之路,可以看到,国内改革开放伊始,许渊冲就对翻译理论

---

① 许渊冲:《谈重译:兼评许钧》,《外语与外语教学》,1996年第6期,第58页。

的建设有着明确的追求,多年来,许渊冲结合其丰富的翻译实践,一直致力于中国学派的翻译理论的构建。就在2016年3月9日,近95岁高龄的许渊冲还在《中华读书报》发表长文《中国人、外国人,谁能翻译好诗经李白》,再一次就"中国学派的文学翻译理论"明确自己的观点,坚持认为中国学者在中国典籍与文学经典的外译中具有独特的价值,坚持认为中国学派的翻译理论在译学建设中具有不可或缺的地位。①可以说许渊冲的翻译思考与理论追求对中国学派的翻译理论和译学话语具有重要的构建作用。

许渊冲数十年来致力建设的中国学派文学翻译理论独树一帜,内涵丰富而深刻,涉及文学翻译的方方面面,在思想性、理论性、系统性方面都有明确的追求。许渊冲将之浓缩和概括为十个字——"美化之艺术,创优似竞赛"。具体来说,"美化之艺术"是指"三美""三化""三之"的艺术;而"创优似竞赛"则是"再创论、优势论、三似论、竞赛论"的具体表达。根据许渊冲的翻译思想和译学论著所提供的材料,笔者在前面几章的梳理与分析的基础上,就其翻译理论的主要构成再做一简要回顾和总结:许渊冲的翻译理论主要由本体论、认识论、方法论、目的论、矛盾论和实践论等六个子系统构成。主要内容如下:

一是本体论,包括"三美论"(意美、音美、形美)、"信达优";二是认识论,包括"三似论"(形似、意似、神似)、"三势论"(优势、均势、劣势)、"艺术论"("从心所欲而不逾矩"的艺术)、"优势论"、"竞赛论"、"超导论"、"再创论";三是方法论,包括"三化论"(亦称"化学论",包括深化、等化、浅化,即利用加词、换词和减词等方法,通过意译来努力达到神

---

① 许渊冲:《中国人、外国人,谁能翻译好诗经李白》,《中华读书报》,2016年3月9日第18版,http://epaper.gmw.cn/zhdsb/html/2016-03/09/nw.D110000zhdsb_20160309_1-18.htm,2016年5月30日读取。

似的境界);四是目的论,包括"三之论"(知之、好之、乐之);五是矛盾论,如"真与美:矛盾统一提高论";六是实践论,即"翻译理论来自实践,又要受到实践的检验"。以上六个子系统相辅相成,具有有机的逻辑联系,构成了许渊冲译学的理论范畴和主体思想。可以看到,许渊冲对其中的主要观点有非常明确的理论阐述,有的观点尚在进一步的探索中,有的观点还受到国内译学界有些学者的质疑与批评。但笔者特别注意到,上述六论的构成,对许渊冲而言,是有理论的自觉和理想的追求的。其中,前四个子系统本体论、认识论、方法论、目的论是许渊冲翻译理论研究的四个重要维度。本体论是许渊冲翻译理论的基础和核心内容,"三美论"是许渊冲提出的文学翻译最重要的标准和理论。矛盾论和实践论是许渊冲根据马克思主义的矛盾论和实践论提炼和总结出来的,是对中国特色翻译理论的重要补充和完善。可以看到,上述"优势论""信达优""竞赛论""超导论""艺术论""再创论""三势论"强调译者的主体性、创造性,译入语的重要作用和语言优势,读者的接受度和语言文化习惯,以及翻译的本土化和归化意识,均属于在"优势论"的统领下的文学翻译认识论范畴,它们相互补充,互为一体。

许渊冲为了使自己的翻译理论更加一体化和更具有系统性,还从中华文明的源头活水、古代哲学巨著《易经》中吸收营养,从翻译转换的本质、形式与特点入手,提出了"译学八论":"一论:译者一也,译文应该在字句、篇章、文化的层次和原文统一。二论:译者依也,译文只能以原文字句为依据。三论:译者异也,译文可以创新立异。一至三论是翻译的方法论。四论:译者易也,翻译要换易语言形式。五论:译者意也,翻译要传情达意,包括言内之情,言外之意。六论:译者艺也,文学翻译是艺术,不是科学。四至六论是翻译的认识论,也可以算是

'译者依也'的补论。七论：译者益也，翻译要能开卷有益，使人'知之'。八论：译者怡也，文学翻译要能怡性悦情，使人'好之'、'乐之'。七八论是翻译的目的论。"①

许渊冲的翻译思想和翻译学说不仅对构建中国学派的翻译理论具有重要的推动作用，而且对西方翻译理论的完善、发展以及中国化也具有一定的借鉴意义。如许渊冲的"三之论"，从"知之""好之""乐之"三个层面提出中国特色目的论和读者反应论，对西方翻译学界传统的翻译目的论具有参照作用，也有某种补充与丰富的意义。此外，许渊冲在翻译方法论中系统引入"三化论"（深化、等化、浅化），作为传达"三美"的重要手段和方法，将之列为文学翻译方法论的主要范畴。深化是指特殊化、具体化，译文内容比原文内容更深刻了；而浅化正好相反，是指一般化、抽象化，把深奥难懂的原文化为浅显易懂的译文；等化是指形似的译文，包括对等、等值、等效。从其思考所涉及的内容与方法看，许渊冲的"深化论""浅化论""等化论"既可以与西方的"显性翻译论""隐性翻译论"和"等效论"互作参照，相互阐发，又对"等值论"有积极意义上的批评和超越。

许渊冲在借鉴中国传统文化思想和传统译论以及总结自身大量翻译实践经验的基础上，从原文、作者、译者、译本、读者和翻译学科建设等方面着力探索，试图系统构建他的翻译思想。笔者认为，其翻译思想中的某些具有争议的观点，尤其是其对理论范畴的划分与界定，值得进一步研究与思考。

2. 许渊冲的翻译思想具有融合和创新精神。在翻译学界，许渊冲

---

① 张西平：《许渊冲：中国古代文化翻译的探索者》，《中华读书报》，2014 年 6 月 25 日第 19 版，http://epaper.gmw.cn/zhdsb/html/2014-06/25/nw.D110000zhdsb_20140625_2-19.htm，2016 年 6 月 10 日读取。

具有鲜明的学术个性,他勇于解放思想,大胆创新,古为今用,其翻译思想具有重要的创新价值和引领性,主要体现在以下四个方面。

一是与中华传统思想文化的高度融合。如笔者在本章第二节中已经指出的,许渊冲的翻译理论根植和缘起于博大精深的中华优秀传统文化和儒家经典思想,体现了中华文明的精髓和本质,具有独特的民族性。这是许渊冲翻译理论最重要的特点之一。许渊冲将自己的翻译思想、翻译理论、翻译价值观和翻译方法追溯至2500年前的古代圣贤先哲老子与孔子,秉承和延续了中国传统文化的基因和血脉以及儒家思想内核。其翻译理论的核心话语和重要概念大多取自或借鉴于《易经》《论语》《道德经》等中国文化典籍中的经典名言,如老子的"信言不美,美言不信""道可道,非常道;名可名,非常名",孔子的"知之者不如好之者,好之者不如乐之者""从心所欲,不逾矩",并在此基础上进行批判性吸收和创新性发展。许渊冲甚至直言不讳地将其翻译观归结于老子和孔子的学说,认为"中国学派的译论来源是老子提出的'本体论',孔子提出的'认识论'、'方法论'和'目的论'"①。

二是与中国传统译论的高度融合。许渊冲的翻译理论继承和发扬了中国传统译论和美学思想,体现了鲜明的中国特色和较强的学理性。古为今用,许渊冲积极借鉴和广泛吸收古代和近代以来中国译论家的翻译理念和研究成果,如严复的"信达雅"翻译标准、鲁迅的"三美论"和"直译论"、林语堂的美学观、郭沫若的"创作论"(好的翻译等于创作,甚至超过创作)、朱光潜的"艺术论"("从心所欲,不逾矩"是一切艺术的成熟境界)、钱钟书的"化境论"(文学翻译的最高标准是"化")、叶君健的"竞争说"(要把尽量多的世界文学名著变成中国文学的一部

---

① 许渊冲:《再谈中国学派的文学翻译理论》,《中国翻译》,2012年第4期,第89页。

分……这里要展开竞赛)、傅雷的"神似论"("重神似不重形似",翻译应当像临画一样,所求的不在形似而在神似)等。在此基础上,许渊冲通过大胆整合和创新,使各个流派的翻译理论相互贯通,融为一体,试图使之系统化、科学化,升华为中国学派文学翻译理论体系,以拓展中国特色翻译理论的深度和广度。许渊冲基于自己大量的诗歌翻译实践和严复的"信达雅"翻译标准,提出了"信达优"论。"信达优"论的核心是"优",即发挥译文语言优势,采用译语最好的表达方式。许渊冲把"信达雅"中的"雅"字归结为中国文艺学派翻译标准的根源,在此基础上进一步发扬光大,提出了"三美论"(意美、音美、形美)和"优化论"(发挥译入语的语言优势),进一步使传统翻译理论"信达雅"具体化,成为一个用于指导翻译实践、具有相当的可操作性的翻译标准和原则。

三是与中国翻译实践的高度融合。许渊冲的翻译理论创新不是凭空得来的,是建立在丰富的文学翻译实践之上的。其翻译理论不但产生于翻译实践,并在实践中不断得到检验与发展,对翻译活动具有指导作用,体现了理论与实践的结合与互动。

四是与西方先进翻译理念的交流、批评与融合。关于这一点,国内译学界探讨不多。笔者认为,许渊冲在其文学翻译实践中虽多次强调中国传统译论的高水平、先进性和适应性,并一再反对套用以"对等论"为代表的西方翻译理论,但并不排斥西方优秀文化成果和先进译学理念。许渊冲作为一个曾留学法国的学者,长期跨越中西两种语言文化,在翻译研究方面具有国际化视野和跨文化意识。许渊冲在谈到他的理论渊源时说:"说来也巧,我提出优势论和竞赛论正是受了《鲁拜集》和荷马史诗译文的启发。"[①]许渊冲认为好的翻译应注意中西语

[①] 许渊冲:《再谈〈竞赛论〉和〈优势论〉:兼评〈忠实是译者的天职〉》,《中国翻译》,2001年第1期,第52页。

言文化的融通和互鉴,使忠实于原文与发挥译文优势之间达到辩证统一。他曾指出:"有一个英国语言学家说过:Translation is unity of two cultures(翻译是两种文化的统一)。我觉得这话说得有道理。既然是两种文化的统一,并不是两种文化的折中,那就应该往高处统一;也就是说,在原文高于译文的时候,应该尽可能忠实于原文的内容和形式,发挥原文的语言优势;在译文高于原文的时候,也可以扬长避短,发挥译文的语言优势。"①"因为我国历史悠久,有丰富的文化遗产,在和外国文化结合的时候,往往可以结出更加丰硕的果实。"②"翻译的现代化"也是许渊冲提出的重要译学理念。他在谈到中国古代典籍的翻译和重译时说:"我把翻译作品现代化了,这一点学毛泽东,古为今用。翻译要对现代人有好处。"③许渊冲认为古典名著的外译,应与时俱进,根据现代语境进行重译工作,力求使译文达到神似和音形意三美的最高境界。许渊冲一方面与时俱进,从中国传统文化和译论汲取精华,并有所突破与提升;另一方面洋为中用,大胆汲取和"拿来"西方文化营养和译论成果,进行理论创新和实践创新,以推动中国翻译理论的国际化、现代化发展。他结合中国的翻译案例,创造性地提出了"优势论"(发挥译语优势)、"竞赛论"(文学翻译不仅是两种语言的竞赛,还是两种文化的竞赛,哪种语文更能表达原作内容)、"超导论"(文学

---

① 许渊冲:《翻译的标准》,见许渊冲:《翻译的艺术》,北京:中国对外翻译出版公司,1984年,第11—12页。

② 许渊冲:《翻译的标准》,见许渊冲:《翻译的艺术》,北京:中国对外翻译出版公司,1984年,第13页。

③ 金涛:《许渊冲:把中国智慧翻译到西方》,《中国艺术报》,2014年8月6日,https://mp.weixin.qq.com/s?__biz=MjM5MDEzNTg0OQ==&mid=200365392&idx=3&sn=55f7b09bc8db447b963fa2809ca8a0d8&chksm=284c96161f3b1f005afddf00eec083b1d88c73d2d3f7586490f83fce927fc6b040d08c4e81bd&scene=27,2025年3月10日读取。

翻译公式：1+1＞2)、"三势论"、"三化论"、"艺术论"、"再创论"（也作创译论、创造论、以创补失，即译诗是一种再创作，是原作者用译语的创作，只有以创补失，才能译出原诗的情趣和意象，甚至胜过原诗）、"三之论"等理论。这些翻译理论在某种意义上，与西方文化哲学思想和译论核心理念是相通的，如西方译论提出的"目的功能论""译者主体性""创造性叛逆""改译论""均势论"等。作为目的论的代表"三之论"中的核心字"之"就是指"译入语读者"，较之"读者反应论"，更体现了中国传统文艺思想中对读者的重视。"优势论""竞赛论""超导论""艺术论""再创论"等理论强调翻译的艺术性，译者应更大程度地发挥译入语的语言优势和译者的主观能动性。而"三势论"则与西方传统政治哲学术语"均势论"有相通之处。许渊冲在总结其翻译理论范畴时，学术话语所指非常明确，如翻译的本体论、方法论、目的论和认识论。总之，许渊冲在其译学研究与翻译实践中，有对中国传统思想与译论的吸收，也有对西方译论某些观点的借鉴、质疑、批评与创新，可以说其"中国翻译观"有着广阔的学术视野和鲜明的时代气息。

3. 许渊冲的翻译理论具有实践指导性。许渊冲的翻译理论具有重大的实践意义和现实指导作用，这是其最突出的特点。许渊冲针对中国翻译现状，立足典籍翻译实践，创立中国学派文学翻译理论，揭示了中国特有的一些翻译现象和翻译规律，致力于解决中国典籍对外翻译中出现的一些难题，其翻译理论具有很强的实践性、针对性和适用性。

翻译实践是许渊冲翻译理论的重要来源。他把马克思主义哲学中的"实践论"应用于翻译理论，且"实践论"可算是中国学派文学翻译理论的哲学基础。许渊冲始终践行着"理论来自实践，又要受到实践的检验。实践是检验真理的唯一标准"①这一翻译准则。"许渊冲的理论并非自己编造出来的词汇,而是从自己的实践中总结出来的,他的实践的数量和规模在中译外的历史上都是完全值得肯定的。我想,如果没有这大量的翻译实践,许渊冲是总结不出来这些理论的。……许渊冲先生正是在近三十年来的中译外大量翻译实践中,才脱颖而出,创造出了自己独特的翻译理论。"②

许渊冲的翻译思想特别强调理论与实践的有机结合,翻译理论是否科学关键在实践。许渊冲具有鲜明的立场,如笔者多次论及的,许渊冲一再指出:"我看主要应该通过实践来检验。其实,关于翻译标准的各种提法都是译者实践的总结,又反过来指导译者实践的。如果实践的结果得到读者欢迎,就说明提法是正确的,合乎科学的;如果实践的结果相反,那就说明提法'不科学'。"③关于理论与实践的关系,许渊冲始终认为实践是第一位的,理论是第二位的。"翻译理论应该是双向的,也就是说,既可以用于外文译成中文,也可以应用于中文译成外文。因此,没有中外互译的经验,不可能提出解决中外互译问题的理论。目前,世界上用中文和英文的人最多,几乎占了全世界人口的一小半,因此,中文和英文可以说是全世界最重要的文字,中英互译是国际间最重要的翻译,而西方翻译家和翻译理论家没有一个出版过一本中英互译的文学作品,他们不可能提出解决中英互译问题的翻

---

① 许渊冲:《翻译中的实践论》,见许渊冲:《文学与翻译》,北京:北京大学出版社,2003年,第22页。

② 张西平:《许渊冲:中国古代文化翻译的探索者》,《中华读书报》,2014年6月25日第19版,http://epaper.gmw.cn/zhdsb/html/2014-06/25/nw.D110000zhdsb_20140625_2-19.htm,2016年6月10日读取。

③ 许渊冲:《知之·好之·乐之·三之论:再谈发挥译文语言优势》,《外语与外语教学》,1998年第6期,第36—37页。

译理论。"①许渊冲之所以敢于质疑和挑战西方翻译理论,根本原因在于他自己就是一个具有丰富实践经验的翻译家,他的翻译理论是从自己的翻译实践,且主要是在中译外的翻译实践中发觉和提炼出来的,而西方翻译理论则很少涉及这个领域。

许渊冲是一位翻译理论与翻译实践并重,法译与英译、中译外与外译中兼具的杰出翻译家。他不仅致力于构建中国学派的文学翻译理论,而且用英语和法语翻译了大量中国经典名著,为传播中国文化、提高中国文学的国际地位做出了巨大贡献,堪称国际翻译家的杰出代表。

许渊冲不仅敢于理论创新,而且善于实践创新,中西结合,融通中外,努力推动译作的经典化发展。许渊冲在翻译实践中的创新意识和开创性工作,对推动中华文化"走出去"和中西文化交流具有重要的现实意义和指导作用。许渊冲是我国翻译界"诗体派"的杰出代表,是能在古典诗词和英法韵文之间进行互译的翻译专家。中国古典诗词的英译向来被认为是不可逾越的高峰,许渊冲不断探索,以诗译诗,全面译介中国古典诗词曲。许渊冲的翻译实践涉及中文、英文、法文三个语种,以及汉英、英汉、汉法、法汉四个翻译方向,涵盖诗词、小说、杂剧、散曲及哲学经典。迄今为止,许渊冲已出版各类译著(含不同版本)超过150本,其价值将随着中国文化"走出去"的进程而不断凸显。在理论层面,张西平对许渊冲有极高的评价:"在中国典籍外译的历史上,许渊冲先生是一个里程碑,他的翻译理论不仅仅在翻译领域具有

---

① 张西平:《许渊冲:中国古代文化翻译的探索者》,《中华读书报》,2014 年 6 月 25 日第 19 版,http://epaper.gmw.cn/zhdsb/html/2014-06/25/nw.D110000zhdsb_20140625_2-19.htm,2016 年 6 月 10 日读取。

重要的学术意义,在整个人文学术研究领域也具有重要的学术意义和文化意义,他的思想和道路对即将走出和正要走出学术'学徒期'的中国学术界来说,对绝大多数人文学者来说都是一个榜样,一面旗帜。"①

为了使中国译论更好地走向世界,发出中国声音,许渊冲在翻译实践中利用一切场合积极推进中国译论的对外译介、海外传播和国际对话。他在中国古典诗词和经典名著的法译和英译作品中,系统介绍中国的传统翻译理念。他在自传《追忆逝水年华》英文版和法文版中重点介绍了他的中国学派的翻译思想和实践经验,引起了外国汉学家的充分肯定和广泛赞誉,有力提升了中国翻译理论的海外知名度和国际影响力。

4. 许渊冲的翻译思想具有时代价值与精神力量。许渊冲的翻译理论不仅具有思想性、民族性、实践性和创新性,而且具有重要的时代价值与强大的精神力量。主要表现在以下几个方面。

第一,敢为天下先,不断拓展译学研究领域。许渊冲在翻译理论方面的大胆创新和丰富实践具有示范效应和榜样的力量。早在1999年,许渊冲就在《中国翻译》上撰文指出,面对即将到来的21世纪,中国翻译事业"首先就要克服自卑心理,译学要敢为天下先"②。2005年,许渊冲在《译笔生花》一书中较为系统地阐述了其提出的"中国学派的文学翻译理论"。这一翻译思想始终贯穿于《翻译的艺术》《中诗英韵探胜:从〈诗经〉到〈西厢记〉》《文学翻译谈》《文学与翻译》《译笔生花》等一系列译论代表作之中,也充分体现在其中华典籍外译实践活

---

① 张西平:《许渊冲:中国古代文化翻译的探索者》,《中华读书报》,2014年6月25日第19版,http://epaper.gmw.cn/zhdsb/html/2014-06/25/nw.D110000zhdsb_20140625_2-19.htm,2016年6月10日读取。

② 许渊冲:《译学要敢为天下先》,《中国翻译》,1999年第2期,第4页。

动的指导原则中。

许渊冲不仅是中国学派翻译理论的建设者,也是中华经典文化海外传播的践行者、中外文化交流的推动者,在翻译理论和实践上所做出的成就有目共睹。其具有开创特质的翻译理论和丰富的翻译实践经验对培养翻译理论人才和翻译高水平人才、构建中国学派翻译理论、实施中华文化"走出去"战略具有不可忽视的指导作用。

第二,以高度的理论自觉和话语自信,致力于提升中国翻译学者在国际翻译界和译学界的地位。长期以来,由于西方中心主义和中国的学术话语缺失,中国学术界常常以西为师,主要是借鉴西方翻译理论来解决中国的翻译问题。对此,许渊冲给予了严肃的批评,尖锐地指出:"二十世纪中国的翻译理论界,大多是从西方语言学派摘取片言只字,用于中文,并无多少实践经验,更无杰出成果,却妄自尊大。"[1]许渊冲明确反对中译外翻译实践中盲目套用奈达的"动态对等"等西方的翻译理论。他认为要特别重视中国学术的发展,要取得国际译坛的话语权:"解放前的中国受到的压迫太多,太重,太久,使不少人觉得自己不如别人,甚至认为传承千年的中国文化译论比西方译论至少落后二十年。他们还认为中国翻译理论要走向世界,就要使用西方术语。但是中国文化比西方悠久,使用术语多为西方文化所无,如'信达雅','三美','三似','三势','三化','三之'译成西方文字和中文并不相等,'名可名,非常名'。所以中文在国际译坛也应该有话语权。"[2]

要构建中国特色翻译理论,必须提升中华文化、中国翻译理论和话语的自信、自主、自觉。作为"诗译英法唯一人"的许渊冲,其翻译理

---

[1] 许渊冲:《逝水年华》,北京:外语教学与研究出版社,2011年,第79页。
[2] 许渊冲:《再谈中国学派的文学翻译理论》,《中国翻译》,2012年第4期,第90页。

念和他对中华文化的热爱有关。他认为"翻译一定要把一个民族文化的味道、灵魂体现出来","中国文化是博大精深、独一无二的,我们中国人一定要知道自己民族文化的价值。我们中国文化正在走向复兴,作为中国人,我们不能妄自菲薄。我始终觉得,中国人要有自己的文化脊梁"。① 许渊冲还就中国译论的先进性和重要性提出了自己独到的见解,他认为:"现在世界上有十多亿人用中文,又有十多亿人用英文,所以中英文是世界上最重要的语言。中、英文之间的差距远远大于西方语言之间的差距,因此,中英互译的难度远远大于西方语言之间的互译。直到目前为止,世界上还没有一个外国人出版过中英互译的作品;而在中国却有不少能互译的翻译家,成果最多的译者已有四十种译著出版。因此,以实践而论,中国翻译家的水平远远高于西方翻译家。而理论来自实践。没有中英互译的实践,不可能解决中英互译的理论问题。因此,能解决中英(或中西)互译实践问题的理论,才是目前世界上水平最高的译论。"② "译学敢为天下先。能解决中英或中西互译实践问题的理论,才是目前世界上水平最高的译论。我敢说中国的翻译已经达到世界一流了。在文化方面,尤其是在译学方面,也应该改变中国不如外国的心理。中国学派的文学翻译理论是成立的。"③

许渊冲的翻译理论不仅内涵丰富,还构建了与之相适应的具有中

---

① 王梦悦:《翻译家许渊冲:中国要有自己的文化脊梁》,《金秋》,2015 年第 11 期,第 17 页。

② 许渊冲:《译学要敢为天下先》,《中国翻译》,1999 年第 2 期,第 4 页。

③ 金涛:《许渊冲:把中国智慧翻译到西方》,《中国艺术报》,2014 年 8 月 6 日,https://mp.weixin.qq.com/s?__biz=MjM5MDEzNTg0OQ==&mid=200365392&idx=3&sn=55f7b09bc8db447b963fa2809ca8a0d8&chksm=284c96161f3b1f005afddf00eec083b1d88c73d2d3f7586490f83fce927fc6b040d08c4e81bd&scene=27,2025 年 3 月 10 日读取。

国特色、中国气派和中国风格的翻译科学话语体系。张西平指出:"许渊冲在自己的翻译实践中,努力从中国文化的土壤中,从近代文化的发展历史角度来总结翻译的理论。这些理论无论在表述上,还是在概括的内容上都表现出中国气派、中国风格。他的语言表达尤其值得注意,对照一下目前国内翻译界的人所使用的语言,几乎绝大多数是洋腔洋调。翻译理论的表达,表面上是一个语言问题,实际上反映了一种学术的自主和自觉。……许渊冲的语言表现了极大的创造性,如果将其放入当代中国人文学术,它无疑是最具有中国特色的学术语言。"①

第三,求真求美,不断超越,勇攀翻译科学高峰。许渊冲坚持认为文学翻译不是科学而是一门艺术,但其对翻译科学的大胆探索和对译学真理的不懈追求有着实在的努力。许渊冲在翻译实践上敢于创新,不断超越。吴岳添评价道:"许渊冲从事翻译,就是为了实践他的翻译理论,也就是力争超越前人的翻译,甚至在两种语言文化的竞赛中超越原作。傅雷的译文已被公认为经典,不过他本人在家书中也坦言自己的局限性,认为自己的译文有许多地方可以修改。我学识浅薄,不敢妄评,况且对他翻译的巴尔扎克小说也钦佩之至。不过我在细读他翻译的罗曼·罗兰的《名人传》的时候,对他的译文也不敢恭维,因为时代变了,语言变了,到了重译的时候了。这个例子只是说明,即使是经典译作也可以随着时代的变化而更新,所以许渊冲要和傅雷展开竞赛:傅译已经可以和原作媲美而不逊色,如果再创造的'美'能够胜过

---

① 张西平:《许渊冲:中国古代文化翻译的探索者》,《中华读书报》,2014年6月25日第19版,http://epaper.gmw.cn/zhdsb/html/2014-06/25/nw.D110000zhdsb_20140625_2-19.htm,2016年6月10日读取。

傅译,那不是最高级的乐趣吗?"①许渊冲在《翻译的艺术》中强调,翻译的目的不仅仅是交流,应该是丰富与提升,所以翻译是竞赛,致力于提高:"翻译又可以说是两种文化的竞赛,在竞赛中,要争取青出于蓝而胜于蓝。"②"从心所欲,不逾矩"的艺术论是许渊冲尤其推崇的中国学派翻译理念,它强调译者在文学翻译活动中要充分发挥主观能动性,既能"从心所欲"又"不逾矩",使翻译艺术达到"真"与"美"的平衡。许渊冲坚持认为,"'不逾矩'就是不超越客观的必然规律,'从心所欲'却是充分发挥主观能动性。'不逾矩'是科学,'从心所欲'是艺术;前者求真,是不依人的主观愿望为转移的,是必然王国的规律;后者求美,是人根据主观愿望制定的,是自由王国的规律"③。

四十多年来,在翻译问题上,许渊冲经历了无数论战和争鸣,受到不少非议、质疑甚或尖锐的批评。特别是1995年,涉及其《红与黑》翻译问题,翻译界当时掀起一场译学大论辩、大讨论。这次论辩围绕"优势竞赛论"、"真"与"美"、直译与意译、形似与神似、艺术与科学、忠实与创造、借鉴与超越等翻译界的核心问题展开,在中国译坛影响极广。④许渊冲的《红与黑》翻译论战,是为了构建和实践其翻译理论而战,力争超越前人的译作,甚至在两种语言文化的竞赛中超越原作。许渊冲博采众家之长,在建构中国学派翻译理论的路上上下求索。这是一种十分难得的求真求美精神。"许渊冲的翻译理论是在同当代学者的论战中,在自己的翻译实践中逐步积累和总结出来的。尽管学界

---

① 吴岳添:《许渊冲:诗译英法惟一人》,http://blog.sina.com.cn/s/blog_4c11b9cf01009f52.html,2016年5月19日读取。
② 许渊冲:《翻译的艺术》,北京:中国对外翻译出版公司,1984年,第120页。
③ 许渊冲:《再谈中国学派的文学翻译理论》,《中国翻译》,2012年第4期,第84页。
④ 参见许渊冲:《逝水年华》,北京:外语教学与研究出版社,2011年,第309页。

对他的翻译理论仍有不同意见,但如果将其翻译理论放在一个大的文化背景下考察,其贡献和学术意义就十分明显。"①

百花齐放、百家争鸣是推动学术创新和实践创新的不竭动力。戴着脚镣跳舞,以"论战"闻名的翻译家许渊冲从来就是在争议中前行和进步的。"学而时习之,不亦说乎","超越前人一点,就是为人类做贡献",这是许渊冲一生翻译事业的真实写照。对许渊冲来讲,在翻译实践层面,其理想是要让文学翻译成为真正的翻译文学。其敢为天下先,求真求美,不断超越自我,勇攀翻译科学高峰的精神,对构建中国特色翻译理论,推动世界译论的多元化和中华典籍译作的经典化,讲好中国故事,传播好中国声音,增强中国学术话语的影响力,无疑具有重要启示和借鉴意义。

---

① 张西平:《许渊冲:中国古代文化翻译的探索者》,《中华读书报》,2014年6月25日第19版,http://epaper.gmw.cn/zhdsb/html/2014-06/25/nw.D110000zhdsb_20140625_2-19.htm,2016年6月10日读取。

结语

在人类的文化交流和发展史中,翻译一直起着重要的推动作用。季羡林在探讨翻译与中华文明发展之关系时,有过一段广为称引的论述:"英国的汤因比说没有任何文明是能永存的。我本人把文化(文明)的发展分为五个阶段:诞生,成长,繁荣,衰竭,消逝。问题是,既然任何文化都不能永存,都是一个发展过程,那为什么中华文化竟能成为例外呢?为什么中华文化竟延续不断一直存在到今天呢?我想,这里面是因为翻译在起作用。我曾在一篇文章中说过,若拿河流来作比较,中华文化这一条长河,有水满的时候,也有水少的时候,但却从未枯竭。原因就是有新水注入,注入的次数大大小小是颇多的,最大的有两次,一次是从印度来的水,一次是从西方来的水。而这两次的大注入依靠的都是翻译。中华文化之所以能长葆青春,万应灵药就是翻译。翻译之为用大矣哉!"① 从人类文化与文明发展的高度去评价翻译,其重要作用可得到充分的彰显。如果说季羡林从中华文化的发展历史出发,指出了翻译的重要性,那么在新的世纪,世界则发生了新的变化。如许渊冲所言,"二十一世纪是全球化世纪",而全球化不应该限于经济化,应该通过翻译,维护文化的多样性,共同促进世界文化的繁荣与发展。在这个意义上,如笔者在本书中所揭示的,许渊冲不仅看到了翻译之于中华文化发展的作用,更明确了中国翻译工作者所应

---

① 季羡林、许钧:《"翻译之为用大矣哉"》,见许钧等:《文学翻译的理论与实践:翻译对话录》(增订本),南京:译林出版社,2010年,第3页。

该承担的把中华优秀文化介绍给世界的责任。

考察许渊冲的翻译与翻译研究之路,不能脱离历史语境与文化语境。笔者在对许渊冲翻译思想的研究中,始终遵循着一条主线,那就是从翻译的本质出发,从翻译的语言转换、翻译的意义构建、翻译的跨文化交流作用与翻译的创造性几个相对独立但又紧密联系的方面,结合许渊冲近八十个春秋的丰富的翻译实践和翻译理论的思考与探索,探寻许渊冲翻译实践与翻译思想的互动关系,对许渊冲翻译思想的根植之源、发展动因及其思想的主要组成部分进行了动态的跟踪和理性的分析,在较为系统地梳理许渊冲翻译思想的主要内容的基础上,在当代译学发展的理论背景与思想脉络中,对许渊冲翻译思想的深刻内涵进行阐释,进而揭示其理论特质,从理论探索与创新、翻译实践指导、翻译精神的传承与人才培养等多个方面探讨许渊冲翻译思想的价值与贡献。

关于翻译研究,若我们从历史的角度去看,重要的翻译家的活动,是我们应该予以特别关注的。作为在当代中国具有独特地位的翻译家,许渊冲的翻译实践具有典范性的意义,其对翻译的思考与探索也具有构建性的力量。有学者指出:"进入新世纪以来,随着中国国力的增强,中国的影响力不断扩大,中西古今关系发生了变化,其态势从总体上看,可以说与'五四'前后的情形完全相反:中西古今关系之变化在一定意义上可以说是根本性的变化。在民族复兴的振兴语境中,新世纪的中西关系出现了以'中国文化走向世界'诉求中的文化自觉与文化输出为特征的新态势;而古今之变,则在民族复兴的语境中对中华民族的五千年文化传统与精华有了新的认识,完全不同于'五四'前后与'旧世界'和文化传统的彻底决裂与革命。于是,对我们翻译界而言,对翻译的思考语境发生了根本性的变化,我们对翻译思考的路径和维度也不可能不发生变化。"①在这一新的历史语境中,全面梳理与深刻把握许渊冲的翻译思想,揭示其思想的内涵与价值,无疑具有重要的现实意义。

为考察与探寻许渊冲的翻译思想,笔者首先从许渊冲的翻译实践与翻译思想的关系入手,进而从许渊冲的翻译语言观、翻译文化观与翻译美学观三个方面去加以梳理、分析与阐发,在此基础上把握其思想的前瞻性与意义。这样的研究思路和结构性的安排,笔者对其合理性和必要性是有充分的考虑和论证的,这在本书中也有具体的体现。

要理解、把握、探寻许渊冲的翻译思想,不能不对许渊冲的翻译活动有历史的了解和整体的观照,在历史中考察许渊冲翻译了什么,是什么原因促使他做了这样的选择,以此为基础,进而考察许渊冲的翻译实践的特点,以及他的翻译在历史中呈现的意义。对这些问题,笔者通过研究,尽可能一一给予回答。在研究中,以历史动态发展的眼光去观照许渊冲的翻译之路,能更好地抓住与同时代其他翻译家相比而言,许渊冲不同的翻译选择,更深刻地理解其弥足珍贵的意义,更客观地评价其对中国翻译事业的贡献。通过研究,我们可以清晰地看到:许渊冲的翻译活动,无论是早期的口译活动,还是后来其一直视之为生命的笔译活动,都与中国的革命进程,与中国的社会与文化是紧密联系的。无论是许渊冲自己提供的简介,还是他自己书写的回忆录,都记载了许渊冲最早从事翻译工作的那段经历:1941—1942年任中国空军美国志愿援华航空队翻译。为何在其丰富而卓有贡献的人生中,许渊冲会如此看重这一段经历?读许渊冲的《追忆逝水年华》,在记载他这段经历的第十一章的一开始,我们就可以找到答案:他在

---

① 许钧:《中西古今关系之变下的翻译思考》,《中国外语》,2015年第4期,卷首页。

战争中不惜放弃学业,志愿担任中国空军美国志愿援华航空队的翻译,是追求人生的大境界,是为中国人民的解放事业贡献自己的力量。从这一个时期开始,尤其从新中国成立以来,许渊冲把翻译融入自己的生命,生命不息,翻译不止。他几乎天天在翻译,在进行翻译理论思考与探索。他把自己的翻译当作对社会的贡献,当作美的创造,当作将中国文化传向世界,把世界优秀文化吸收进中国文化之中的神圣事业。正因为这一强大的精神动力和理想追求,许渊冲也通过翻译赋予了其生命以崇高的意义。如此去看,我们不仅看到了许渊冲翻译实践的丰富性、特殊性,看到许渊冲中英、中法互译的高超的翻译能力,看到许渊冲在翻译中获得的巨大成就,更能深刻地理解许渊冲为什么一辈子献身于翻译事业,更能把握其通过翻译而追求的人生境界,更能从跨文化的高度去看许渊冲的翻译在中西文化交流中所做的贡献。

  了解与理解许渊冲的翻译实践,把握其历史的脉络,评价其独特的贡献,这仅仅是笔者研究工作的第一步,其目的是要尽可能客观地把握许渊冲翻译思想产生的实践土壤。实际上,许渊冲特别强调翻译实践与翻译理论之间的互动关系,认为实践是第一位的,强调指出"理论如与实践不符,应该改变的是理论而不是实践"[1]。关于翻译与实践的关系,许渊冲的观点是非常明确的。结合他的这段论述,再去看他的长期的翻译实践和他在实践中一步步所构建的关于文学翻译的理论,笔者认为有四个方面值得我们特别关注:一是许渊冲强调翻译实践的重要性,在他看来,翻译实践是第一位的,无论是翻译实践还是翻译思考,对他来说只有一个目标,那就是促进中外文学与文化的交流,

---

[1] 许渊冲:《谈中国文化全球化》,见《中国翻译》编辑部:《文化丝路织思》,北京:国际文化出版公司,2001年,第3页。

使世界文化越来越丰富,越来越灿烂。二是他对翻译的思考基本是基于他的翻译实践的,通过对其翻译思考与探索之路的追踪与研究,可以看到许渊冲在翻译实践上有明确的追求,其理论思考的目的性也很强,那就是要解决翻译实践中出现的问题。许渊冲在很多场合都反复强调一个观点,那就是他的翻译研究关注的主要是"怎么译"的问题,而关于翻译中社会、文化问题的思考,也应该紧密结合翻译活动这个本体。就此而言,我们可以从更深的层面去理解许渊冲的翻译思考的实践性指向,他对"怎么译"的思考也从来不是泛泛而论,而是紧紧扣住他所翻译的文本或中英、中法翻译的经典文本,以典型的例子剖析翻译的障碍,从中去寻找问题存在的原因,进而在中国传统文艺理论、传统美学的指导下,寻找解决翻译障碍的方法与途径,最后加以总结与提升,提出有关翻译的理论。三是他的翻译思考针对的主要是自己的翻译实践,而他的翻译实践大都是翻译中国的诗歌、词曲、戏剧,所以他遇到的很多翻译问题都与中国文艺创作的独特经验相关。要解决这些问题,需要时刻对中国的文艺理论有很好的把握,并在此基础上将这些理论的主要精神运用到翻译中去。按照这一路径去对许渊冲的翻译思考之源进行探索,我们从中得出的结论是符合其实践的,也是客观可信的。四是许渊冲认为,就实践与理论而言,如果理论和实践不符,也就是理论若脱离实践,无法解决实践中的问题,那么,要修正的不是实践,而应该是理论。在此意义上,我们可以比较深刻地理解,为什么许渊冲坚持认为西方翻译理论的许多观点不能解决中英、中法互译的很多问题,为什么他强调建立中国文学翻译学派的重要性。更难能可贵的是,他身体力行,半个多世纪以来,一直探索,勇于超越,提出他对翻译的系统思考。

在明确了许渊冲的翻译思考之源,对其翻译实践与翻译思考的互动关系加以考察之后,笔者在研究中试图对许渊冲翻译思想的主要组成部分和核心内容加以整体的把握。许渊冲对翻译的思考历时长,内容丰富,涉及翻译的方方面面。要对其思想加以整体的把握和系统的阐释,笔者在研究中遇到了许多困难。但是,根据研究计划,笔者选择了三个方面对其翻译思想进行追踪、梳理、归纳、分析与阐释。这三个方面就是许渊冲的翻译语言观、翻译文化观与翻译美学观。

选择许渊冲的翻译语言观、翻译文化观与翻译美学观作为本研究的主体内容,既有对整个研究框架的考虑,也有对许渊冲翻译思想独特性的思考,更有理论层面的结构安排。

关于本书的结构性考虑与安排,在绪论中已经做了比较详细的论述,这里不拟赘述。翻译活动作为人类跨文化的交流活动,具有其本质性特征。从古到今,翻译活动越来越丰富,形式越来越多样,涉及的问题也越来越复杂,不少学者对翻译的丰富性和复杂性都有思考与探讨。就翻译的本质性特征而言,许钧在其《翻译论》一书中就翻译学界对翻译本质的主要思考成果进行了考察与分析,在此基础上提出翻译具有如下本质性特征:社会性、文化性、符号转换性、创造性与历史性。正是基于对翻译本质特征的把握,结合许渊冲翻译实践与翻译理论的实际情况,笔者试图从语言、文化与艺术创造等三个与翻译本体活动最为密切的方面入手,对许渊冲的翻译思想进行较为系统的考察与研究。

考察许渊冲的翻译语言观,是基于对翻译与语言的紧密关系的考虑。关于语言与翻译的关系,翻译学界有很多思考。翻译就其形式而言,从狭义看,就是语言的转换,从广义讲,是符号的转换。索绪尔认为:"依我们看来,语言的问题是符号学的问题,我们的全部论证都从这一重要的事实获得意义。要发现语言的真正本质,首先必须知道它跟其他一切同类的符号系统有什么共同点。"①根据索绪尔的这一观点,许钧指出:"可以将语言视为一个特殊的符号系统,它与人类的其他符号系统有着一些共同的本质特征。考察翻译的符号转换性质时,对语言的定义是一种符号学的定义,因为这有助于扩大翻译的视野,也有助于理解雅各布森所提出的'语内翻译、语际翻译与符际翻译'的区分依据。"②"巴斯奈特认为,尽管翻译是一种语言行为,但它更主要地属于符号学的范畴,即研究符号系统、结构、符号过程和符号功能的科学。"③"在以往的翻译研究中,特别是语言学派,对翻译在语言层面的转换最为关注,甚至有学者干脆认为翻译活动完全是一种语言活动,'把翻译说成是一种严格地隶属于科学认识范畴,特别是隶属于语言分析范围的活动'。"④在许钧看来,"将翻译活动严格地局限于语言活动的认识是片面的,但翻译活动的具体转换,是以符号的转换为手段的。在这个意义上,翻译活动首先体现在符号的转换层面。因此,在符号的转换过程中,有关语言符号或其他符号(如音乐符号、绘画符号、数码符号等等)的理论研究,有助于认识并理解实际转换过程中所遇到的障碍和困难。具体到语言转换的问题,有关语言意义、语言结构、语言应用的一些理论,自然可以起到指导翻译活动的作用"⑤。反观许渊冲在语言层面对翻译的思考,集中地体现了他对汉语与英语、汉语与法语之间的差异的认识,而且他从两者存在的差异入手,结合语言的音、形、义的创造规律,一方面强调这三个层面的转换的重要

---

① 费尔迪南·德·索绪尔:《普通语言学教程》,高名凯译,北京:商务印书馆,1980年,第39页。
② 许钧:《翻译论》(修订本),南京:译林出版社,2014年,第49页。
③ 廖七一等:《当代英国翻译理论》,武汉:湖北教育出版社,2001年,第341页。
④ 许钧:《翻译论》(修订本),南京:译林出版社,2014年,第49页。
⑤ 许钧:《翻译论》(修订本),南京:译林出版社,2014年,第49页。

性,另一方面强调其创造性。

通过对许渊冲翻译语言观的考察,我们进一步看到了许渊冲关于语言之于文学创造的重要性的观点,对其在翻译中提出的发挥语言的优势的观点的深刻内涵有了更深刻的理解。许渊冲在其对翻译的长期思考中,多次提出不同语言之间的转换会有差异,会存在不同障碍,对翻译理论会提出不同的挑战,正因为如此,他强调中国翻译理论研究也应该对此有特别的关注,要突出汉语与外语之间转换的特殊性。尤为重要的是,许渊冲认为仅仅从语言学层面去思考翻译转换是不够的,应该从言语创造和艺术创造的层面去探索语言层面的转"化"之道。在翻译学界,对许渊冲的"发挥汉语优势"的观点有不少讨论,对其"语言竞赛"论更有不少商榷,但从许渊冲的整体语言观去看,笔者认为他提出的这些具有创新性的观点既有对汉语与西方语言差异的深刻认识,也有对汉语表达特征的认识,更有对翻译的创造特征的揭示。优势论,其要旨不是在翻译活动中强调一种语言对另一种语言的征服,也不是一种语言对另一种语言的"侵入"或"暴力",而是一种基于对翻译活动中不同语言的特点的认识,在翻译中将这些特点发挥出来,对翻译中遇到的障碍所造成的损失进行补偿的策略。从更深刻的层面看,也是许渊冲所强调的各种语言、各种文化在翻译中取长补短、共同提高的思想的体现。

关于许渊冲的翻译文化观,笔者在研究中特别注意到许渊冲在从事翻译活动之初,就有某种"文化"的意识。在本研究中,笔者一方面对翻译与文化的关系进行了探讨,尤其在翻译的文化转向的理论背景下,对许渊冲在翻译实践活动和翻译理论探索活动中所展现的文化自觉与文化自信做了具体的分析与揭示;另一方面,对许渊冲在其翻译活动中如何关注翻译文本中的文化因素,如何将那些具有深刻的文化内涵的词语从一种语言转化到另一种语言中,如何在翻译中提出不同文化之间相互交流、相互丰富的思想,进行了细致的分析、归纳与阐述。同时,通过研究,也可以看到,许渊冲不仅在翻译思考中抓住了跨文化交流的诸多本质性问题,并就这些问题的解决提出了策略性的方法与途径,而且在中西交流的实际场域中,许渊冲真正起到了文化交流使者的作用。他获得了国际翻译家联盟授予的"北极光"杰出文学翻译奖就是明证。《光明日报》记者在《"北极光"奖获得者许渊冲:翻译改变世界》一文中指出:"苦思与灵感交替往复的生活,他过了六十年,但仍以为乐。许渊冲英译'王维诗选''李白诗选''杜甫诗选''白居易诗选'是他2013年的工作,同年,涵盖了汉英、英汉、汉法、法汉四种类型、27卷本的《许渊冲文集》问世。93岁的翻译家,始终以一种让人惊叹的冲劲向前奔跑,为'中国文化成为世界主流'的抱负践诺。在'杰出文学翻译奖'的颁奖辞中,国际译联评奖委员会这样写道:'我们所处的国际化环境需要富有成效的交流,许渊冲教授一直致力于为使用汉语、英语和法语的人们建立起沟通的桥梁。'他没有在柏林亲耳听到这句话,却与这句话心有戚戚,'中西方的思维习惯不是一句话能说清的,但翻译改变世界'。"[1]翻译改变世界,其力量主要源自翻译在跨文化交流中所起到的推动作用。许渊冲之所以热爱翻译活动、献身于翻译,对翻译进行不断的思考,既有他为"中国文化成为世界主流"的抱负践诺,也有他要通过翻译,丰富世界文化的精神追求的原因。

许渊冲在文化交流方面所做的贡献,具有开拓性的意义。在新世纪之初,准确地说,是"2001年4月12日,中国国际文化交流中心、北

---

[1] 刘文嘉:《"北极光"奖获得者许渊冲:翻译改变世界》,《光明日报》,2014年8月4日第7版,http://epaper.gmw.cn/gmrb/html/2014-08/04/nw.D110000gmrb_20140804_2-07.htm?div=-1,2016年7月20日读取。

京大学国际关系学院、欧美同学会和北京通向未来语言研究所一起商定,四家作为发起单位并正式开始向海内外友人发出了关于召开'中外文化交流——许渊冲学术思想与成就研讨会'的启事(征稿)"①。会议的主办者正是从中外文化交流的角度来探讨许渊冲的翻译实践和翻译思想,为其学术思想与贡献定位的。会议提交的论文结集出版,取名为《文化丝路织思》,意味深长。笔者特别注意到"文化丝路"这一定位,在中国文化"走出去"战略和"一带一路"倡议实施逐渐凸显出其深远意义的今天,更能看到中国翻译界与学术界在21世纪初就提出的"文化丝路"的前瞻性,一如论文集编者在后记中所言:"玄奘引进的是外来的宗教文化,我们今天要致力于输出中华文化的精髓,输出渗透在中国五千年文化历史中的人文精神。"②从文化的层面来考察许渊冲的翻译实践与翻译思想,有助于我们进一步把握翻译的价值,理解在全球化时代,翻译可以起到的重要作用:"无论把外国的先进文化吸收到本国来,还是把本国的先进文化宣扬到外国去,都不能没有翻译。因此到了全球化的新世纪,翻译取得了前所未有的重要意义。"③

在本书的第四章中,笔者所讨论的主要内容是许渊冲的翻译美学观。笔者通过研究,主要阐明了如下几点:首先,基于对许渊冲半个多世纪以来翻译实践的考察,笔者认为许渊冲的翻译实践主要集中在文学翻译方面,从文学翻译的本质认识入手,笔者就许渊冲对文学翻译本质的认识进行了较为深入的分析。在许渊冲看来,文学翻译是艺

---

① 《中国翻译》编辑部:《文化丝路织思》,北京:国际文化出版公司,2001年,第483—484页。

② 《中国翻译》编辑部:《文化丝路织思》,北京:国际文化出版公司,2001年,第483页。

③ 许渊冲:《谈中国文化全球化》,见《中国翻译》编辑部:《文化丝路织思》,北京:国际文化出版公司,2001年,第1页。

术,艺术性是文学翻译的本质性追求。其次,基于许渊冲对文学翻译本质的认识,就其提出的"三美""三化"与"三之"理论的内涵与核心价值进行了探讨,指出许渊冲所追求的"美",不仅具有静态的美学鉴赏意义,更有动态的美学创造意义,即对文学翻译的艺术性的追求,就是美的创造。最后,在文学翻译活动中,"三化"的提出,揭示了翻译活动的转化之道。而许渊冲在"三化"过程中关于"从心所欲,不逾矩"的阐释,为我们理解与把握其所提倡的在翻译中发挥译者的创造性的积极意义,提供了某种新的角度。关于"三之"的内涵,笔者从接受美学的角度,对之进行了分析与阐释。

从语言、文化与美学三个方面去探讨许渊冲的翻译思想,有助于我们对许渊冲的翻译思想的来源、形成与内涵有一个整体性的认识与把握。在此研究的基础上,笔者对许渊冲翻译思想的独特性、前瞻性和其译学思想的贡献做了归纳性的阐述。在《谈中国文化全球化》一文中,许渊冲从严复的"信达雅"、鲁迅的中国文字"三美"论、郭沫若的"文学翻译等于创作"论,到朱光潜关于翻译的艺术的论述之于翻译思考的价值、傅雷的"神似"论,再到钱钟书的"化境说",对20世纪中国译论发展的脉络进行了简要的梳理。在此基础上,他对自己所致力构建的"中国学派的文学翻译理论"进行了总结:"美化之艺术,创优似竞赛。"[①]对许渊冲的翻译思想,国内学界近年来有不少研究,在绪论中,笔者对这些研究的主要路径、观点与贡献做了简要回顾。从对许渊冲的翻译思想的整体研究看,王秉钦的《20世纪中国翻译思想史》的研究路径对我们是有重要的参照意义的。王秉钦在其自序中提出:"我们

---

① 许渊冲:《谈中国文化全球化》,见《中国翻译》编辑部主编:《文化丝路织思》,北京:国际文化出版公司,2001年,第2页。

在考察我国两千多年光辉灿烂的翻译史的大背景下,追溯这些翻译家的光辉的翻译生涯,挖掘其翻译思想,深究他们的杰出的历史贡献及其在翻译领域创立的理论学说及其社会起因,探索这些学说在我国传统翻译思想发展史上的演进过程,特别注意论述和总结他们的经验和对翻译的理性的闪光思考。"①王秉钦对20世纪中国翻译思想史进行研究,可以说与罗新璋对中国翻译理论的演进与构建历史的探讨一脉相承,从他们的研究动机看,都是试图从中国悠久的翻译历史出发,对优秀的翻译家的实践与理论探索进行系统的梳理、挖掘与阐述。笔者注意到,王秉钦在其研究中,将20世纪中国翻译思想史分为两个阶段:一个是"中国传统翻译思想"阶段,总结了"十大学说思想";另一个是"中国现代翻译思想"阶段,这一个阶段又分为"中西翻译思想融合时期"与"中国翻译学科建设时期",在此阶段的第一个时期的论述中,他对王佐良、许渊冲与叶君健的翻译思想进行了研究。关于"现代"之说,学界恐有不同观点,在此不拟讨论。我们关注的是王秉钦对许渊冲的翻译思想是如何阐述与定位的。从王秉钦对许渊冲的研究看,他特别强调的是许渊冲翻译思想的创新性与独特性。他将许渊冲的翻译思考归纳为"新译论"。在我们看来,其新既表现在观念新,也体现在其提出的理论对西方翻译理论的突破上;其独特性表现在许渊冲敢为天下先,对西方的一些翻译思想提出批评,具有不断质疑、不断超越的独特的学术个性。在王秉钦看来,"如果说,重实践,重创造,重艺术是他翻译思想的核心,那么,忠实与创造的统一应该是他整个翻译理论的灵魂"②。就王秉钦对许渊冲翻译思想的这一定位而言,通

---

① 王秉钦:《20世纪中国翻译思想史》,天津:南开大学出版社,2004年,"作者自序"第2—3页。
② 王秉钦:《20世纪中国翻译思想史》,天津:南开大学出版社,2004年,第281页。

过研究,可以看到"重实践,重创造"确实是许渊冲翻译思想的核心价值,而"重艺术"则是处于另一个层面。笔者在研究中,重点考察了许渊冲的翻译语言、文化与美学观,既探讨许渊冲在这三个方面的思考及其主要观点,也特别注重许渊冲在这三个方面的探索的有机联系与深刻内涵。通过研究可以看到,许渊冲的翻译思想深深根植于中华学术思想与文化沃土之中,具有中国之根。从这一点出发,我们就不难明白许渊冲为什么始终坚持认为西方的一些翻译思想不能解决中国的翻译实践提出的问题,为什么数十年来坚持不懈,致力于探索"中国学派的文学翻译理论"。

改革开放以来,尤其是在前20年中,在某种程度上,可以说我国的翻译学界将主要精力用在引进与借鉴西方翻译理论上,但许渊冲从20世纪70年代末开始,就结合其翻译实践,对翻译展开思考,从中国学术思想、文艺理论与传统美学中汲取养分,提出了涉及语言、文化与美学的一系列重要观点,充分体现了其自觉的理论追求。对国内学界的西方翻译理论研究的状况,刘军平有过系统的阐述,他认为关于西方翻译理论的研究存在三个方面的问题,其中第一个就是"缺少以中国学者的眼光去研究西方翻译理论的文化自觉,盲目地跟随西方。以西方的学术标准去衡量中国的学术,以中国翻译实践来验证西方翻译理论的普适性。不少人还是跟在外国学者后面'照着讲',从而造成我们的西方翻译理论研究缺少自己的建树,完全脱离中国实际,形成了国内的翻译研究不能与西方对话的局面。国内翻译理论研究应该从'接着讲'和'照着讲',进而进入'自己讲'的自主创新阶段,才能不辜负时代赋予的期望"[①]。刘军平所指出的问题确实存在,许钧就曾指

---

① 刘军平:《西方翻译理论通史》,武汉:武汉大学出版社,2009年,第Ⅵ页。

出:"我们不能不看到,半个多世纪以来的翻译研究,大都是借助其他学科的理论发展起来的。而我们国内的翻译研究界,也已经习惯了某种拿来主义。一方面,西方的翻译理论界遭遇到了理论性资源的缺乏,目前很难再借助其他学科的理论'发展'出什么新的理论;另一方面,中国翻译研究界近二十多年来将很多的精力放在引进西方翻译理论上,虽然这种引进有思考和批评,但更多的是照搬和套用。有学者很早就意识到了这种局限于拿来主义传统的危险,提出了要着力于建设具有'中国特色的翻译学',但终因为'中国特色'这四个字带有太多的中国政治色彩,太具有主流意识形态的色彩而受到了不少学者,特别是具有国外或境外工作和学习经历的学者的批评。"[1]这样的问题不仅仅出现在翻译学界,在哲学社会科学的其他学界或多或少也都存在。而在理论自觉意识普遍缺乏,创新不足的情况下,我们再去看许渊冲半个多世纪来在翻译实践与翻译理论探索两个方面所走过的路,其实践的价值、精神的内涵、思想的前瞻性与独特性及其译学贡献便可得到合理的解释与充分的揭示。在这个意义上,本研究的意义便不仅仅限于对许渊冲翻译思想的梳理、分析与阐述,更在于揭示了在新的历史时期,在创新作为一个时代的标志的今天,许渊冲针对翻译的理论思考与不懈探索对我国翻译学与相关学科的理论建设,都具有重要的启迪意义。实际上,许渊冲的翻译思考与理论探索给我们开拓了一条具有参照意义的途径,他所致力构建的,不是在西方翻译理论的基础上增加一点"中国特色",而是要建立文学翻译理论的中国学派,为中国的翻译理论建设做出贡献。

---

[1] 许钧:《从翻译出发:翻译与翻译研究》,上海:复旦大学出版社,2014年,第243页。

我们在肯定许渊冲翻译思想的前瞻性与学术贡献的同时，也看到，对许渊冲提出的一些翻译观点，学界还有很多不同的认识。实际上，在近四十年里，针对许渊冲提出的一些观点，学界有不少论争，对相关论争的情况和焦点问题，笔者在前文中已经论及。在这里，需要指出的是，学术的发展需要论争，而许渊冲的有些观点引起的论争，其意义是多方面的：一是论争促进学术发展；二是许渊冲的翻译思想具有某种超前性，对其思想的质疑，甚至批评，有助于对其思想展开深入的研究，对其思想的内涵进行更深刻的挖掘，同时也有助于许渊冲进一步完善与发展自己的翻译思考；三是通过论争，学界可以发现译论建设所存在的问题和发展的方向。

许渊冲的翻译实践和翻译思想，产生了普遍的影响。其影响如笔者在上文中所言，已经远远超出我国的翻译学界，远远超出其学术范围。可以说，其影响是社会性的，是文化性的。在新的历史时期，全球化进程受到阻隔，全球经济一体化困难重重，文化多样性的维护显得越来越重要。在中国文化"走出去"战略实施的进程中，许渊冲的翻译实践所蕴含的意义会在未来得到更充分的认识，其对翻译的多维思考与探索，也将显示出越来越重要的价值。

主要参考文献

一、许渊冲译著、著作与文章

1. 译著

CHIN, Chao-Yang, *Village Sketches*, trans. by XU, Yuan Zhong, Peking: Foreign Language Press, 1957.

Songs of the Immortals: An Anthology of Classical Chinese Poetry, trans. by XU, Yuan Zhong, London: Penguin Books in association with New World Press, 1994.

WANG, Shifu, *Romance of the Western Bower*, trans. by XU, Yuan Zhong, Beijing: Foreign Languages Press, 1992.

巴尔扎克:《高老头》,许渊冲译,北京:中国友谊出版公司,2015年。

巴尔扎克:《人生的开始:私人生活场景》,许渊冲译,上海:上海译文出版社,1983年。

巴尔扎克:《入世之初》,许渊冲译,见巴尔扎克:《巴尔扎克全集:

第二卷》,刘益庚等译,北京:人民文学出版社,1986年。

《楚辞:汉英对照》,许渊冲译,北京:五洲传播出版社,2012年。

《道德经:汉英对照》,许渊冲译,北京:五洲传播出版社,2012年。

德莱顿:《埃及艳后》,许渊冲译,桂林:漓江出版社,1994年。

德莱顿:《一切为了爱情》,许渊冲译,上海:新文艺出版社,1956年。

《动地诗:中国现代革命家诗词选》,许渊冲译,香港:商务印书馆,1981年。

福楼拜:《包法利夫人》,许渊冲译,南京:译林出版社,1992年。

高民、王亦高:《汉英双讲中国古诗100首》,许渊冲等译,大连:大连出版社,2014年。

顾毓琇:《顾毓琇诗词选:汉英对照》,许渊冲译,北京:高等教育出版社,2001年。

《国句名篇:许渊冲汉诗(词)英译精选》,许渊冲译,北京:开明文教音像出版社,2001年。

《汉魏六朝诗:汉英对照》,许渊冲译,北京:中国对外翻译出版公司,2009年。

《汉魏六朝诗选:汉英对照》,许渊冲译,北京:五洲传播出版社,2012年。

《汉魏六朝诗一百五十首》,许渊冲译,照君注音,北京:北京大学出版社,1996年。

《汉英对照老子道德经》,许渊冲译,北京:高等教育出版社,2003年。

《汉英对照唐诗一百五十首》,许渊冲译,西安:陕西人民出版社,1984年。

《汉英对照唐宋词三百首》,许渊冲译,石家庄:河北人民出版社,2003年。

《汉英对照中国古诗精品三百首》,许渊冲译,北京:北京大学出版社,2004年。

洪升:《长生殿:汉英对照》,许渊冲、许明译,北京:中国对外翻译出版公司,2009年。

洪升:《长生殿:汉英对照》,许渊冲译,北京:五洲传播出版社,2012年。

金木:《古诗绝句百首:汉英对照》,许渊冲译,长春:吉林文史出版社,2000年。

《精选诗经与诗意画:法汉对照》,许渊冲译诗,北京:五洲传播出版社,2008年。

《精选宋词与宋画:法汉对照》,许渊冲译词,北京:五洲传播出版社,2008年。

孔尚任:《桃花扇:汉英对照》,许渊冲、许明译,北京:中国对外翻译出版公司,2009年。

孔尚任:《桃花扇:汉英对照》,许渊冲、许明译,北京:五洲传播出版社,2012年。

李白等:《唐诗选:汉法对照》,许渊冲译,北京:五洲传播出版社,2014年。

李白:《李白诗选:汉英对照》,许渊冲译,长沙:湖南人民出版社,2007年。

《论语:汉英对照》,许渊冲译,北京:五洲传播出版社,2012年。

罗曼·罗兰:《哥拉·布勒尼翁》,许渊冲译,北京:人民文学出版社,1958年。

《毛泽东诗词四十二首》(英、法文格律体译本),许渊冲译,洛阳:洛阳外国语学院,1978年。

莫泊桑:《水上》,许渊冲译,北京:人民文学出版社,1986年。

马塞尔·普鲁斯特:《追忆似水年华(3):盖尔芒特家那边》,潘丽珍、许渊冲译,南京:译林出版社,1990年。

《千家诗:汉英对照》,许渊冲、许明译,北京:中国对外翻译出版公司,2009年。

《人间春色第一枝:诗经·国风欣赏(汉英对照)》,许渊冲译,乘舟注音,郑州:河南人民出版社,1992年。

《人间春色第一枝:诗经·雅颂欣赏(汉英对照)》,许渊冲译,乘舟注音,郑州:河南人民出版社,1992年。

威廉·莎士比亚:《安东尼与克柳芭》,许渊冲译,北京:海豚出版社,2016年。

威廉·莎士比亚:《奥瑟罗》,许渊冲译,北京:海豚出版社,2016年。

威廉·莎士比亚:《哈梦莱》,许渊冲译,北京:海豚出版社,2016年。

威廉·莎士比亚:《李尔王》,许渊冲译,北京:海豚出版社,2016年。

威廉·莎士比亚:《罗密欧与朱丽叶》,许渊冲译,北京:海豚出版社,2016年。

威廉·莎士比亚:《马克白》,许渊冲译,北京:海豚出版社,2016年。

《诗经:汉英对照》,许渊冲译,北京:五洲传播出版社,2012年。

司汤达:《红与黑》,许渊冲译,长沙:湖南文艺出版社,1993年。

《宋词三百首:汉英对照》,许渊冲译,北京:五洲传播出版社,2012年。

《宋元明清诗选:汉英对照》,许渊冲、许明译,北京:五洲传播出版社,2012年。

《苏东坡诗词新译》,许渊冲译,香港:商务印书馆,1982年。

苏轼:《苏轼诗词选:汉英对照》,许渊冲译,长沙:湖南人民出版社,2007年。

亨利·泰勒:《飞马腾空:亨利·泰勒诗选》,许渊冲译,北京:中国对外翻译出版公司,1991年。

汤显祖:《牡丹亭:汉英对照》,许渊冲、许明译,北京:中国对外翻译出版公司,2009年。

汤显祖:《牡丹亭:汉英对照》,许渊冲、许明译,北京:五洲传播出版社,2012年。

《唐诗三百首:汉英对照》,许渊冲译,北京:五洲传播出版社,2012年。

《唐宋词选一百首:法汉对照》,许渊冲译,北京:外文出版社,1987年。

《唐宋词一百首》,许渊冲译,北京:中国对外翻译出版公司,1991年。

《唐宋诗一百五十首》,许渊冲译,北京:北京大学出版社,1990年。

《唐五代词选:汉英对照》,许渊冲译,北京:五洲传播出版社,2012年。

王实甫:《西厢记:汉英对照》,许渊冲、许明译,北京:中国对外翻译出版公司,2009年。

王实甫:《西厢记:汉英对照》,许渊冲、许明译,北京:五洲传播出版社,2012年。

王实甫:《西厢记:汉英对照》,许渊冲译,长沙:湖南人民出版社,1997年。

《许渊冲文集》(27卷),许渊冲等译,北京:海豚出版社,2013年。

《许渊冲英译白居易诗选:汉英对照》,许渊冲译,北京:中国对外翻译出版公司,2014年。

《许渊冲英译杜甫诗选:汉英对照》,许渊冲译,北京:中国对外翻译出版公司,2014年。

《许渊冲英译李白诗选:汉英对照》,许渊冲译,北京:中国对外翻译出版公司,2014年。

《许渊冲英译毛泽东诗词:汉英对照》,许渊冲译,北京:中译出版社,2015年。

《许渊冲英译王维诗选:汉英对照》,许渊冲译,北京:中国对外翻译出版公司,2014年。

维克多·雨果:《艾那尼》,谭立德、许渊冲译,南京:译林出版社,2013年。

维克多·雨果:《玛丽·都铎》,许渊冲、谭立德译,南京:译林出版社,2013年。

雨果:《雨果戏剧选》,许渊冲译,北京:人民文学出版社,1986年。

《元明清诗:汉英对照》,许渊冲译,北京:中国对外翻译出版公司,2009年。

《元明清诗一百五十首:汉英对照》,许渊冲译,北京:北京大学出版社,1997年。

《元曲三百首:汉英对照》,许渊冲译,北京:高等教育出版社,2006年。

《元曲三百首:汉英对照》,许渊冲译,北京:中国对外翻译出版公司,2009年。

《元曲三百首:汉英对照》,许渊冲译,北京:五洲传播出版社,2012年。

袁行霈:《新编千家诗:汉英对照》,许渊冲英译,徐放、韩珊今译,北京:中华书局,2007年。

《中国古诗词三百首:汉法对照》(上、下册),许渊冲译,北京:北京大学出版社,1999年。

2. 著作

吕叔湘、许渊冲:《中诗英译比录》,香港:三联书店,1988年。

许渊冲:《翻译的艺术》,北京:中国对外翻译出版公司,1984年。

许渊冲:《任尔东西南北风:许渊冲中外经典译著前言后语集锦》北京:清华大学出版社,2014年。

许渊冲:《山阴道上:许渊冲散文随笔选集》,北京:中央编译出版社,2005年。

许渊冲:《诗书人生》,天津:百花文艺出版社,2003年。

许渊冲:《逝水年华》,北京:外语教学与研究出版社,2011年。

许渊冲:《往事新编:许渊冲散文随笔精选》,深圳:海天出版社,2012年。

许渊冲:《文学翻译谈》,台北:书林出版有限公司,1998年。

许渊冲:《文学与翻译》,北京:北京大学出版社,2003年。

许渊冲:《西风落叶》,北京:外语教学与研究出版社,2015年。

许渊冲:《续忆逝水年华》,武汉:湖北人民出版社,2008年。

许渊冲:《译笔生花》,郑州:文心出版社,2005年。

许渊冲:《中诗英韵探胜:从〈诗经〉到〈西厢记〉》,北京:北京大学出版社,1992年。

许渊冲:《中诗英韵探胜》,北京:北京大学出版社,2010年。

许渊冲:《追忆逝水年华》,北京:生活·读书·新知三联书店,

1996年。

许渊冲:《追忆逝水年华:英文》,北京:中国文学出版社,1998年。

3. 文章

许渊冲:"China, Cradle of Poetry",《外国语》(上海外国语大学学报),1988年第3期。

许渊冲:"Development of Verse Translation",《外国语》(上海外国语大学学报),1991年第1期。

许渊冲:《从心所欲,不逾矩》,《中华读书报》,2009年9月16日第19版。

许渊冲:《典籍英译,中国可算世界一流》,《中国外语》,2006年第5期。

许渊冲:《翻译的标准》,《中国翻译》,1981年第1期。

许渊冲:《翻译的理论和实践》,《中国翻译》,1984年第11期。

许渊冲:《翻译对话录》,《北京大学学报》(英语语言文学专刊),1992年第2期。

许渊冲:《翻译与评论》,《外国语》(上海外国语大学学报),1985年第6期。

许渊冲:《关于翻译学的论战》,《外语与外语教学》,2001年第11期。

许渊冲:《如何译毛主席诗词》,《外语教学与研究》,1979年第2期。

许渊冲:《三谈"意美、音美、形美"》,《深圳大学学报》(人文社会科学版),1987年第2期。

许渊冲:《诗词·翻译·文化》,《北京大学学报》(哲学社会科学版),1990年第5期。

许渊冲:《诗词英译漫谈》,《中国翻译》,1988年第3期。

许渊冲:《四代人译〈红与黑〉》,《读书》,1995年第4期。

许渊冲:《谈"比较翻译学"》,《外语与翻译》,1994年第3期。

许渊冲:《谈重译:兼评许钧》,《外语与外语教学》,1996年第6期。

许渊冲:《谈翻译理论的研究:杨振宁给我的启发》,《解放军外国语学院学报》,1997年第6期。

许渊冲:《谈翻译:文化竞赛论》,《外语与翻译》,1998年第2期。

许渊冲:《谈谈文学翻译问题》,《外国语》(上海外国语大学学报),1994年第4期。

许渊冲:《谈中国学派的翻译理论:中国翻译学落后于西方吗?》,《外语与外语教学》,2003年第1期。

许渊冲:《为什么重译〈约翰·克利斯朵夫〉?》,《外国语》(上海外国语大学学报),1995年第4期。

许渊冲:《文学翻译:1+1=3》,《外国语》(上海外国语大学学报),1990年第1期。

许渊冲:《文学翻译的心路历程》,《中国翻译》,2003年第4期。

许渊冲:《文学翻译等于创作》,《外国语》(上海外国语大学学报),1983年第6期。

许渊冲:《文学翻译与科学翻译》,《上海科技翻译》,2002年第4期。

许渊冲:《文学翻译与中国文化梦》,《中国外语》,2014年第5期。

许渊冲:《新世纪的新译论》,《中国翻译》,2000年第3期。

许渊冲:《扬长避短,发挥译文优势》,《中国翻译》,1982年第4期。

许渊冲:《也议〈红与黑〉汉译大讨论》,《外语教学理论与实践》,2012年第2期。

许渊冲:《译诗六论》,《中国翻译》,1991年第5期。

许渊冲:《译文能否胜过原文?》,《教学研究》,1982年第2期。

许渊冲:《译学要敢为天下先》,《中国翻译》,1999年第2期。

许渊冲:《再创作与翻译风格》,《解放军外国语学院学报》,1999年第3期。

许渊冲:《再谈〈竞赛论〉和〈优势论〉:兼评〈忠实是译者的天职〉》,《中国翻译》,2001年第1期。

许渊冲:《再谈中国学派的文学翻译理论》,《中国翻译》,2012年第4期。

许渊冲:《知之·好之·乐之·三之论:再谈发挥译文语言优势》,《外语与外语教学》,1998年第6期。

许渊冲:《中国人、外国人,谁能翻译好诗经李白》,《中华读书报》,2016年3月9日第18版。

许渊冲:《中国是不是"翻译强国"?》,《上海翻译》,2005年第2期。

许渊冲:《中国学派的古典诗词翻译理论》,《外语与外语教学》,2005年第11期。

许渊冲:《忠实与通顺》,《教学研究》,1982年第1期。

二、有关许渊冲翻译与翻译研究的文献

1. 著作

马红军:《从文学翻译到翻译文学:许渊冲的译学理论与实践》,上海:上海译文出版社,2006年。

张智中:《许渊冲与翻译艺术》,武汉:湖北教育出版社,2006年。

2. 文章

陈寒:《从混沌的"眼"到晶莹的"境":唐诗意境重构与"优势竞赛

论"》,《外语与外语教学》,2006年第12期。

陈奇敏:《许渊冲唐诗英译研究:以图里的翻译规范理论为观照》(博士学位论文),上海外国语大学,2012年。

党争胜:《"三化"并举译"长恨","三美"齐备诗如"歌":许渊冲英译〈长恨歌〉赏评》,《外语教学》,2008年第1期。

党争胜:《"三美"之典范　译苑之奇葩:许渊冲〈西厢记·哭宴〉英译赏评》,《外语教学》,2007年第1期。

丁棣:《译者的天职仅仅是忠实?:再论"发挥译语优势"》,《中国翻译》,2001年第3期。

顾正阳:《品味"三美"》,《上海科技翻译》,1999年第2期。

胡德香:《也谈"竞赛论"和"忠实论"》,《外语教学》,2001年第5期。

黄潇颖:《含英咀华,"译"彩纷呈:简论〈琵琶行〉英译本中的音乐美学意蕴》,《大舞台》,2012年第1期。

江枫:《关于英诗汉译的形似与神似:答许渊冲》,《外语与翻译》,1995年第3期。

江枫:《"新世纪的新译论"点评》,《中国翻译》,2001年第3期。

金涛:《许渊冲:把中国智慧翻译到西方》,《中国艺术报》,2014年8月6日。

刘英凯:《"形美"、"音美"杂议:与许渊冲教授商榷》,《外语学刊》,1982年第3期。

罗新璋:《"译"者"溢"也?》,《读书》,1995年第4期。

裘克安:《李白〈送友人〉一诗的英译研究》,《外语教学与研究》,1991年第3期。

施康强:《红烧头尾》,《读书》,1995年第1期。

宋学智:《忠实是译者的天职:兼评"新世纪的新译论"》,《中国翻译》,2000年第6期。

王国祥:《诗译英法领风骚:访北京大学教授许渊冲》,《中国大学教学》,1997年第6期。

王厚平:《美学视角下的文学翻译艺术研究:许渊冲的翻译理论与实践》(博士学位论文),上海外国语大学,2010年。

王梦悦:《翻译家许渊冲:中国要有自己的文化脊梁》,《金秋》,2015年第11期。

徐日宣、潘智丹:《从许渊冲法译唐诗看译诗理论中"音美"的传达》,《外语与外语教学》,2011年第1期。

许钧:《"化"与"讹":读许渊冲译〈红与黑〉有感》,《外语与外语教学》,1996年第3期。

尹伯安:《"文化竞赛论"之管窥》,《四川外语学院学报》,2001年第4期。

曾祥宏:《"三美对等"视角下的古诗翻译:以许渊冲的古诗英译为例》,《江西社会科学》,2012年第11期。

张俊杰:《"优势竞赛论":一个博弈论的观点》,《河南社会科学》,2013年第10期。

张智中:《冲淡典雅,轻灵洒脱:许渊冲先生中国古典诗词英译的语言风格例说》,《湖南工程学院学报》(社会科学版),2005年第2期。

张智中:《如诗入诗,自成一家:许渊冲先生古典诗词英译的语言风格》,《安徽理工大学学报》(社会科学版),2005年第2期。

张智中:《诗不厌改,贵乎精也:许渊冲先生诗词改译研究》,《中国矿业大学学报》(社会科学版),2005年第1期。

张智中:《陶冶性灵存底物　新诗改罢自长吟:论许渊冲先生中国

古典诗词英译的改译》,《外语教学》,2005 年第 4 期。

张智中:《许渊冲先生访谈录》,《外语论坛》,2003 年第 2 期。

张智中:《"优势竞赛论"本质透析》,《外语教学》,2004 年第 6 期。

张智中:《左右逢源,炉火纯青:许渊冲先生古诗英译关键技法初探》,《太原理工大学学报》(社会科学版),2005 年第 1 期。

章学清:《我同许渊冲在译杜问题上的两次论战》,《中国翻译》,2012 年第 2 期。

郑海凌:《解读"优势竞赛论"》,《外语与外语教学》,2002 年第 8 期。

郑贤贵、潘演强:《论"优势竞赛论"》,《上海翻译》,2005 年第 4 期。

朱明海:《许渊冲翻译研究:翻译审美批评视角》(博士学位论文),上海外国语大学,2008 年。

三、主要中外文参考文献

1. 著作

ALBIR, Amparo Hurtado, *La notion de fidélité en traduction*, Paris: Didier Érudition, 1990.

BAKER, Mona & SALDANHA, Gabriela, *Routledge Encyclopedia of Translation Studies*, London and New York: Routledge, 1998.

BALLARD, Michel, *De Cicéron à Benjamin: traducteurs, traductions, réflexions*, Lille: Presses Universitaires de Lille, 1995.

BASSNETT, Susan &. LEFEVERE, André, *Constructing Cultures: Essays on Literary Translation*, Clevedon: Multilingual Matters Ltd., 2000.

BELL, Roger T., *Translation and Translating: Theory and Practice*, London and New York: Longman, 1991.

BERMAN, Antoine, *La Traduction et la Lettre ou l'auberge du lointain*, Paris: Editions du Seuil, 1999.

BERMAN, Antoine, *L'épreuve de l'étranger: Culture et traduction dans l'Allemagne romantique*, Paris: Gallimard, 1984.

BERMAN, Antoine, *Pour une critique des traductions: John Donne*, Paris: Gallimard, 1995.

BRISSET, Annie, *Sociocritique de la traduction: Théâtre et altérité au Québec (1968 -1988)*, Québec: Les Editions du Préambule, 1990.

CARY, Edmond, *Comment faut-il traduire?*, Lille: Presses Universitaires de Lille, 1986.

CARY, Edmond, *Les grands traducteurs Français*, Genève: Georg, 1963.

CATFORD, J. C., *A Linguistic Theory of Translation*, London: Oxford University Press, 1965.

DESSON, Gérard &. MESCHONNIC, Henri, *Traité du rythme: Des vers et des proses*, Paris: Armand Collin, 2005.

GAO, Fang, *La Traduction et la réception de la littérature chinoise moderne en France*, Paris: Classiques Garnier, 2016.

GENTZLER, Edwin, *Contemporary Translation Theories*, London and New York: Routledge, 1993.

LADMIRAL, Jean-René, *Traduire: théorèmes pour la traduction*, Paris: Gallimard, 1994.

LAROSE, Robert, *Théories contemporaines de la traduction*, Montréal: Presses de l'Université du Québec, 1989.

LEDERER, Marianne, *La Traduction aujourd'hui: le modèle interprétatif*, Paris: Hachette Livre S.A., 1994.

MESCHONNIC, Henri, *Pour la poétique II : Epistémologie de l'écriture, Poétique de la traduction*, Paris: Gallimard, 1982.

MOUNIN, Georges, *Les problèmes théoriques de la traduction*, Paris: Gallimard, 1963.

NIDA, Eugene A., *Language, Culture, and Translating*, Shanghai: Shanghai Foreign Language Education Press, 1993.

NIDA, Eugene A. & TABER, Charles R., *The Theory and Practice of Translation*, Shanghai: Shanghai Foreign Language Education Press, 2004.

OWEN, Stephen, *The Great Age of Chinese Poetry: The High Tang*, New Haven: Yale University Press, 1981.

RAFFEL, Burton, *The Art of Translating Poetry*, University Park, PA: Pennsylvania State University Press, 1988.

RAFFEL, Burton, *The Red and the Black*, New York: The Modern Library, 2003.

STEINER, George, *After Babel: Aspects of Language and Translation*, Oxford: Oxford University Press, 1975.

STEINER, George, *Après Babel: Une poétique du dire et de la traduction*, Paris: Albin Michel, 1998.

VINAY, J. P. & DARBELNET, J., *Stylistique comparée du français et de l'anglais*, Paris: Didier, 1973.

WEINBERGER, Eliot & PAZ, Octavio, *Nineteen Ways of Looking at Wang Wei: How a Chinese Poem is Translated*, Kingston, Rhode Island: Asphodel Press, 1987.

XU, Jun & WANG, Kefei, *Théorie et Pratique de la traduction en Chine*, Montréal: Les Presses de l'Université de Montréal, 1999.

阿多诺:《美学理论》,王柯平译,成都:四川人民出版社,1998年。

艾柯等:《诠释与过度诠释》,柯里尼编,王宇根译,北京:生活·读书·新知三联书店,1997年。

罗·埃斯卡皮:《文学社会学》,王美华、于沛译,合肥:安徽文艺出版社,1987年。

巴金等:《当代文学翻译百家谈》,王寿兰编,北京:北京大学出版社,1989年。

包通法:《"道"与中华典籍外译》,北京:中国财富出版社,2014年。

北京大学比较文学与比较文化研究所:《多边文化研究》(第一卷),北京:新世界出版社,2001年。

本雅明:《本雅明:作品与画像》,孙冰编,上海:文汇出版社,1999年。

曹丹红:《诗学视角下的翻译研究》,南京:南京大学出版社,2015年。

陈德鸿、张南峰:《西方翻译理论精选》,香港:香港城市大学出版社,2000年。

陈福康:《中国译学理论史稿》,上海:上海外语教育出版社,

1992年。

雅克·德里达：《书写与差异》，张宁译，北京：生活·读书·新知三联书店，2001年。

方梦之、庄智象：《中国翻译家研究》（当代卷），上海：上海外语教育出版社，2017年。

方梦之、庄智象：《中国翻译家研究》（历代卷），上海：上海外语教育出版社，2017年。

方梦之、庄智象：《中国翻译家研究》（民国卷），上海：上海外语教育出版社，2017年。

方平：《他不知道自己是一个诗人》，武汉：湖北教育出版社，2002年。

冯建文：《神似翻译学》，兰州：敦煌文艺出版社，2001年。

冯庆华：《母语文化下的译者风格：〈红楼梦〉霍克斯与闵福德译本研究》，上海：上海外语教育出版社，2008年。

冯庆华：《文体翻译论》，上海：上海外语教育出版社，2002年。

傅雷：《傅雷文集·书信卷》（上），傅敏编，合肥：安徽文艺出版社，1998年。

葛赛尔：《罗丹艺术论》，傅雷译，傅敏编，北京：中国社会科学出版社，1999年。

辜正坤：《中西诗比较鉴赏与翻译理论》，北京：清华大学出版社，2003年。

顾彬：《关于"异"的研究》，曹卫东编译，北京：北京大学出版社，1997年。

郭建中：《当代美国翻译理论》，武汉：湖北教育出版社，2000年。

郭建中：《文化与翻译》，北京：中国对外翻译出版公司，2000年。

郭延礼:《中国近代翻译文学概论》,武汉:湖北教育出版社,1998年。

郭著章等:《翻译名家研究》,武汉:湖北教育出版社,1999年。

洪汉鼎:《理解与解释:诠释学经典文选》,北京:东方出版社,2001年。

黄忠廉:《变译理论》,北京:中国对外翻译出版公司,2002年。

姜秋霞:《文学翻译与社会文化的相互作用关系研究》,北京:外语教学与研究出版社,2009年。

姜治文、文军:《翻译批评论》,重庆:重庆大学出版社,1999年。

金圣华:《傅雷与他的世界》,北京:生活·读书·新知三联书店,1996年。

金圣华、黄国彬:《因难见巧:名家翻译经验谈》,香港:三联书店,1996年。

J. C. 卡特福德:《翻译的语言学理论》,穆雷译,北京:旅游教育出版社,1991年。

孔慧怡:《翻译·文学·文化》,北京:北京大学出版社,1999年。

黎昌抱:《王佐良翻译风格研究》,北京:光明日报出版社,2009年。

李建军:《文化翻译论》,上海:复旦大学出版社,2010年。

李玉良:《〈诗经〉英译研究》,济南:齐鲁书社,2007年。

李泽厚:《美学论集》,上海:上海文艺出版社,1980年。

廖七一:《当代西方翻译理论探索》,南京:译林出版社,2000年。

廖七一等:《当代英国翻译理论》,武汉:湖北教育出版社,2001年。

刘禾:《跨语际实践:文学,民族文化与被译介的现代化(中国,1900—1937)》,宋伟杰等译,北京:生活·读书·新知三联书店,2002年。

刘靖之:《神似与形似:刘靖之论翻译》,台北:书林出版有限公司,1986年。

刘军平:《西方翻译理论通史》,武汉:武汉大学出版社,2009年。

刘宓庆:《翻译美学导论》,台北:书林出版有限公司,1995年。

刘宓庆:《翻译与语言哲学》,北京:中国对外翻译出版公司,2001年。

刘宓庆:《汉英对比研究与翻译》,南昌:江西教育出版社,1991年。

刘宓庆:《文化翻译论纲》,武汉:湖北教育出版社,1999年。

刘宓庆:《文体与翻译》,北京:中国对外翻译出版公司,2003年。

刘宓庆:《中西翻译思想比较研究》,北京:中国对外翻译出版公司,2005年。

刘宓庆、章艳:《翻译美学理论》,北京:外语教学与研究出版社,2011年。

刘云虹:《翻译批评研究》,南京:南京大学出版社,2015年。

罗新璋、陈应年:《翻译论集》(修订本),北京:商务印书馆,2009年。

罗新璋:《译艺发端》,长沙:湖南人民出版社,2013年。

吕叔湘:《英译唐人绝句百首》,长沙:湖南人民出版社,1980年。

A. P. 马蒂尼奇:《语言哲学》,牟博等译,北京:商务印书馆,1998年。

马祖毅:《中国翻译史》(上卷),武汉:湖北教育出版社,1999年。

孟华:《比较文学形象学》,北京:北京大学出版社,2001年。

怒安:《傅雷谈翻译》,沈阳:辽宁教育出版社,2005年。

彭镜禧:《文学翻译自由谈》,台北:书林出版有限公司,2016年。

拉曼·塞尔登:《文学批评理论:从柏拉图到现在》,刘象愚等译,北京:北京大学出版社,2000年。

沈苏儒:《论信达雅:严复翻译理论研究》,北京:商务印书馆,1998年。

斯丹达尔:《红与黑》,郭宏安译,南京:译林出版社,2010年。

思果:《翻译研究》,北京:中国对外翻译出版公司,2001年。

司汤达:《红与黑》,郝运译,上海:上海译文出版社,2006年。

司汤达:《红与黑》,罗新璋译,上海:上海三联书店,2014年。

司汤达:《红与黑》,罗玉君译,上海:上海译文出版社,1979年。

孙致礼:《翻译:理论与实践探索》,南京:译林出版社,1999年。

费尔迪南·德·索绪尔:《普通语言学教程》,高名凯译,北京:商务印书馆,1980年。

谭载喜:《翻译学》,武汉:湖北教育出版社,2000年。

谭载喜:《西方翻译简史》,北京:商务印书馆,1991年。

谭载喜:《新编奈达论翻译》,北京:中国对外翻译出版公司,1999年。

王宏印:《中国传统译论经典诠释:从道安到傅雷》,武汉:湖北教育出版社,2003年。

王宏志:《重释"信达雅":二十世纪中国翻译研究》,上海:东方出版中心,1999年。

王宏志:《翻译史研究》,上海:复旦大学出版社,2012年。

王克非:《翻译文化史论》,上海:上海外语教育出版社,1997年。

王向远:《翻译文学导论》,北京:北京师范大学出版社,2004年。

王佐良:《英语文体学论文集》,北京:外语教学与研究出版社,1980年。

王佐良:《中楼集》,沈阳:辽宁教育出版社,1995年。

沃尔夫拉姆·威尔斯:《翻译学:问题与方法》,祝珏、周智谟节译,北京:中国对外翻译出版公司,1989年。

翁显良:《意态由来画不成?:文学翻译丛谈》,北京:中国对外翻译出版公司,1983年。

奚永吉:《翻译美学比较研究》,南京:南京出版社,1992年。

奚永吉:《文学翻译比较美学》,武汉:湖北教育出版社,2001年。

谢思田:《"信、达、雅"重构视界下的中西译理融合》,北京:知识产权出版社,2010年。

谢天振:《超越文本 超越翻译》,上海:复旦大学出版社,2014年。

谢天振:《译介学》,上海:上海外语教育出版社,1999年。

许宝强、袁伟:《语言与翻译的政治》,北京:中央编译出版社,2001年。

许钧:《从翻译出发:翻译与翻译研究》,上海:复旦大学出版社,2014年。

许钧:《当代法国翻译理论》,武汉:湖北教育出版社,2004年。

许钧:《翻译论》(修订本),南京:译林出版社,2014年。

许钧:《翻译思考录》,武汉:湖北教育出版社,2006年。

许钧:《历史的奇遇:文学翻译论》,南京:南京大学出版社,2015年。

许钧:《生命之轻与翻译之重》,北京:文化艺术出版社,2007年。

许钧:《文学翻译批评研究》,南京:译林出版社,1992年。

许钧:《文字·文学·文化:〈红与黑〉汉译研究》,南京:南京大学出版社,1996年。

许钧:《译事探索与译学思考》,北京:外语教学与研究出版社,2002年。

许钧等:《文学翻译的理论与实践:翻译对话录》(增订本),南京:译林出版社,2010年。

许钧、穆雷:《翻译学概论》,南京:译林出版社,2009年。

亚里士多德:《诗学》,陈中梅译注,北京:商务印书馆,1996年。

杨成虎:《中国诗歌典籍英译散论》,北京:国防工业出版社,2012年。

杨自俭、刘学云:《翻译新论(1983—1992)》,武汉:湖北教育出版社,1994年。

H. R. 姚斯、R. C. 霍拉勃:《接受美学与接受理论》,周宁、金元浦译,沈阳:辽宁人民出版社,1987年。

余光中:《余光中谈翻译》,北京:中国对外翻译出版公司,2002年。

喻云根:《英美名著翻译比较》,武汉:湖北教育出版社,1996年。

袁锦翔:《名家翻译研究与赏析》,武汉:湖北教育出版社,1990年。

张柏然、许钧:《面向21世纪的译学研究》,北京:商务印书馆,2002年。

张柏然、许钧:《译学论集》,南京:译林出版社,1997年。

张全:《全球化语境下的跨文化翻译研究》,昆明:云南大学出版社,2010年。

张泽乾:《翻译经纬》,武汉:武汉大学出版社,1994年。

赵稀方:《翻译与新时期话语实践》,北京:中国社会科学出版社,2003年。

郑海凌:《文学翻译学》,郑州:文心出版社,2000年。

郑克鲁:《法国文学史教程》,北京:北京大学出版社,2008年。

《中国翻译》编辑部:《文化丝路织思》,北京:国际文化出版公司,2001年。

周晔:《本雅明翻译思想研究》,上海:上海译文出版社,2011年。

周仪、罗平:《翻译与批评》,武汉:湖北教育出版社,1999年。

朱光潜:《诗论》,北京:北京出版社,2005年。

朱光潜:《朱光潜美学文学论文选集》,长沙:湖南人民出版社,1980年。

朱立元:《接受美学导论》,合肥:安徽教育出版社,2004年。

卓振英:《汉诗英译论纲》,杭州:浙江大学出版社,2011年。

邹振环:《影响中国近代社会的一百种译作》,北京:中国对外翻译出版公司,1996年。

2. 文章

MALMQVIST, N. G. D., "On the Role of the Translator", *Translation Review*, 2005, 70(1).

蔡新乐:《文学翻译理论需要人文主义的艺术哲学》,《外语与外语教学》,1999年第11期。

曹英华:《接受美学与文学翻译中的读者观照》,《内蒙古大学学报》(人文社会科学版),2003年第5期。

丛滋杭:《怎一个"异化"了得》,《上海翻译》,2005年第S1期。

党争胜:《从翻译美学看文学翻译审美再现的三个原则》,《外语教学》,2010年第3期。

范存忠:"Chinese Poetry and English Translation",《外国语》(上海外国语大学学报),1981年第5期。

范东升:《文化的不同层次与翻译标准》,《外国语》(上海外国语大学学报),2000年第3期。

范东生:《翻译的本质与翻译批评的根本性任务》,《中国翻译》,2000年第4期。

高方:《从翻译批评看中国现代文学在法国的译介与接受》,《外语教学》,2009年第1期。

高方、谢天振:《关于当前几个重要翻译问题的思考:谢天振教授访谈录》,《外语与外语教学》,2005年第11期。

高方、许钧:《现状、问题与建议:关于中国文学走出去的思考》,《中国翻译》,2010年第6期。

高方、余华:《"尊重原著应该是翻译的底线":作家余华访谈录》,《中国翻译》,2014年第3期。

胡清平:《澄清翻译理论研究中的几个问题》,《中国翻译》,1999年第5期。

贾平凹:《关于写作的贴心话:致友人信五则》,《文学报》,2014年12月11日第18版。

江枫:《形似而后神似:在1989年5月全国英语诗歌翻译研讨会上的发言》,《中国翻译》,1990年第2期。

李智、王子春:《译者,异也:鲁迅"异化"翻译美学观之再阐释》,《中国翻译》,2006年第4期。

刘宓庆:《翻译的美学观》,《外国语》(上海外国语大学学报),1996年第5期。

刘云虹:《翻译的挑战与批评的责任:中国文学对外译介语境下的翻译批评》,《中国外语》,2014年第5期。

刘云虹:《选择、适应、影响:译者主体性与翻译批评》,《外语教学理论与实践》,2012年第4期。

刘云虹、许钧:《如何把握翻译的丰富性、复杂性与创造性?:关于翻译本质的对谈》,《中国外语》,2016年第1期。

刘云虹、许钧:《文学翻译模式与中国文学对外译介:关于葛浩文的翻译》,《外国语》(上海外国语大学学报),2014年第3期。

陆永昌:《翻译:不能再增文化障碍》,《译林》,2006年第3期。

罗列:《论译者规范及其研究途径》,《山东外语教学》,2013年第5期。

罗新璋:《风格、夸张及其他》,《中国翻译》,1995年第4期。

罗新璋:《译求精彩方可观》,《东方翻译》,2015年第1期。

吕俊:《对翻译批评标准的价值学思考》,《上海翻译》,2007年第1期。

吕俊:《谈诗词翻译中的意美原则》,《外国语》(上海外国语大学学报),1995年第5期。

马萧:《文学翻译的接受美学观》,《中国翻译》,2000年第2期。

穆雷、诗怡:《翻译主体的"发现"与研究:兼评中国翻译家研究》,《中国翻译》,2003年第1期。

潘文国:《译入与译出:谈中国译者从事汉籍英译的意义》,《中国翻译》,2004年第2期。

钱钟书:《林纾的翻译》,《中国翻译》,1985年第11期。

桑仲刚:《翻译家研究的活动理论途径》,《外国语》(上海外国语大学学报),2015年第2期。

佘协斌:《法国小说翻译在中国》,《中国翻译》,1996年第1期。

王东风:《翻译文学的文化地位与译者的文化态度》,《中国翻译》,2000年第4期。

王东风:《"〈红与黑〉事件"的历史定位:读赵稀方"〈红与黑〉事件回顾——中国当代翻译文学史话之二"有感》,《外语教学理论与实践》,2011年第2期。

王宏印、张智中:《归化异化三论:从翻译策略到翻译过程的展开》,《外语论坛》,2003 年第 4 期。

王松年:《翻译:向接受美学求助什么?》,《外语学刊》,2000 年第 4 期。

谢天振:《对〈红与黑〉汉译大讨论的反思》,《外语教学理论与实践》,2011 年第 2 期。

许钧:《从翻译的层次看词的翻译:还是译为"小城"为宜》,《外语研究》,1996 年第 2 期。

许钧:《翻译动机、翻译观念与翻译活动》,《外语研究》,2004 年第 1 期。

许钧:《翻译研究与翻译文化观》,《南京大学学报》(哲学·人文科学·社会科学版),2002 年第 3 期。

许钧:《理论意识与理论建设:〈红与黑〉汉译讨论的意义》,《外语教学理论与实践》,2011 年第 2 期。

许钧:《论翻译的层次》,《中国翻译》,1987 年第 5 期。

许钧:《是否还有个度的问题:评罗新璋译〈红与黑〉》,《中国翻译》,1995 年第 4 期。

许钧:《"形"与"神"辨》,《外国语》(上海外国语大学学报),2003 年第 2 期。

许钧:《译者的追求与读者的审美期待及其它》,《解放军外语学院学报》,1996 年第 5 期。

许钧:《中西古今关系之变下的翻译思考》,《中国外语》,2015 年第 4 期。

许钧、高方:《"异"与"同"辨:翻译的文化观照》,《南京大学学报》(哲学·人文科学·社会科学版),2004 年第 1 期。

许钧、穆雷:《探索、建设与发展:新中国翻译研究 60 年》,《中国翻译》,2009年第6期。

余继英、郭建中:《美学理念:翻译理论与实践的桥梁——简评〈翻译美学〉》,《中国翻译》,2006年第4期。

曾利沙:《论〈翻译美学〉的理论与方法论特征:从审美意识看文学翻译的译者主体性》,《上海翻译》,2006年第3期。

张柏然:《当代翻译美学的反思》,《外语与外语教学》,2001年第8期。

张柏然、张思洁:《中国传统译论的美学辨》,《现代外语》,1997年第2期。

张西平:《许渊冲:中国古代文化翻译的探索者》,《中华读书报》,2014年6月25日第19版。

赵稀方:《〈红与黑〉事件回顾:中国当代翻译文学史话之二》,《东方翻译》,2010年第5期。

赵彦春:《论中国古典诗词英译》,《现代外语》,1996年第2期。

郑海凌:《"和谐"与"度"》,《外国文学动态》,2002年第5期。

郑海凌:《韵味的流失与弥补》,《外国文学动态》,2002年第6期。

邹东来、朱春雨:《从〈红与黑〉汉译讨论到村上春树的林译之争:两场翻译评论事件的实质》,《外语教学理论与实践》,2011年第2期。

后 记

　　这部著作是在我的博士学位论文基础上修订形成的。回想此书的写作过程,我忘不了在南京大学法语系学习和生活的六年。每当我回到鼓楼校区,站在汉口路大门前,就会想起 2010 年秋天入校时内心的那份激动。成为南大人的自豪一直珍存我心中。回望在南京大学度过的这六年,在这段看似漫长对我来说却实则短暂的时光中,自己能够得以不断成长,不论是在学习上还是在生活上,都是因为这一路一直有师长和朋友给予我鼓励、关心与帮助。

　　首先我要感谢在我攻读硕士期间一直指导我、帮助我的导师高方教授,是她教会我如何搜集资料,如何判断研究价值,如何撰写好一篇论文,她对待学术的严谨态度始终影响着我。还要感谢她在我攻读硕士期间帮助我争取到了前往法国普瓦捷大学做中文助教的珍贵机会,我借此机会搜集到很多宝贵的资料,在高老师的指导与支持下顺利完成了我的硕士学位论文。

　　能够顺利完成博士阶段的学习和博士学位论文的撰写,我要特别感谢我的导师刘云虹教授。从本研究对象的确定、写作思路的梳理到论文框架的构建,她都给予我极大的帮助与悉心的引导。她对学术的严谨和对论文写作逻辑结构的把握始终给予我明确的导向。每当我遇到困难与问题时,刘老师都及时与我探讨,帮助我分析问题,提出解决问题的建议。刘老师担任院领导职务，工作繁忙，但她始终关心我的学习与研究，关心论文每一阶段的进展情况，经常抽出时间帮助我解决论文撰写中出现的问题，并在研究方法上给予我很多建议和启迪，使得我的论文的撰写得以顺利进行。博士毕业之后，我到南京林业大学从教，刘云虹教授一如既往，继续关心我的成长，对我的教学与研究工作予以指导，推荐我参加各种学术交流活动，鼓励我不断进取。

在我的治学过程中，我还得到了许多外语界前辈的关心、支持和帮助。我忘不了许钧教授对我的严格要求和具有引领意义的指导；忘不了穆雷教授在论文写作框架和写作思路方面给予我的珍贵指导；忘不了西安外国语大学的王和平教授对我的悉心教诲和无私的帮助；忘不了我先生许多教授对我的关心和鼓励。我也忘不了《中国翻译》《外语教学》《外语与外语教学》《外语教学理论与实践》《上海翻译》《西安外国语大学学报》《小说评论》《外语研究》《山东外语教学》《翻译论坛》等学术刊物的主编与编辑在我学术之路上给予我的信任、指导与帮助。

最后，我尤其要感谢已经离开我们的翻译家许渊冲先生。2014年，在得知我把他的翻译思想作为我的博士学位论文的研究对象时，许渊冲先生给了我极大的鼓励，并赠给我许多珍贵的资料。2016年8月初，我在完成论文初稿之后的第二天，同家人北上前去北京大学的畅春园拜访许渊冲先生和照君夫人。我得知许渊冲先生几天前骑车摔伤了手臂，即便如此，他每天仍然用一只手敲击键盘做翻译，这种精神让我极受触动与感动。他语重心长地对我说，现在最重要的就是中国文化"走出去"。照君夫人更是说中华典籍外译应成为人文科学发展最重要的一环。在许渊冲先生家里，他耐心地回答了我有关其翻译历程、翻译方法与翻译思想内涵的一些问题。与许渊冲先生的交谈使我获益良多,更让我觉得把他的翻译思想作为我的博士学位论文的研究对象实在是我莫大的荣幸。临告别时,许渊冲先生给我写了一句话:"敢为天下先,创建中国学派的文学翻译理论。"此语意味深长,我将永远珍惜,希望能不负先生的厚望,在翻译研究之路上不断探索,做出成绩。

2024 年 11 月 8 日于南京仙林